KB267564

# 성희롱과 법의 정치

성희롱과 법의 정치

# 성희롱과 법의 정치

국미애

푸른사상

책머리에


        '우리 직원에게 성적인 모욕감을 주셨다지요? 우리 회사는 당신
같은 사람은 고객으로 모시지 않습니다. 다시는 이용하실 수 없음
을 알려드립니다.'

  정확하진 않지만, 대략 위와 같은 표현이었다. 미국의 한 시트콤에
서 본 장면인데, 피부관리를 받으러 온 한 여성이 피부관리사인 남성
에게 집요하게 성적인 요구를 하자 피부관리사는 관리자에게 그 사실
을 알렸고, 관리자는 그 고객에게 '다시는 우리 피부관리실을 이용할
수 없다'고 가차없이, 그러나 정중하게 이야기하는 장면이었다. 참 보
고 싶은 광경이었지만, 너무나 먼 이야기처럼 느껴졌다. 우리의 현실
은 그렇지 않았다.

  이 글은 "고객에 의한 성희롱을 어떻게 문제화할 수 있을까, 사용자
에게는 어떤 책임도 물을 수 없는 것일까?"라는 물음에서 출발했다. 이
러한 문제의식은 1997년 1월부터 2000년 3월까지 ○○회에서 판매원으
로 근무했던 경험에서 비롯되었다. 회사의 전체적인 운영 및 조직 구조
상 판매 업무는 주 2회로 한정되어 있었고 이 업무를 담당하는 사람은
시간제 종사자로 분류되었는데 전원 여성으로만 채용했기 때문에 판매

원 대부분은 당시 나와 같은 학생이거나 주부들이었다.

이 일을 하면서 내가 가졌던 문제의식은 업무 수행 중 발생하는 부당한 대우와 업무 특성상 주로 접해야 하는 고객과의 관계에서 느끼게 되는 불쾌한 감정을 문제화하기 어렵다는 점이었다. 특히 판매·서비스직의 경우 "여성이 잘 할 수 있고 여성적 특성에 적합한" 직종으로 여겨지면서 업무상 필요한 능력이 숙련에 의해 획득된 것이 아니라 '누구나 할 수 있는 일'로 가치절하되는 경향이 있다. 또 주된 업무 과정이 고객과의 면대면을 통해 이루어지는 만큼 회사의 운영 방침은 '대고객 친절 서비스'를 강화하는 것으로, 내가 근무했던 곳에서도 '고객 만족'이라는 키워드는 판매원들에게 일상적으로 공지되었고 정기적인 교육 일정 하에 주지되기도 했다.

그런데 회사의 역할은 거기에서 끝났다. 업무 과정에서 고객과 분쟁이 발생할 경우 합리적으로 시비를 가리거나 직원을 보호하는 역할은 하지 않았다. 고객과 판매원의 일대일 관계에서 문제가 무마되도록 방치하거나 고객의 잘못으로 분쟁이 발생한 경우에도 고객의 입장만을 배려하는 태도를 보여 판매원들의 노동 의욕을 떨어뜨렸고 외형상으로 자발적 사직을 하도록 만들었다. 성희롱이 발생했을 경우에도 마찬가지였다. 성폭언이나 모욕적인 발언은 일상적인 일이었지만, 회사에서는 고객의 그러한 행동을 전혀 문제삼지 않았다. 관리자들의 역할은 판매원에게 '무시해라', '참아라' 등의 말을 하는 것이 전부였다. 실제로 나를 비롯한 7명의 판매원은 고객으로부터 성희롱을 당한 후 바로 그것을 문제제기 했다. 하지만 결국 이 일을 계기로 나는 사직하게 되었고, 고객에게 최소한의 주의 조치도 취하지 않았던 회사 측의 대응에 분노하여 사건을 여성부(당시 여성특별위원회)에 시정신청 했다. 현행법상 성희롱 행위자인 고객을 처벌할 수는 없지만 고객에 의한 성희롱이 만연한 노동환경을 방치한 회사의 책임을 너무나 묻고 싶었다.

그 과정에서 성희롱 피해에 대한 회사측의 사후 대응 미흡으로 인해 사직에 이르게 된 나의 노동권 문제나 성희롱을 유발하고 방치하는 노동환경의 문제는 법적인 권리 구제의 대상이 되지 못한다는 사실을 깨달았다. 또한 일상적인 노동 과정에서 갖게 되는 여성들의 '어떤' 경험들은 현행법에 의거할 때 명확하게 성희롱으로 규정되기는 어렵지만, 노동조건의 성차별성으로 인해 그러한 경험이 성희롱으로 인식 가능해지는 지점에 대한 문제의식을 갖게 되었다. 이러한 문제의식은 이 글의 초고인 석사학위논문("직장 내 성희롱 규제의 실효성 제고를 위한 사용자 책임 강화 방안", 2003, 이화여자대학교)의 주제로 이어졌다. 여성들이 처해 있는 노동조건과 이것이 회사의 정책적 차원에서 어떻게 고려되는가의 문제가 성희롱 발생과 어떤 관계를 갖는지, 여성의 안정적인 노동권 확보에 어떤 영향을 미치는지를 밝히고 회사의 공식적 대응의 필요성을 주장하고자 하는 목적으로 논문 주제를 설정하게 된 것이었다.

문제의식을 구체화하기 위해 판매·서비스직 종사 여성들과의 인터뷰를 진행했는데, 이는 판매·서비스직의 노동환경이 그 자체로서 성희롱을 유발하기 쉽다는 나의 경험과 수치화되는 실적 중심으로 노동 성과를 평가받기 때문에 부당하게 겪게 되는 차별을 적극적으로 문제화하기 어려운 조건에 처해 있다는 현실적인 판단에 의해서이다. 이들과의 인터뷰를 통해 노동조건의 성차별성이 성희롱 유발을 더욱 가능하게 하는 현실, 그러나 바로 그 성차별적인 노동조건 때문에 피해를 문제삼기 어려운 현실, 이로 인해 문제 해결을 '포기', '체념'하게 되는 과정을 볼 수 있었다.

그런데 이들과의 인터뷰를 진행하면서 직장 내 성희롱이 고용상의 성차별이고, 따라서 회사 차원의 대응과 이와 관련한 법적 책임이 따르는 문제라는 것을 적극적으로 인식하고 그 필요성을 제기하는 여성들이 드물다는 것을 알게 되었다. 그 이유는 크게 두 가지로 나타났다. 첫째, 성희롱을 가해자와 피해자간에 풀어야 하는 문제로 인식하고 있어 회사측에서 할 수 있는 역할이 없다고 생각하기 때문이다. 둘째, 회사에서는 성희롱 문제 해결에 그다지 관심이 없고 관심을 보인다 하더라도 결국은 가해자인 남성의 입장에 서지 않겠느냐는 생각 때문이다. 결국 성희롱을 권력의 문제라고 인식하기 이전에 성이 결부된 사안이라고 인식하기 때문에 피해 사실을 공개해서 '피해자가 얻을 게 없다'는 결론으로 귀결되고 문제 해결은 요원해지는 것이다.

이러한 입장을 접하면서 이미 법제화되어 있는 사용자의 성희롱 예방 및 사후 조치의 책임이 현실에서는 전혀 영향력을 발휘하지 못하고 있다고 판단했다. 특히 성희롱의 경우는 임금 차별이나 모집 차별의 문제에서처럼 회사의 방침 또는 회사의 정책에 의해서 이루어지는 것이 아니라는 사실 때문에 사용자 개입의 필요성이 더욱 강제되지 않고 있었다. 성희롱 피해가 가시화될 수 있는 환경을 조성하는 것은 성희롱을 근절하기 위한 선결 조건이다. 따라서 개별 직장에서 성희롱 피해를 공식화하고 이의 해결 역시 회사 차원의 적극적인 노력에 의해 이루어지도록 하기 위해서는 사용자 책임에 대한 인식을 확산시키고 이를 강화할 필요성, 의무 이행을 강제할 수 있는 실효성 있는 방안에 대한 논의가 이루어져야 한다. 이러한 판단 하에 논문의 주된 방향은 여성들의 노동 현실을 통해 사용자 책임 강화의 필요성을 주장하는 것에서 출발하여 사용자 책임을 강화할 수 있는 방안을 모색하는 것으로 전환되었다.

　우리 사회에서 직장 내 성희롱에 대한 기존 논의는 대부분 실태 파악 중심이고 관련 판례도 드물어 보다 구체적인 방안을 모색하는 것에는 많은 제약이 있다. 직장 내 성희롱의 예방과 사후 조치를 위해 필요한 내용이 무엇이며 사용자의 의무 이행을 강제하기 위한 방안이 무엇인지를 모색하기 위한 목적 하에서는 이미 그러한 내용을 구체적으로 확립하고 있는 사회의 경험을 살펴보는 것이 현실적으로 필요하다. 따라서 사용자 책임에 대한 구체적인 내용을 확립하고 사용자에게 엄중한 책임을 지우는 과정을 거쳐 온 미국의 자료와 판례를 중심으로 연구를 진행했다.

　주된 분석 자료는 직장 내 성희롱의 사용자 책임에 관한 법적 규제 내용과 사용자 책임에 대한 법원의 태도를 볼 수 있는 우리 나라의 판례 및 미국의 관련 판례, 지침 등이다. 우리 나라 판례는 '서울대 신교수 성희롱' 판례와 '롯데호텔 성희롱' 판례를 중심으로 보았다. '서울대 신교수 성희롱' 판례는 사용자 책임이 전혀 인정되지 않았고 '롯데호텔 성희롱' 판례는 사용자 책임이 부분적으로 인정되었는데, 직장 내 성희롱에 대한 이해의 결여에서 비롯되는 남성중심적인 해석 태도와 법규의 강제력 부족이 성희롱 문제의 해결에 기여하기 어려운 현실을 잘 볼 수 있다.

　반면 미국의 경우는 1976년 윌리엄스 대 색스비(Williams v. Saxbe) 판례에서 법원이 직장 내 성희롱을 고용상의 성차별로 보고 사용자 책임을 인정한 이후 성희롱에 대한 기존 인식의 전환을 가져왔던 역사적인 경험을 가지고 있다. 성희롱의 예방 및 사후 조치에 대한 사용자의 의무가 구체화되고 이를 이행하지 않은 사용자에게 엄중한 책임을 부과하고 있는데, 사용자의 책임 강화, 사용자가 취해야 할 조치의 구체화, 사용자의 의무 이행을 강제하는 법적 규제의 내용, 성희롱의 발생 맥락을 고려한 법적 판단 등은 이 글의 출발이 된 물음과 우리 사회가 안고 있는 숙제를 해결하는 데에 유용하다고 판단된다.

이 글은 성희롱 문제에 대한 대응을 법적인 차원에서의 사용자 책임과 관련하여 주장하고 있다는 점에서 매우 제한적인 내용을 담고 있다. 문화적인 차원의 변화 없이 법과 제도만 앞서 나가는 것은 시각의 교정을 전제로 하지 않기 때문에 실질적인 변화를 만들어내는 데 있어 한계를 가질 수밖에 없다. 또한 법제화는 어떤 면에서 여성의 고통을 기존의 언어와 문화 체계에서 설명하는 것이기에 또다시 여성의 경험을 대상화하는 위험도 안고 있다. 이런 점에서 법과 제도의 여성주의적 실효성 확보는 무엇보다도 성차별적인 문화의 변화, 인식의 변화가 함께 이루어질 때 가능할 것이다. 이 글이 법과 제도를 중심으로 하여 그 구체적인 방안을 모색하는 데에 목적을 두고 있으나, 위와 같은 문제의식 또한 배경으로 하고 있음을 미리 밝혀둔다.

분노와 억울함 뿐이던 문제의식이 하나의 연구물로서 결과를 갖게 되고 출판에 이르게 되기까지 한결같이 믿어주고 격려해주신 조순경 선생님께 이 지면을 빌어 깊은 감사의 말씀을 드리고 싶다. 또한 나의 지적 호기심을 자극해주어 긴장을 늦추지 않게 해주는 가족연구모임과 기가페스 동료들, 일상의 고민을 함께 나누며 각자의 삶을 더욱 풍요롭게 만들어가고자 노력하며 사는 마리와 영한에게 고마움을 전한다.

2004년 11월에

국 미 애

# 1장 성희롱 책임, 회사에게 물어라?!

직장 내 성희롱의 대부분은 피해자가 적극적으로 문제를 제기하더라도 성희롱으로 인정받는 것조차 어렵다. 때문에 성희롱에 대한 책임을, 성희롱으로 인해 겪은 피해에 대한 책임을 누구에게 물을 수 있는가, 누구에게 물어야 하는가에 대한 적극적인 논의는 불가능해지고 결국 "절이 싫으면 중이 떠나야" 하는 형국이 되고 만다. 따라서 성희롱을 예방하고 근절하기 위한 방안으로 제안되어 온 '직장 내 구성원들의 의식 변화', '피해자의 적극적인 대처', '평등한 직장문화 조성' 등과 함께, 강제력을 갖는 성희롱 예방 조치와 사후 조치의 중요성이 부각되어야 한다.

## 1. 사용자 책임을 문제삼기

우리 사회에서 직장 내 성희롱은 1993년 '서울대 신교수 성희롱 사건'[1]을 통해 사회적 이슈가 되기 시작했다. 당시 이 사건이 우리 사회에 미친 파장은 매우 크다. '성희롱'이라는 낯선 용어로 여성들에게는 익숙한 경험을 '말하기' 시작했다는 사실에 대한 사회적인

---

1) 이 사건은 우리 나라 최초로 '직장 내 성희롱'을 문제삼아 제기된 민사소송으로 피해자는 담당 교수와 서울대총장, 대한민국을 상대로 하여 5천만원의 손해배상 청구소송을 제기했다. 6년여에 이른 재판 끝에 결국 피고 교수에게는 성희롱에 대해 5백만원을 지급하라는 판결이 내려졌지만, 피고 서울대총장과 피고 대한민국의 사용자 책임은 전혀 인정되지 않았다(여성부, 2003b:223).

평가는 매우 다양한 시각을 드러냈다. 한편에서는 "고질적인 병폐의 표출"로, 다른 한편에서는 "직장에서 쫓겨난 여자의 복수극"으로, 또는 "겨우 그 정도를 가지고 문제삼다니" 등 평가하는 사람의 입장에 따라 그 내용은 핵심을 달리했다. 이렇게 문제의 본질에 대한 평가는 다양했지만, 그동안 명명되지 않음으로 인해 문제화하기 어려웠던 경험에 대한 사회적 개념화는 성희롱을 '문제적인 것'으로 인식하게 하는 데에 매우 중요한 역할을 했다.[2] 이후 여성단체의 상담 창구나 언론을 통해 다양한 피해사례들이 알려지게 되었고, 성희롱이 무엇인지, 그 실태는 어떠한지, 여성들은 어떻게 대처하는지, 성희롱 예방을 위해 필요한 법적 대책은 무엇인지 등에 대한 논의가 이루어져왔다. 그리고 이러한 과정의 가시적인 성과로 남녀고용평등법 및 남녀차별금지및구제에관한법률을 통해 직장 내 성희롱에 대한 규제가 명확해졌다.[3]

이는 성희롱이 차별의 문제이기 때문에 이를 근절하기 위한 조치가 필요하다는 사회적 합의를 배경으로 한다. 특히 사회적 공간으로서의 '직장'이 직급, 나이, 성별 등 다양한 차이들이 위계를 구성

---

2) 이와 관련하여 조순경은 "성희롱이라는 현상 자체는 이미 오래 전부터 있어왔다. 그러나 우리는 성희롱이라는 개념이 존재하기 이전에 그것을 문제로 인식하기 어려웠다"고 하며, 현실 인식에 있어서의 언어 의존성을 언급하고 있다(조순경, 2000b:181~183). 이는 곧 '명명(naming)'이 갖는 현실 구성의 힘을 의미하는 것이다.

3) 이들 법에서는 직장 내 성희롱을 '직장 내 지위를 이용하거나 업무 등과 관련하여 성적인 언동 등으로 성적 굴욕감 또는 혐오감을 느끼게 하거나 성적 언동 기타 요구 등에 대한 불응을 이유로 고용상의 불이익을 주는 것'으로 정의하고 있다. 그 행위 주체는 남녀고용평등법의 경우 '사업주, 상급자 또는 근로자'로, 남녀차별금지및구제에관한법률에서는 '공공기관의 종사자, 사용자 또는 근로자'로 하고 있다.

하고 있고 그에 따른 차별이 이루어지는 공간(김창연, 2003:4)임을 고려할 때, 직장 내 성희롱을 근절하기 위해서는 바로 그 '직장'이라는 공간이 갖는 특수성과 그 공간 안에서 맺고 있는 위계 또는 관계에 주목할 필요가 있다. 바로 이 지점에서 고용상의 차별을 시정하고 성희롱으로부터 안전한 노동환경을 제공할 사용자의 책임이 제기된다. 이는 노동자를 고용하여 근로를 제공받는 사용자가 부담해야 하는 의무로 근로계약에 내재된 것으로 보아야 하기 때문이다. 이러한 관점은 이미 국제적인 차원에서 보편적으로 인정되고 있다. UN이나 ILO, EU 등의 국제기구 문서와 각국의 입법례에는 "사용자는 남녀고용평등 실현의 차원에서 성희롱의 예방과 방지를 도모할 조치를 취할 책임을 가지며 이러한 의무를 위반한 경우 성희롱 행위에 대한 책임을 진다"는 입장을 확립하고 있다(김엘림, 2001:18~19).

성희롱은 그 발생 자체만으로도 이미 심각한 신체적·정신적 피해를 수반한다. 성희롱이 '모집·채용, 임금, 승진, 배치, 퇴직' 등에서 나타나는 고용상의 성차별과 다른 특성을 갖는 것은, 피해를 입은 권리가 법적으로 구제된다 하더라도 이전의 상태로 완전히 '회복'될 수는 없다는 점 때문이다. 모집·채용, 임금, 승진, 배치, 퇴직 등에서의 차별은―그것의 부당성을 입증하는 것이 쉬운 일은 아니지만―차별을 발생시킨 사실을 무효화할 수 있다면 원래의 상태로 돌아가는 것은 가능하다. 그러나 성희롱은 다르다. 성희롱은 성폭력이나 스토킹, 직장 내 폭력의 문제에서처럼 '피해자라고 주장하는 사람이 빌미를 제공했을 것'이라는 근거없는 추측에 휩싸이기 쉽다. 서울여성노동조합이 실제 상담 사례에 대한 분석을 통해 2002년 발간한『직장 내 성희롱·성폭력 예방 매뉴얼 : 위험은 생각보다 가까이 있다』에서는 '근거없는 추측'의 전형적인 예를 볼 수 있다.

　㉠ '그 사람(가해자)은 그럴 사람이 아니다'며 피해자 유발론 제기
　㉡ '원래 그렇고 그런 사이였대' 등 피해자에게 불리한 소문 유포
　㉢ '왜 거길 따라갔어' '술은 왜 그렇게 많이 마셨어' 등 직접적인 비난
　㉣ '사소한 걸 가지고 조직에 누를 끼치다니' '한 사람의 가정을 파탄시키고도 계속 직장에 나오다니' 등 인격에 대한 모독
　㉤ '너 하나 때문에 직장 분위기 험악해져서 못 다니겠다' '이젠 말도 함부로 못하겠다' 등 피해자를 가해자로 몰아세움
　㉥ 가십거리 다루듯 재차 삼차 물어보며 이죽거리기 등(서울여성노동조합, 2002:10).

　용기를 내어 문제를 제기한 피해자를 격려하고 지지하기보다는 의혹에 찬 시선과 폭력적인 언설로 문제의 본질을 흐리고 피해자를 매도하는 것이 다반사이다. 그렇기 때문에 피해자에게는 어떤 귀책사유도 없다는 것이 증명된다고 하더라도 '성적인 어떤 것'이 관여되어 있다는 점, 그 피해자 대다수가 여성이라는 점, 그리고 그 여성이 직장에서 권력을 가진 지위에 있지 않다는 점 등으로 인해 성희롱 피해의 완전한 회복은 불가능하다. 행여 그 피해에 대한 구제가 아무리 적절하게 이루어진다고 하더라도 같은 직장을 계속 다닌다는 것은 엄청난 용기를 필요로 하는 일이 된다. 또한 직장을 옮기게 되더라도 이전 직장에서 겪은 성희롱 피해는 여성을 지나치게 위축되거나 지나치게 전투적이 되게 하는 경험으로 각인되어 원만하고 지속적인 직장 생활을 어렵게 하는 심각한 요인이 될 수 있

다.[4] 바로 이러한 점에서 직장 내 성희롱은 피해여성의 직업적 성취를 어렵게 하고 경력 관리에도 부정적인 영향을 미치게 된다. 피해여성의 노동권 문제와 직결되는 것이다. 근무지에서 성희롱을 근절하는 가장 좋은 방법이 예방(여성특별위원회, 2000:24)인 이유가 바로 여기에 있다.

또한 성희롱이 발생했을 때 신속하고 적절하며 강력한 조치를 취하는 것은 피해자가 겪게 될 피해의 크기를 가능한 최소화할 수 있기 때문에 매우 중요하다. 그리고 이러한 조치는 재발 방지를 위한 '경고'의 의미도 갖기 때문에 피고용인들이 성희롱에 대해 경계하도록 하는 효과를 낳는다.

실제로 직장 내 성희롱은 회식이나 야유회 등 공개적인 자리에서 참석자 모두의 묵인 하에 이루어지는 경우도 많지만, 사무실에서의 일상적인 발언이 성적 굴욕감을 갖게 하거나 직장 업무와 무관하게 '보이는' 사적인 관계에서 발생하거나 혹은 개인적인 성적 욕구의 표현으로 읽히는 등 제3자에게 알려지지 않고 발생하는 경우가 더 많다. 공개적인 자리에서 묵인되는 경우는 소위 "분위기 깰까봐" 혹

---

[4] 한국여성민우회에서 남녀 직장인을 대상으로 실시한 조사에 따르면 "직장 내 성폭력이 여직원의 근무환경에 미치는 영향"을 묻는 문항에 여성 응답자의 57.2%가 "같은 공간에서 함께 일하기가 싫어진다", 14.6%가 "일의 능률이 떨어진다", 9.4%가 "위축감을 느낀다", 8.8%가 "회사 가기가 싫어진다"고 응답하고 있으며, "영향을 미치지 않는다"는 응답은 3.4%로 나타난다. 이 조사에서는 성희롱 대신 성폭력이라는 용어를 사용하고 있으나 그 내용과 의미는 유사하다. 또한 "직장 내 성폭력이 여성노동자의 고용조건·근무환경에 영향을 주는가"의 문항에는 여성 응답자의 94.2%, 남성 응답자의 79.4%가 "영향을 준다"고 응답하고 있다(한국여성민우회, 1998:56~57). 이러한 결과는 직장 내 성희롱의 문제가 단지 '어떤 사건의 발생과 해결'에 국한되는 것이 아니라 노동환경 전반에 심각한 영향을 미치는 문제임을 알게 한다.

은 "찍힐까봐" 혹은 "별 거 아닌데" 등의 이유로 문제제기가 되지 않고, 제3자가 모르게 발생한 경우는 피해자가 적극적으로 문제를 제기하더라도 성희롱의 발생 자체를 증명하는 것조차 어렵다. 때문에 성희롱에 대한 책임을, 성희롱으로 인해 겪은 피해에 대한 책임을 누구에게 물을 수 있는가, 누구에게 물어야 하는가에 대한 적극적인 논의는 불가능해지고 결국 "절이 싫으면 중이 떠나야" 하는 형국이 되고 만다. 따라서 성희롱을 예방하고 근절하기 위한 방안으로 제안되어 온 '직장 내 구성원들의 의식 변화', '피해자의 적극적인 대처', '평등한 직장문화 조성' 등과 함께, 강제력을 갖는 성희롱 예방 조치와 사후 조치의 중요성이 부각되어야 한다.

## 2. 성희롱 규제에 관한 현행 법규

현재 남녀고용평등법과 남녀차별금지및구제에관한법률에는 성희롱 예방 의무와 시정 의무가 명시되어 있다. 예방 책임에 대해서는 양법 모두 "예방을 위한 교육"을 명시하고 있고, 각각의 시행령에서 연 1회 이상의 예방 교육 의무를 부과하고 있다.

남녀고용평등법
- 사업주는 직장 내 성희롱을 예방하고 근로자가 안전한 근로환경에서 일할 수 있는 여건 조성을 위하여 직장 내 성희롱의 예방을 위한 교육을 실시하여야 한다(제13조 1항)
- 사업주는 법 제13조 1항의 규정에 의하여 직장 내 성희롱 예방을 위한 교육을 연 1회 이상 실시하여야 한다(시행령 제4조 1항)

남녀차별금지및구제에관한법률

- 공공기관의 장 및 사용자는 대통령령이 정하는 바에 의하여 성희롱
  의 방지를 위하여 교육을 실시하는 등 필요한 조치를 강구하여야
  한다(제7조 2항)
- 법 제7조 제2항의 규정에 의하여 공공기관의 장 및 사용자는 성희
  롱의 방지를 위하여 연 1회 이상 성희롱 예방 교육을 실시하여야 한
  다(시행령 제4조 1항)

양법 모두 사업주(남녀고용평등법), 공공기관의 장 및 사용자(남
녀차별금지및구제에관한법률)의 예방 책임을 명백히 하고 있다. 이
러한 규정은 개별 사업장의 성희롱 방지 의무가 사용자의 책임 하
에 있음을 의미한다. 즉 '사용자가 성희롱 예방 의무를 적극적으로
이행하는가'와 '실제 성희롱 예방 수준'이 밀접하게 연관될 수 있음
을 의미하는 것이다. 따라서 이러한 현실적 상관 관계와 성희롱 예
방의 중요성을 고려할 때, 사용자의 의무는 철저히 이행되어야 하
며 만약 이를 위반할 시에는 그에 상응하는 조치가 취해져야 할 것
이다.

그렇다면 예방 교육 의무를 다하지 않았을 때 어떤 벌칙 조항이
적용되는가. 남녀고용평등법에서는 300만원 이하의 과태료를 부과
하도록 하고 있고(제39조 제3항 1호), 남녀차별금지및구제에관한법
률에서는 남녀차별개선위원회의 조사 결과에 따라 시정을 위하여
필요한 조치를 '권고'하도록 하고 있다(제28조 제1항). 과연 이러한
수준의 벌칙이 사용자에게 법 이행에 대한 강력한 의지를 갖게 할
수 있는가. 직장 내 성희롱의 문제를 사용자가 제공하는 노동환경
개선의 차원으로 인식하여 적극적으로 그 의무를 다하게 할 수 있

는가.

한편 성희롱이 발생할 경우 사용자가 취해야 할 조치는 다음과
같이 규정되어 있다.

> 남녀고용평등법 제14조 (직장 내 성희롱 발생시 조치) ①사업주는 직장
> 내 성희롱 발생이 확인된 경우 지체없이 행위자에 대하여 징계, 그밖
> 에 이에 준하는 조치를 취하여야 한다. ②사업주는 직장 내 성희롱과
> 관련하여 피해 주장이 제기되었을 때는 그 주장을 제기한 근로자가 근
> 무여건상 불이익을 받지 않도록 노력하여야 한다. ③사업주는 직장 내
> 성희롱과 관련하여 그 피해 근로자에게 해고 기타 불이익한 조치를 취
> 하여서는 아니된다.[5]

'지체없이' 행위자에 대해 조치를 취해야 하고 피해를 주장한 근
로자가 불이익을 받지 않도록 '노력'해야 하며 피해 근로자에게 해
고 등의 '불이익한 조치'를 취해서는 안 된다는 내용이다. 그러나
이러한 내용은 사후 조치에 대한 사용자의 의무를 규정했다는 긍정
성에도 불구하고 현실에서 적용하기에는 여러 제약점을 갖는다. 어
느 정도 지체 없어야 하는지, 취해야 할 조치와 노력해야 할 내용은
무엇이어야 하는지 등은 알 수 없고 짐작하기도 어렵다.

법조문은 추상적인 상황에 대한 원칙상의 규정이므로 구체적인
현실생활에서는 그에 대한 해석과 적용의 과정을 거치지 않을 수
없다(장현정, 1998:4)는 점을 고려할 때, 위 조항도 결국은 법을 해석하
고 적용하는 사람이 어떤 관점을 갖는가의 문제로 귀결될 수 있다.

---

5) 남녀차별금지및구제에관한법률에는 이 내용이 규정되어 있지 않았는데, 2003년
4월 30일 이러한 내용을 포함한 개정안이 국회에서 통과되었다.

하지만 우리 사회는 직장 내 성희롱에 관해, 특히 사용자 책임에 관해 축적되어 있는 판례가 드물어 관련된 소송에 참고할만한 근거들이 매우 부족하다. 또한 성희롱을 바라보는 관점 자체가 '개인간의 성적인 관계의 문제' 혹은 '가해자 개인의 성적 취향의 문제', 심지어는 '원만한 직장 생활을 위해서는 개인이 수용해야 하는 문제'라는 인식에 의해 구성되어 있기 때문에 판사의 관점에 거의 전적으로 의존할 수밖에 없는 현실은 이미 많은 한계를 내포하게 된다. 이러한 이유 때문에 위의 조항을 "어겼다"는 결정 자체가 내려지기 어렵고, 성희롱이 발생했다는 확인이 있기 전까지 피해여성에 대해 어떻게 해야 불이익한 조치가 아닌지도 판단할만한 근거가 없다. 결국 피해여성이 불이익으로부터 보호받기는커녕 오히려 갖은 추측과 비난 속에 견디지 못하고 직장을 떠나게 되는 경우가 다반사인 것이다. 그렇기 때문에 제14조 제1항 위반시에는 "500만원 이하의 과태료", 제3항 위반시에는 "3년 이하의 징역 또는 2천 만원 이하의 벌금"이라는 '상대적인' 중형이 내려질 수가 없다.

만약 우리 사회가 성희롱을 예방하지 못한 사용자에게 엄중한 사회적 책임을 묻고 막대한 비용을 부담하게 하는 근거 조항을 법제화하고 있다면 어떤 변화가 나타날 것인가. 아마도 기업들은 앞 다투어 성희롱 예방에 적극적인 태도를 갖게 될 것이다. 또한 개별 직장에서 취해야 할 조치들에 대한 합리적인 근거와 구체화된 지침이 있고, 이를 기준으로 하여 사용자에게 엄중한 책임을 부과해 온 판례가 축적되어 있다면, 성희롱 없는 노동환경을 조성하기 위한 사용자의 노력은 매우 보편적인 사회적 현상이 될 것이다.

물론 이것이 사용자의 입장에서 "과중한 벌금 등의 책임을 면제

받기 위해” 또는 “소송에 따르는 부담을 피하기 위해” 또는 “성희
롱 기업이라는 부정적인 이미지를 드러내지 않기 위해” 어쩔 수 없
이 취하게 되는 태도라는 점에서는 상대적으로 제한적인 의미만을
가질 수밖에 없을 것이다. 성문화와 조직문화의 변화 없이 법과 제
도의 강제성만 높아지는 것은 성희롱 근절에 긍정적인 영향만을 준
다고 보기는 어렵기 때문이다.

그러나 이 글에서 사용자 책임을 강조하는 것은 직장 내 성희롱
에 대한 책임이 성희롱 행위자 뿐 아니라 사용자에게도 있다는 인
식의 확산이 중요하다고 보기 때문이다. 이는 궁극적으로 여성의
노동권을 보장해야 할 사회적 책임에 대한 합의의 기반을 마련하고
‘성희롱 없는 노동환경에서 일할 권리’에 대한 사회적 민감도를 높
인다는 점에서 의의가 있다.

## 3. 법과 판례에 주목하는 이유

이 글에서 강제력을 갖는 법적·제도적 규제에 관심을 갖는 이유
는 법이 갖고 있는 이중성 때문이다. 법은 특정 사회의 시대적 사고
와 철학을 제도적으로 반영하는 정치기술 내지 규범으로 그 사회
내의 남녀의 사회적·경제적·문화적 관계, 나아가 심리적 관계까
지를 반영하고 동시에 이러한 관계의 변화에 영향을 미치기도 하며
가치 판단의 기준이 되기도 한다(윤후정 외, 2001:8).

이 글이 직장 내 성희롱의 사용자 책임에 대해 현행법이 어떻게
규정하고 있는지, 법에 근거한 판단은 실제로 어떻게 이루어져왔는
지에 대해 관심을 갖는 이유는, 일차적으로 법적 근거 자체와 그것

의 해석의 문제에 대한 비판을 통해 결과적으로 우리 사회가 직장 내 성희롱에 대해 어떤 입장을 취하고 있는지를 드러내고자 하기 때문이다. 또한 구체적인 공간으로서의 '직장'에서 성희롱을 예방하고 이에 대처하기 위해 고려되어야 할 것은 무엇인지, 어떤 합리적인 근거로 사용자 책임을 엄격하게 물을 수 있는지에 대한 실효성 있는 방안을 제시하여 직장 내 성희롱이 고용상의 성차별 문제라는 인식의 실질적인 보편화를 목적으로 하기 때문이다. 이는 노동환경을 제공하는 사용자의 책임과 여성의 노동권을 보장해야 할 사회적 책임에 대한 보편적인 합의를 도출해내고자 하는 급진적인 의미를 갖는다. 이에 우리 사회가 안고 있는 물음을 해결하는 유용한 방법의 하나로 우리보다 앞선 경험을 해온 사회의 역사를 통해 우리 사회의 맥락에 맞는 시사점을 찾아내고 그것의 실질적인 적용을 가능하게 하는 방안을 모색하려고 한다.

한편 법적 소송이 하나의 판례로서 결과물을 갖게 되는 과정은 운동의 차원이나 학문적 차원에서 매우 큰 의미를 갖는다. 소송을 통해 문제를 제기하는 것은 소송의 승패 여부를 떠나 지금까지 제기되지 않았던 문제들을 공론화하고 새로운 개념을 사회적으로 구성하며, 그렇게 구성된 개념을 통해 공정성과 합리성을 중시하는 문화를 구축하는 계기를 마련할 수 있기 때문이다(조순경, 2000a:325).

여성의 어떤 경험을 드러내고 이를 문제화한다고 할 때 그 과정에서 벌어지는 논쟁은 관련자들의 입장 차이를 가시화한다는 면에서 유의미성을 갖는다. 특히 법정에서의 공방 과정은 상반되는 양측의 입장이 드러나는 장으로, '누가 문제 해결에 반대하는지', '그 논리는 무엇인지' 등을 명확히 해 주어 결과적으로 누구를 대상으로 문제를 제기하고 해결을 촉구할 것인가, 문제 해결을 위해 필요한 것이 무엇인가를 인식하는 차원에서 매우 중요한 자료가 된다. 이 글에서 판례를 주요한 분석 자료로 삼은 것은 바로 이러한 이유 때문이다. 분석 대상 자료는 우리 나라와 미국의 법적 규제 내용 및 사용자 책임에 대한 판례, 고용기회평등위원회(Equal Employment Opportunity Commission, 이하 'EEOC')의 지침 등이다.

'서울대 신교수 성희롱' 판례는 소송 제기 시점인 93년부터 대법원의 판결이 있었던 98년 2월까지 직장 내 성희롱에 대한 직접적인 규제법이 없던 상태에서 판결이 내려졌다. 그러나 직장 내 성희롱에 대한 그리고 직장 내 성희롱의 사용자 책임에 대한 우리 나라 최초의 판결이라는 중요성과 함께 대법원 판결을 받기까지 소송을 이어오는 과정에서 드러난 다양한 입장은 직장 내 성희롱과 관련하여 우리 사회에 어떤 물음이 던져져야 하는지를 밝힐 수 있는 자료로서 중요하게 검토될 필요가 있다. 또한 대법원의 판결이 후속 판례에 대해 갖는 구속력이 강하다는 측면을 고려할 때 그 중요성은 더해진다.

'롯데호텔 성희롱' 판례는 현행법에 근거하여 직장 내 성희롱을 판단하고 직장 내 성희롱의 사용자 책임을 인정한 최초의 판례이다. 이 판례는 사용자의 고용계약상 의무와 성희롱 방지 의무의 관계를 어떻게 볼 것인가에 따라 사용자 책임에 대한 관점이 달라질 수 있다는 것을 제시하고 있어 매우 중요하다.

한편 KBS 노동조합 전 부위원장 강○○ 성폭력 사건의 경우는 피해자들이 조직 내부에서 문제를 해결하고자 피해 사실을 밝힌 이후 오히려 여러 형태의 불이익을 겪어야 했고, 운동사회성폭력뿌리

뽑기 100인위원회(이하 '100인위')에서 가해자의 실명을 공개한 이후 가해자가 명예훼손 소송을 제기하는 등 많은 과제를 제기하고 있는 사건이다. 그럼에도 이 글에서 주요 분석 대상이 아닌 참고 사례로써 검토하는 것은 가해자 강○○가 소를 취하하여 이 사건이 판례로써의 결과를 갖지 못했기 때문이다.

주된 분석대상인 '서울대 신교수 성희롱' 판례는 각 심급별 판결문과 소장, 원고와 피고의 준비서면 등을 중심으로 살펴보고, '롯데호텔 성희롱' 판례는 2002년 11월 내려진 1심 판결문을 중심으로 살펴보았다. 분석 자료는 인터넷 검색을 통해 얻은 판결문 원문[6]과 '서울대조교성희롱사건공동대책위원회'에서 펴낸 「서울대조교성희롱사건백서(上)」 등을 사용하였다.

한편 미국에서는 성별(sex)에 의한 차별을 금지하는 공민권법 7편[7]에 근거하여 성희롱 소송이 제기되어 왔다. 법원이 1976년 이전에 성희롱에 대한 사용자 책임을 인정하지 않았던 이유는 성희롱을 고용 관계와 무관한 행위라고 판단했기 때문이다. 성희롱은 행위자의 개인적인 성적 충동을 만족시키기 위한 목적의 행위이기 때문에 사용자가 시정할 의무를 갖는 고용상의 차별과는 관련이 없다는 것이다.[8] 그러나 1976년의 윌리엄스 대 색스비(Williams v. Saxbe) 판결은 "성희롱이 한쪽 성(性)만을 대상으로 이루어졌고 고용을 보장하는 조건으로 이루어졌다면, 이는 공민권법 7편을 위반하는 성차별

---

6) www.netlaw.co.kr.

7) 미국의 성차별금지법은 여성보호 입법을 포함하여 1960년대에 들어오면서부터 법제화되었고 1964년에 고용상의 성차별을 포괄적으로 금지하는 공민권법 제7편(The Title Ⅶ of the Civil Right Act of 1964)을 제정하였다(나영숙, 1994:21).

8) Corne v. Bausch & Lomb, Inc.(1975), 390 F. Supp. 161(D. Ariz.).

의 한 형태이고 (가해자인) 상사의 행위에 관해 사용자는 피해자에 대한 책임이 있다"[9]고 인정했다. 이 판결 이후 직장 내 성희롱에 대해 사용자도 책임을 져야 한다는 인식이 확산되었고, 공민권법 7편에 근거한 성희롱 소송이 증가하면서 사용자 책임을 인정하는 판결도 증가했다.

또한 EEOC는 성희롱에 대한 구체적이고 세밀한 기준을 담은 가이드라인을 지속적으로 발행, 권고해오고 있다. 특히 1991년 법원이 사용자에게 징벌적 손해배상(punitive damages)을 명할 수 있도록 한 이후, 사용자들은 직장 내 성희롱 사건이 소송까지 가지 않도록 하기 위해 혹은 소송에 이르더라도 면책 사유를 확보하기 위해 EEOC의 가이드라인을 더욱 준수하게 되었다. 이 과정에서 성희롱에 대한 사용자의 예방 책임 강화, 예방 조치시의 필수적인 요건, 성희롱이 발생했을 때 취해야 하는 조치, 재발 방지를 위한 노력 등의 내용은 실제로 판례와 EEOC의 가이드라인이 상호 보완의 역할을 하며 그 범위와 내용을 구체화해 온 역사를 가지고 있다. 이 글에서는 성희롱 피해자가 사용자를 피고소인으로 하여 소송을 제기한 판례 중 법원의 태도 변화를 볼 수 있거나 새로운 관점을 제시한 판례를 선별하였고, 자료는 인터넷 검색을 통해 얻은 판결문 원문을 사용하였다. 그리고 관련 법 조항과 EEOC의 지침 등은 EEOC 홈페이지를 통해 자료를 얻었다.[10]

---

9) Williams v. Saxbe(1976), 413 F. Supp. 654(D.D.C.).

10) 이상 출처는 www.findlaw.com, www.lexis.com, www.eeoc.gov.

## 4. 개념의 정치: '사업주' 또는 '사용자'

현재 고용상의 성차별을 금지하고 있는 법은 남녀고용평등법과
남녀차별금지및구제에관한법률, 그리고 근로기준법이다. 그런데 이
들 법에서 법 이행의 의무 주체는 달리 표현되어 있다. 직장 내 성
희롱 규제를 명시한 남녀고용평등법과 남녀차별금지및구제에관한
법률에서는 각각 '사업주', '사용자'로 표기하고 있으며, "근로조건
의 기준을 정함으로써 근로자의 기본적 생활을 보장, 향상"시키고
자 하는 목적으로 제정된 근로기준법에서는 '사용자'로 하고 있다.

남녀고용평등법은 '사업주'를 별도로 정의하고 있지 않지만,11) 남
녀차별금지및구제에관한법률과 근로기준법에서는 "'사용자'라 함은
사업주 또는 사업경영담당자 기타 근로자에 관한 사항에 대하여 사
업주를 위하여 행위하는 자"로 동일하게 정의하고 있다. 여기서 사
업주는 '협의의 사용자'로 규정되기도 한다(임종률, 2002:28~29). 이 글
에서 직장 내 성희롱 규제 법규의 이행 주체를 '사업주'로 할 것인
가 또는 '사용자'로 할 것인가의 문제를 제기하는 이유는 특정 개념

---

11) 사업주에 대해 별도로 정의하고 있는 법은 진폐의예방과진폐근로자의보호등
에관한법률, 고령자고용촉진법, 산업안전보건법, 장애인고용촉진및직업재활법
등으로 "근로자를 사용하여 사업을 행하는 자(또는 하고자 하는 자)"로 규정
하고 있다. 또한 각각의 법에서 사업주의 책임(책무 또는 의무)을 명시하고 있
는데, 대표적으로 산업안전보건법의 내용을 살펴보면 제5조 제1항에서 "사업
주는 이 법과 이 법에 의한 명령에서 정하는 산업재해예방을 위한 기준을 준
수하며, 당해 사업장의 안전·보건에 관한 정보를 근로자에게 제공하고, 근로
조건의 개선을 통하여 적절한 작업환경을 조성함으로써 근로자의 신체적 피
로와 정신적 스트레스 등으로 인한 건강 장해를 예방하고, 근로자의 생명 보
전과 안전 및 보건을 유지·증진하도록 하여야 하며, 국가에서 시행하는 산업
재해 예방 시책에 따라야 한다"고 되어 있다.

이 갖는 정치학 때문이다. 현재 '사용자' 정의에는 '사업주', '사업경영담당자', '근로자에 관한 사항에 대하여 사업주를 위하여 행위하는 자'가 포함되어 있는데, 이들 각각에 대한 설명을 통해 왜 '사업주' 책임이 아니라 '사용자' 책임을 주장하는지 논거를 제시하도록 하겠다.

- ·사업주
- 개인기업의 경우에는 개인을 말하고 법인체인 기업의 경우는 그 법인 자체를 말한다. 그러므로 주식회사, 합명회사, 합자회사, 유한회사는 상법상 법인이므로 이들 회사의 사업주는 모두 법인 그 자체이다. 사업주는 사업의 경영 주체이므로 사업경영의 결과인 손익 계산이 귀속하는 자이다.

- ·사업경영담당자
- 사업주로부터 사업 경영의 전부 또는 일부에 대하여 포괄적인 위임을 받아 대내적으로는 사업 경영에 대한 권한과 책임을 갖고 대외적으로는 사업을 대표하거나 대리하는 자를 말한다.

- ·근로자에 관한 사항에 대하여 사업주를 위하여 행위하는 자
- 인사·급여·후생·노무관리 등과 같은 근로조건의 결정 또는 근로 제공에 대한 수령이나 직무 수행에 관한 구체적인 지휘·감독을 할 수 있는 권한과 책임을 사업주 또는 사업경영담당자로부터 부여받은 자를 말한다. 이러한 권한과 책임이 반드시 근로계약을 체결할 때에 근로계약의 내용에 포함되어 있어야 하는 것은 아니고, 담당 업무의 수행 과정에서 이러한 권한을 행사할 수 있으면 된다… '사업주를 위하여 행위'한다는 의미는… 사업주가 위임한 권한과 책임의 범위 내에서 한 행위이면 충분한 것이므로… 사업주에게 손해가 귀속하게 되는 경우일지라도 그 행위가 법에 위반하는 것이면 사용

자로서의 의무 위반에 대한 책임을 지게 된다(김헌수 외, 2001:100~
103). 흔히 '관리자'라 부른다(임종률, 2002:30).

　즉 사업주와, 그를 대리하여 사업을 대표하는 자 또는 피고용인
의 고용 지위에 영향을 미칠 수 있는 자, 일상적인 직무 수행에 있
어서 피고용인에 대해 권한을 갖는 자를 '사용자'로 본다는 것이다.
그렇다면 현재 성희롱의 예방과 시정 의무에 대해 가장 구체적인
내용을 담고 있는 남녀고용평등법이 그 의무 주체를 '사업주'로 규
정하고 있는 것은 오히려 규제 대상을 협소하게 한정하는 것으로
볼 수 있다. 사업주는 아니지만 사업주로부터 부여된 어떤 권한을
갖고 있는 개인들에게 성희롱에 대해 경계하고 주의해야 할 이유를
부과하지 못하는 것이다.

　실제로 사업주가 가해자인 경우 현행법에 근거하여 책임을 묻는
것 자체는 어렵지 않다. 남녀고용평등법 제12조에서 "사업주, 상급
자 또는 근로자는 직장 내 성희롱을 하여서는 아니된다"고 규정하
고 있고, 이를 사업주가 위반할 시에는 동법 제39조 제1항에 의해 1
천만원 이하의 과태료를 부과하도록 하고 있기 때문이다. 그러나
직장 내 성희롱이 대부분 '직장 내 지위를 이용하여', '업무상 필요
를 명목으로' 은밀하게 행해지거나 또는 의도하진 않았지만 '분위
기를 띄우기 위해' 해당 집단의 묵인 하에 이루어지는 경우가 많다
는 점을 고려한다면, 사업주를 비롯하여 "구체적인 지휘·감독의
권한을 부여받은" 대상에 이르기까지 성희롱 예방 및 시정 의무를
갖도록 하는 것이 보다 실질적인 효과를 가져 올 수 있다. 미국의
공민권법 7편에서도 이 법의 적용을 받는 '사용자'를 "최근 2년 동

안 매해 최소 20주 이상의 근무일에 15인 이상을 고용하는 민간기업의 개인 또는 개인들, 주정부, 지방정부, 고용알선기관, 노동조합, 노사합동위원회, 합명회사, 공동출자회사 등 그리고 그 대리인”으로 정의하고 있다(SEC. 2000e. 〔701〕 (a)(b)).[12]

또한 이 글에서 분석 자료로 삼고 있는 성희롱 판례를 보면, ‘성희롱 발생 사실을 사용자가 알고 있었는가’ 여부가 사용자 책임을 판단하는 데 있어 매우 중요한 기준으로 고려되고 있다. 그런데 남녀고용평등법이 그 의무 주체를 사업주로만 한정할 경우에는 ‘사업주가 알지 못한 성희롱’에 대해서 그 책임을 묻기 어렵다는 중대한 제약점을 갖게 되는 것이다. 법률적으로도 남녀고용평등법 제38조에서 양벌규정을 두고 있기 때문에 법 이행의 의무 주체를 ‘사용자’로 고칠 근거는 충분하다고 본다.[13] 그리고 이미 해석론의 입장에서도 근로기준법에서 규정한 행위와 동일한 성질을 갖는 행위에 대해 의무 주체가 다르게 되는 것은 있을 수 없고 남녀고용평등법의 양벌규정상 감독적 지위에 있는 사용자도 처벌을 받도록 되어 있는 점으로 보아 의무 주체를 ‘사용자’라고 해야 할 것(김엘림, 1995:212)이라는 제안이 있어왔다.

그런데 여기서 짚고 넘어가야 할 것은 ‘사업경영담당자 기타 근

---

12) www.eeoc.gov/laws/vii.html.
13) 법 제37조는 모집과 채용, 임금, 교육·배치 및 승진, 정년·퇴직 및 해고, 육아휴직, 직장 내 성희롱 발생시 조치(제14조 제3항 성희롱 발생시 피해자에게 불이익한 조치 금지) 등에 관한 차별 행위를 했을 경우의 벌칙을 규정하고 있는데, 제38조는 “법인의 대표자나 법인 또는 개인의 대리인, 사용인 그밖의 종업원이 그 법인 또는 개인의 업무에 관하여 제37조의 위반 행위를 한 때에는 그 행위자를 벌하는 외에 그 법인이나 개인에 대하여도 동조의 벌금형을 과한다”라고 하고 있기 때문이다.

로자에 관한 사항에 대하여 사업주를 위하여 행위하는 자'는 근로자와 사용자 양측의 성질을 모두 갖게 된다는 점이다. 이를 '근로자·사용자 개념의 중복성'이라 하는데, 임금·근로시간·해고·퇴직금·재해보상 등의 근로조건에 관해서는 근로자에 해당되고, 근로기준법 준수 의무와 그에 대한 책임에 있어서는 사용자에 해당된다.14) 그렇다면 남녀고용평등법의 성희롱 관련 의무와 그것을 위반할 시 부과되는 책임에 대해서도 같은 논리가 적용될 수 있다고 본다. 즉 성희롱으로부터 안전한 근로환경을 보장할 책임의 의무 주체는 '사용자'라고 해야 마땅하다는 것이다.

이러한 이유로 이 글에서는 직장 내 성희롱의 예방 및 시정 의무 주체를 사용자로 정의하고 사용자 책임을 중심으로 한 법적 규제의 문제를 논할 것이다.

---

14) 이는 '대한석탄공사 산하 광업소장의 근로기준법상 지위'와 관련한 퇴직금 소송에서 나타난 대법원의 태도인데, 피고 대한석탄공사는 원고 3인이 광업소를 관할하던 자로 사업경영담당자 기타 근로자에 대한 사항에 대하여 사업주를 위하여 행위하는 자에 속하기 때문에 사용자에 해당한다고 주장했다. 그러나 대법원은 원고들의 사용자성은 그 광업소에서 자기 하위의 근로자에 대한 관계에 있어서 사용자에 해당되는 것이지 대한석탄공사에 대해서는 공사에 고용된 근로자로 취업규칙의 적용을 받는 근로자라고 판시하였다(김명수, 2001:56). 대법원 1976. 10. 26. 선고, 76다1090 판결. 판결전문 참고. 인터넷종합법률서비스 넷로, www.netlaw. co.kr.

# 2장  사용자 책임의 강화, 왜 필요한가

성희롱 사건을 문제제기 할 경우 바로 역고소를 당할 위험, 그리고 직장 생활이 어려워지거나 학생의 신분이 불안정해질 위협을 당하는 현상은 결과적으로 피해 사실을 은폐시키고 문제 해결을 어렵게 하는 악순환을 반복하게 한다. 그러나 주목해야 할 것은, 이러한 위험에도 불구하고 피해 사실의 공개가 지속적으로 이루어지고 있다는 사실이다. 이는 문제 해결을 위한 적절한 통로를 찾을 수 없는 우리 사회의 단면을 드러내주는 것이기도 하다.

## 1. 문제를 드러내기, 위험에 노출되기

우리 사회에서 성희롱·성폭력 문제의 심각성을 알려 온 주된 방법은 사건 자체를 공론화 하는 것이었다. 소속 공동체의 주의 환기를 위해 성폭력 가해자의 실명 사과문을 공개하는 것, 2,3차 피해를 막기 위해 성폭력 사건을 공개하는 것, 그리고 자신의 피해를 알리고 도움을 요청하기 위해 피해자 스스로 그 피해를 커밍아웃하는 것 등 이미 다양한 방식의 공론화가 제도화되거나 관례화되어 이루어지고 있다(장임다혜, 2002:1). 이 과정에서 피해자의 신상이 공개되어 사건 공론화 이후 피해자가 사후적 고통에 시달리는 상황이 속출하고 있으며, 실명 공개 자체가 명예훼손죄를 구성하여 오히려 가해자/피의자에게 법적 대응의 명분을 준다는 우려도 있다.

그리고 이러한 우려는 현실로 나타나 가해자/피의자들이 명예훼손 소송을 제기하는 현상이 또다른 축의 관례화를 이루어가고 있다. 가해자/피의자가 명예훼손을 제기한 사례로는, 상사로부터 성희롱을 당하다가 노동조합에 신고한 피해여성이 가해자로부터 무고 및 명예훼손으로 고소 당한 죽암휴게소 사건, KBS노동조합 전 부위원장 강○○가 피해자와 100인위를 상대로 제기한 명예훼손 소송, 동국대 김모 교수가 피해자와 피해자를 지원하는 여교수를 명예훼손으로 고소한 사건, 경산대 K교수가 피해자를 무고죄로, 대구여성의 전화를 사이버명예훼손으로 고소한 사건, 대구시립합창단 지휘자였던 노○○이 피해여성들을 명예훼손 및 무고죄로 고소한 사건, 제주도 전 지사 우○○이 피해자와 제주여민회를 명예훼손으로 고소한 경우 등을 들 수 있다. 이외에도 서울산업대 K교수, 원광대 A교수 등 가해자/피의자가 명예훼손 소송을 제기하는 사례가 끊이지 않고 있다(장임다혜, 2002:2~9). 피해자를 비롯하여 피해자의 입장에서 문제를 바라보는 개인 또는 집단에 대한 명예훼손은 이제 성희롱·성폭력 사건이 응당 밟아야 할 수순인 것처럼 전형적인 단계로 자리잡고 있는 것이다.

명예훼손의 진위 여부를 떠나 이러한 현상이 반복적으로 나타날 수 있는 배경은 무엇인가. 여기에는 가해 사실의 공개가 가해자의 명예를 크게 훼손하지 않는 현실(조순경, 2002:106), 오히려 문제를 제기한 피해자에게 유·무형의 부당한 조치가 취해지는 현실이 있다. 즉 피해자에 대한 비난이 가해자에 대한 질책을 압도하는 우리 사회의 성문화와 이를 규제하는 힘을 가지지 못한 현행법의 허술함이 가해자와 피해자가 뒤바뀌는 상황을 조장·방치하고 있는 것이다. 가해자의 행위가 바람직하지 않은 것일 수는 있지만 그다지 크게 문제화 할 성질의 것은 아니며, 만약 문제가 있다면 피해자가 그 원인을 제공했을 것이라는 단정적이고 폭력적인 언설들이 난무한다. 이 과정에서 피해자는 2차, 3차 피해를 입게 되고 문제를 해결하고자 하는 의지를 갖기 어렵게 되는데, 이는 피해자를 침묵하게 하는 결정적인 요인이 된다.

남녀고용평등법에서는 성희롱 행위자에 대해 지체없는 조치를 취할 것과 피해자에 대해 불이익한 조치를 취하지 말 것을 명시하고 있다. 하지만 현실적으로 그러한 조항은 지켜지지 않고 있다. 파라다이스 제주 카지노에서는 성희롱 피해자가 피해 사실을 드러내고 구제받고자 했지만, 번번이 불이익을 감수해야 하는 입장에 처해야만 했다. 신입여직원을 성희롱 한 간부에게 호텔측이 가벼운 징계를 준 뒤 같은 부서에 근무하도록 하여 결국 정신적 압박을 견디지 못한 여직원이 퇴사하기에 이르렀고(1999년), 한 여성조합원이 당한 성희롱의 가해자가 상무임을 알게 된 호텔측이 말썽이 나는 것을 피하기 위해 피해여성을 부당전직시켰으며(2000년), 가해자인 회사간부에게 2개월 정직 처분을 내린 뒤 피해여성과 같은 부서에 배치하여 결국 피해여성이 가해자를 경찰에 고소하기에 이른 경우(2001년) 등 피해자에게 불이익을 주는 조치가 매년 반복적으로 취해져왔다. 특히 2000년에 발생한 사건의 경우는 성희롱 예방 교육을 실시하지 않았다는 이유로 제주지방노동사무소로부터 과태료 300만원을 부과받았고 가해자인 상무를 의원면직시켰으나 결국 그는 더 고위직으로 전임하게 된다(김천수, 2002:123~124).

이러한 상황은 직장에만 국한되어 나타나지 않는다. 교육영역에서도 마찬가지이다. 서강대에서는 지도교수로부터 수차례에 걸쳐 언어 성폭력 및 성추행을 당한 여학생의 피해 사실이 드러나 학생들이 교수 퇴진 운동을 벌이고 피해여성은 교수를 고소하기에 이르렀지만, 학교측은 가해 교수에게 '안식년동안 3개월 정직'이라는 전혀 실효성 없는 징계를 내린 바 있다. 그리고 서울시립대에서 일어난 성추행 사건은 해당 학과 학생회 차원의 노력을 통해 결국 4개월만에 가해 교수의 자진 사직 형식으로 일단락되었지만, 피해여성이 피해 사실을 공개한 후 가해 교수는 "그런 얘기를 하다니 각오하라"고 엄포를 놓고 탁자를 치며 소리를 지르는 등의 위협적인 행동을 일삼았다. 대학원생들과의 MT 자리에서 성희롱 발언과 폭언을 일삼은 한국교원대 교수 성희롱 사건은 학생들이 교수 퇴진 운동을 벌인 바 있으며,[1] 2002년 6월 서울 동부지역 ㅊ정보고등학교에서는 동료 여교사와 여학생들을 성추행한 가해 교사는 복직되고 피해 사실을 인터넷에 올린 여학생 2명은 학교의 명예를 훼손했다는 이유로 제적된 사건도 있었다.[2]

---

[1] "교수는 제자 '성희롱'해도 끄떡없다? 국립대 이어 시립대도 성추행 말썽."『오마이뉴스』 2003년 5월 22일자, www.ohmynews.com.

[2] 이 사건의 가해자는 이전에도 유사한 일로 해직된 적이 있었고 이 학교에서도 성추행을 일삼았다고 한다. 그러나 가해자인 남자 교사는 "예전 학교에서는 문제가 아니었"고 "그런 게 습성이 되어 본의 아니게 그런 적은 있"지만 "솔직히 불쾌"하다고 입장을 밝혔다. 또 2003년 5월 연세대에서 열린 교수 성폭력 토론회에서는 "교재를 구입할 돈이 모자라면 남자애들은 막노동판에 나가면 되고 여자애들은 몸을 팔면 된다"는 법대 교수의 발언이 성차별 사례 중 하나로 발표되었는데, 며칠 후 발언의 당사자는 한 일간지에 "나는 강의 중 그 발언을 하였던 헌법 담당 강사"라고 본인임을 밝히며 그 발언을 문제삼는 입장에 대해 "누가 여성해방에 걸림돌인가"라는 적반하장격의 질문을 던지기도 하였다.

이와 같이 성희롱 사건을 문제제기 할 경우 바로 역고소를 당할 위험, 그리고 직장 생활이 어려워지거나 학생의 신분이 불안정해질 위협을 당하는 현상은 결과적으로 피해 사실을 은폐시키고 문제 해결을 어렵게 하는 악순환을 반복하게 한다. 그러나 주목해야 할 것은, 이러한 위험에도 불구하고 피해 사실의 공개가 지속적으로 이루어지고 있다는 사실이다. 이는 문제 해결을 위한 적절한 통로를 찾을 수 없는 우리 사회의 단면을 드러내주는 것이기도 하다.

## 2. 사용자 책임은 어디에?

성희롱·성폭력 사건의 공개 이후 나타나는 일련의 상황을 보면 공통되는 특징이 발견된다. 피해자와 피해자의 입장에 서는 사람들, 그리고 가해자와 가해자의 입장에 서는 사람들만의 공방이 오고간다는 것이다. 피해여성과 고용계약은 당사자이자 안전한 노동환경을 보장할 사용자의 책임은 제기되지 않는다. 건강하고 질 높은 교육 환경을 제공할 학교장, 대학총장의 책임은 어디에도 없다.

서울시립대의 경우 2003년 1월말 사건이 공론화된 이후 해당 학과 총회를 통해 밝혀진 피해여성의 수가 7~8명에 이르렀지만, 학교측은 교수가 자진 사직한 5월까지 아무런 조치도 취하지 않았다.

---

"가해 교사 명예복직, 피해학생 징계제적 : 교육부 성폭력 근절 선언, 일선학교선 공허한 메아리일 뿐." 『여성신문』 2002년 6월 27일자, www.womennews.co.kr, "'교재 살 돈 없으면 몸 팔면 된다" / "치마 입으려면 다리 예뻐야 한다" / 연대 총여학생회, 교수 성차별 발언 비판", "누가 여성해방의 걸림돌인가." 『인터넷한겨레』 2003년 5월 23일자, 2003년 5월 26일자, www.hani.co.kr. 가해자임이 부끄럽지 않은 현실을 여지없이 드러내주는 경우이다.

ᄎ정보고등학교의 학교장은 '아무런 조치도 취하지 않으셨냐'는 기자의 질문에 "본인이 부인하는데 어떻게 조치를 취할 수 있느냐"고 반문했다. KBS노동조합 전 부위원장 강○○ 성폭력 사건의 경우 피해여성은 가해자에 대한 징계를 요청했지만 KBS측은 "법적 다툼이 종결되지 않은 상태이므로 사법기관의 최종 결정이 있기까지는 자체적으로 별도 조치하기가 곤란한 사안"이라는 회신을 보내왔다. 파라다이스 제주 카지노는 더 말할 것도 없이 너무나 전형적이다. 이 사건들 모두 직장 내에서 혹은 학교 내에서 합리적인 문제 해결이 가능했다면, 사용자가 즉각적이고 적절하게 대처를 했더라면, 성희롱 주장의 사실 여부가 확인되기 이전이라도 피해를 주장하는 여성이 불이익에 노출되지 않도록 하는 조치를 취했더라면, 피해자들이 자신의 신상 역시 공개될 위험이 많은 실명 공개 방법을 통해 피해 사실을 공론화하지는 않았을지도 모른다.

가해자/피의자들의 명예훼손 역고소에 대해서도 마찬가지이다. 사용자는 제3자화된 채, 피해자와 가해자만의 법적 공방으로 전개되고 있는 것이다. 미국에서도 직장 내 성희롱 사건의 가해자가 명예훼손 소송을 제기하는 경우는 있다. 그러나 이때 소송은 피해자가 아니라 사용자를 상대로 하여 이루어진다. 성희롱 사건이 신고되면 그것이 '사실'로 확인되기 전이라도 가해자로 지목된 사람에 대해 신속하고 적절한 조치를 취할 것이 엄격하게 요구되는 미국의 경우, 가해자는 자신에게 취해진 조치가 부당하다고 생각되면 사용자를 상대로 소송을 제기한다. 사실이 밝혀지기도 전에 사용자가 자신에게 징계를 가한 것은 자신을 '가해자'라고 규정한 것이기 때문에 명예훼손이 된다는 것이다. 그러나 법원은 대부분 사용자의 손을 들어준다. 사용자는 피고용인들에게 그러한 사실을 알릴 책임이 있고 특히 직장 내 구성원들이 '그'가 가해자임이 확실하다고 믿는 경우에는 사용자의 이러한 조치가 명예훼손이 아니라는 것이다(Stein, 1999:128~129). 이는 국민의 알 권리나 공공의 이익을 개인의 보호받아야 할 법익보다 우선하는 법제와 문화가 조성되어 있기 때문에 가능한 것이다. 성희롱 사건에 대한 공방 과정에서 사용자 책임이 전면에 제기되지 않는 우리 사회와 매우 다른 양상이라 할 수 있다.

## 3. 역사, 결코 과거가 아니다

그렇다면 우리 사회에서 직장 내 성희롱에 대한 사회적 논의는 어떤 문화적 배경 하에서 무엇을 중심으로 이루어져 왔는가. 그간 진행되어 온 논의는 주로 실태 조사를 통해 성희롱의 심각성을 알리는 것에 주력하는 한편, 법적 규제 방안을 모색하거나 법제화 이후의 변화를 조사한 유형으로 나타난다. 성희롱이 사회문제화된 지 10년, 성희롱에 대한 사회적 논의의 성과와 한계를 살펴보면서 지금 우리 사회에 필요한 작업이 무엇인지 들여다보자.

직장 내 성희롱을 문제화하는 인식이 거의 없는 우리 사회에서 그것의 심각성을 알리는 가장 효과적인 방법은 그 실태를 보여주는 것이다. 여성학, 사회복지학, 심리학 그리고 법·정책학 등 다양한 학문 영역에서 이루어져 온 기존 논의들은 주로 양적인 방법의 조사를 통해 성희롱의 발생 현황과 그 양태, 여성들이 성희롱을 경험하는 정도, 대응 방식, 성희롱에 영향을 주는 요인 등에 대한 자료를 제공하고 있다(한국여성민우회, 1993, 1998; 공미혜, 1995; 신성자, 1995, 1997; 임창희 외, 1996; 전영실, 1999; 김정인 외, 2001). 그리고 다른 한편으로 심층적인 면접 조사를 통해 성희롱 피해의 구체적인 양상을 드러내고 피해여성의 대응 양식과 이것에 영향을 미치는 요인, 성희롱을 공식적으로 문제제기하기 어려운 조직문화와 성문화를 살펴봄으로써 성희롱이 개인적인 차원의 노력 뿐 아니라 개별 직장의 정책과 정부 차원의 규제를 필요로 하는 문제임을 주장한 논의들도 있다(조정아 외, 1991; 장필화, 1994; 이성은, 1995).

이러한 논의들은 직장 내 성희롱을 문제화하고 그 심각성을 알리면서 이에 대한 개인 또는 기업 차원의 대응 방안을 모색하고 있다는 점에서 의의가 있다. 직장 내 성희롱이 직장 내 권력의 문제와 밀접한 연관을 갖는다는 점에서 개인적 차원의 노력을 비롯하여 노동조합, 여직원회, 회사, 정부 차원에서의 과제들을 제시하고 있는 일부 논의들은 직장 내 성희롱의 법제화를 위한 근거 자료로서 유의미성을 갖는다. 이들 논의에서 제시되는 과제는 크게 구성원들의 의식 변화 및 피해자의 적극적인 대처, 평등한 직장문화 조성을 위한 노력 등으로 정리될 수 있다. 그리고 이러한 제안은 우리 사회의 성불평등한 구조 변화를 목표로 하는 장기적인 관점에서 볼 때 직장에서의 성차별, 성희롱을 근절하는 가장 바람직한 방법이다.

한편 본격적으로 직장 내 성희롱의 법제화 방안을 모색하는 논의도 찾아볼 수 있다. 직장 내 성희롱에 대한 외국의 법적 대책이나 직장 내 성희롱과 형법, 노동법, 민법 등의 관계에 대한 고찰을 통해 법제화의 기본 방향과 방안을 제시하는 논의(김엘림, 1997)는 기존에 이루어졌던 논의들과는 매우 다른 성격을 갖는다. 이러한 논의가 등장하는 것은 직장 내 성희롱이 '직장'이라는 위계적인 공간에서 발생하는 문제임에도 불구하고, 당사자들 간의 개인적인 문제─ "남녀가 함께 있는 곳에서는 있을 수 있는 일", "개인적인 호감의 문제가 피해여성의 민감함으로 인해 확대된 문제", "당사자들 간에 조용히 처리할 수 있는 문제"─라는 인식에 의해 문제의 본질이 흐려지기 쉽기 때문인 것으로 보인다. 특히 직장 내 성희롱이 고용상의 성차별 문제라는 점에서 차별 금지를 위한 법적 규제가 필요하다는 것이다.

또한 성희롱에 대한 가해자 및 사용자의 법적 책임을 주장하는 논의도 있다(나영숙, 1994). 이 논의에서는 특히 민법과 노동법상에서 사용자 책임을 어떻게 규정할 수 있고 각각의 한계가 무엇인지 살펴보고 있다. 민법상으로는 '보상책임'의 원리에 의하여 사용자 책임을 물을 수 있는데, 이것이 가능하기 위해서는 성희롱에 대한 거부로 인해 고용상 불이익'이라는 분명한 손해가 있어야 하기 때문에 구제 대상이 제한된다는 문제점이 있다고 보고 있다. 또한 노동법상으로는 근로계약에 성희롱 없는 직장 환경에서 일할 권리에 대한 보호 규정이 명시되어야 하고 민법에서와 마찬가지로 직접적인 불이익이 없는 경우는 구제 대상에서 제외된다는 문제점을 들고 있다. 이러한 논의들은 직장 내 성희롱이 법적 규제의 대상이 되는 차별의 영역에 속하는 문제이고, 따라서 사용자의 책임을 강력하게 주장하고 있다는 점에서 유의미하다.

그러나 법제화 이후에도 사용자 책임을 강화하기 위한 방안을 구체적으로 제시하는 논의는 찾아보기 힘들다. 법제화 이후 여성노동권을 보장하고 있는 현행법을 검토한 논의(김엘림, 1999a)에서는 우리 나라가 적어도 외견상 또는 부분적으로는 성차별과 성희롱의 규제, 피해 구제 제도 등 국제기구를 비롯한 선진 각국에서 실현하고자 하는 여성노동권 보장의 법제화를 이루어냈다는 의의를 상기시키고 있다. 그리고 향후 여성노동권을 '실효성있게' 보장할 수 있는 법제 와 권리 구제 제도 및 행정감독 체계의 마련, 전통적인 성차별 문화 를 개선시킬 수 있는 전반적인 환경 정비가 필요하다고 언급하고 있다. 그리고 '서울대 신교수 성희롱' 사건에 대한 서울고등법원의 환송심 판결이 이루어진 이후, 그간 내려진 판결들에 대한 검토를 통해 법원의 판결이 성희롱을 단순한 불법행위로 취급하고 사용자 책임을 전혀 인정하지 않았다는 사실을 지적하며, 이는 문제의 본 질이나 심각성에 대한 인식 부족에서 비롯된 것으로 문제 해결을 위한 미래지향적인 입장을 제시하지 못했다고 비판하고 있다(김엘림, 1999b).

'법제화 이후' 1년이 지난 시점에서 성희롱의 개선 실태를 파악 하기 위해 사무직, 판매·서비스직, 생산직 종사 남녀 직장인에 대 한 설문 조사와 심층 면접, 전문가 자문, 전문가 워크샵(Focus Group Study) 등의 방법을 통해 방대한 조사가 실시되기도 했다(한정자 외, 2001). 이 논의는 관련법에 대한 인지도, 예방 교육의 효과, 성희롱 발생 실태, 효과적인 개선 방안 등에 대한 내용을 담고 있는데, 여 기서 가장 심각하게 제기되고 있는 문제는 전혀 실효성 없는 예방 교육이 이루어지고 있다는 사실이다. 그리고 이는 '연 1회 이상의 예방 교육'이라는 형식적인 법적 규제에 위해 뒷받침되고 있다는 것이다. 이를 개선하기 위해서는 직장 차원에서 실제적인 방안을 마련할 것과 피해여성 보호, 성희롱 행위자에 대한 처벌·징계 강

화, 성희롱 고충 처리 및 상담 창구 신설 등이 이루어져야 한다고
제안하고 있다.

그런데 이러한 일련의 논의를 통해서도 직장 내 성희롱의 근절을
위한 실효성 있는 방안은 찾아보기 어렵다. 특히 현행법이 직장 내
성희롱의 예방과 시정에 대한 사용자의 의무를 규정하고 있음에도
불구하고 그것을 강제하기 위한 구체적인 방안 제시는 아직도 과제
로 남아있는 실정이다. 직장 내 성희롱이 성별 불평등을 지속시키
는 위계적인 직장문화와 성문화에 의해 조장되고 심화된다는 것은
이미 많은 논의들을 통해 증명되어 왔다. 그리고 이것이 차별의 문
제이기 때문에 법적 규제가 필요하다는 사회적 합의를 거쳐 법제화
도 이루어냈다. 그런데 여전히 차별의 시정 주체인 사용자의 책임
은 구체화되지도 강제되지도 않고 있는 것이다. 이는 사용자의 의
무를 법에 명시해 놓기는 했지만 실제 그 이행을 강제할만한 강력
한 규정을 갖지 못한 것에서 비롯되는 당연한 결과이다. 사용자의
입장에서 볼 때 '골치 아픈 법을 지키기보다는 약소한 벌금을 물고
마는' 것이 더 손쉬운 방법이라고 생각할 수 있도록 하는 현행법의
함정이 있는 것이다.

앞서 언급했듯이 우리 사회에서 성희롱이 문제화되기 시작한
1993년 '서울대 신교수 성희롱' 사건 이후 직장 내 성희롱에 대한
법적 규제는 1999년이 되어서야 근거 조항을 마련하게 된다. 직장
내 성희롱이 법적으로 규제되기까지의 지난한 과정과 현재의 규제
수준은, 과연 현재의 법이 성희롱을 근절하는 데에 충분한 역할을
할 수 있는지를 돌아보게 한다.

'서울대 신교수 성희롱' 사건이 소송에 이른 이후 여성단체와 노

동계는 성희롱 금지를 법에 명시할 것을 지속적으로 요구했다. 그러나 사용자단체와 노동부는 그 성립 여부를 판단하기 어렵다는 이유로 반대하는 태도를 보였고, 1995년 남녀고용평등법 2차 개정 시에는 결국 법제화가 되지 못했다. 이후 법개정안이 또다시 발의되었지만 국회 환경노동위원회에서 심의가 보류되다가 1998년 하반기 남녀차별금지및구제에관한법률이 직장 내 성희롱에 대한 권리 구제를 포함하여 제정하기로 하자 남녀고용평등법도 이를 수용, 1999년 3차 개정시에 반영한 것이다(윤후정 외, 2001:70~71).

'서울대 신교수 성희롱' 사건이 공개됐을 때 당시 서울대학교 내 소식지에서 전하고 있는 남자들의 반응은 "남자라면 한번쯤 할 수도 있는 일을 가지고 성추행이라니… 나도 성추행범이 될 수 있단 말인가?", "설령 포옹을 했다 하더라도 그게 뭐가 잘못이냐?" 등이었는데, 이에 대해 박원순은 '좋았던 옛날'이 가고 있음에 대한 불만을 토로하고 있다고 비판했다(박원순, 1993:222, 226).

성희롱에 대한 이같은 이해 부족은 법제화에도 그대로 반영되어 '연 1회 이상의 예방 교육'에 '위반시 과태료 300만원'이라는 수준의 예방 의무 조항이 마련되었다. 당초 연 2회로 의무화했던 예방 교육은 "IMF 경제위기 상황 하의 기업의 고충을 이해하는 쪽으로 양보"하여 연 1회로 축소되었다.3) 또 우리 사회의 성관념을 고려할 때 최소한 연간 15시간 정도 되어야 한다(조순경, 1999:6)는 교육 시간에 관한 제언은 법안에는 아예 없다. 그러니 실제 사업장에서는 성

---

3) "남녀고용평등법 개정, 성희롱 예방 지침 발효 : 1999년의 화두 직장 性희롱." ≪신동아≫ 1999년 3월호, www.donga.com/docs/magazine/new_donga/ 9903/ nd99030150.html.

희롱 예방 교육 시간을 20분 배정하여 비디오를 보여주면서 "시간이 없어서 2편이지만 1편만 보여드리죠"[4]라는 태도를 가질 수 있고, 그래도 1년에 한번은 했으니 법을 지켰다고 주장할 수가 있다. 결국 입법은 '법을 위반해도 큰 타격이 되지 않는' 선에서 그친 것이다.

이러한 현실에서 나타나는 가장 전형적인 특징은 바로 성희롱 근절을 위한 사용자의 적극적인 의지를 기대할 수 없다는 점이다. 그리고 이는 직장 문화에도 영향을 미친다. 성희롱 규제의 '법제화 이후' 성희롱의 변화 및 실태 파악 등을 목적으로 이루어진 한 연구 결과에 의하면, '직장의 분위기가 삭막해졌다', '남성들이 성희롱을 금지하는 법에 대해 불만을 보인다'는 응답이 각각 95.1%, 94.1%로 나타났다(한정자 외, 2001:55). 이러한 결과는 이 법에 대한 심리적 저항과 '잠재적 가해자' 취급을 당하는 것에 대한 불편한 심기의 크기를 느낄 수 있게 한다.

법으로 금지한다고 해서 성희롱이 발생하지 않는 것은 아닐 것이다. 그러나 법으로 규제할만한 이유가 있는 행위에 대해서는 최대한 그 발생을 최소화하고자 하는 목적으로 입법이 이루어져야 한다. 지금처럼 법에서는 금지하고 있지만 실제로는 위법 행위가 빈발하고 있고, 오히려 피해자들이 피해 사실을 드러내기 어려운 조건들이 법망을 피해 형성되는 구조에서는 법제화의 효과를 기대하기 어렵다. 형식적이고 선언적인 수준의 법적 규제는 성희롱 예방과 근절을 위한 어떤 실질적인 변화도 가져올 수 없다.

직장 내 성희롱이 고용상의 성차별 문제라는 것은 "근로자가 성

---

4) 서울여성노동조합 온라인상담센터, 2001년 3월 28일, www.women119. or.kr.

희롱을 받지 않고 평등하고 안전한 근로환경에서 일할 인격권, 평등권, 근로권과 같은 기본적 인권"의 차원으로 이해되어야 한다는 것이며, "근로자를 성희롱으로부터 보호할 의무는 근로자를 고용하여 노무급부를 받는 사용자가 부담해야 하는 근로계약 관계에 내재된 의무(김엘림, 1997:148)"라는 의미를 갖는다. 직장 내 성희롱을 근절하는 가장 좋은 방법이 예방인 이유는 이미 '발생' 그 자체에서 오는 피해가 심각하기 때문이며, 따라서 이의 예방과 사후 조치에 대한 사용자의 책임이 강화되어야 하는 것이다.

그렇다면 어떤 방안으로 사용자의 책임을 엄중하게 물을 수 있는가. 어떤 수준의 처벌 규정으로 사용자 책임을 강제할 수 있을 것인가. 현재 사용자의 의무 불이행에 대한 벌칙으로 명시되어 있는 '과태료 300만원 또는 500만원'이라는 처벌 규정이 얼마나 허술하고 형식적인지를 검토하는 방법의 하나로, 성희롱 예방 의무를 이행하지 않았거나 성희롱 발생을 신고받고도 아무런 조치도 취하지 않은 사용자에게 엄청난 액수의 배상액을 부과하는 미국의 경험을 살펴보도록 하겠다.


## 4. 미국의 경험이 말해주는 것

미국에서 사용자의 의무 이행을 강제해 온 주요 방법은 경제적 비용의 부담과 '성희롱이 빈발하는 기업'이라는 사회적인 낙인이다. EEOC는 1980년 "성차별에 관한 지침(Guidelines on Discrimination Because of Sex)"을 개정하면서 성희롱이 공민권법 7편을 위반하는 성차별이라는 내용을 추가했다. 그 이후 성희롱 예방에 관한 논의는 회사의 비용 절감을 강조하는 방향으로 전개된다. "성희롱 사실을 은폐하거나 성희롱 문제 해결에 관심을 갖지 않는 사용자는 값비싼 대가를 치르게 될 것"이라는 충고(Ledgerwood & Johnson-Dietz, 1980:744)에서도 알 수 있듯이, 직장 내 성희롱의 사용자 책임을 인정하기 시작한 초기부터 비용의 문제로 접근했던 것이다.

물론 사용자에게 무거운 경제적·사회적 책임을 지우는 것이 부당하다는 주장도 꾸준히 제기되고 있다. 특히 사용자가 어느 누구로부터도 성희롱 발생 사실을 전해 듣지 못했을 때 사용자에게 책임을 지우는 것은 부당하다는 것이다. Cohen과 Vincelette는 통보(notice)와 구제(remedy)의 개념을 들어 사용자 책임에 대한 광범위한 해석을 반대하는데, 즉 성희롱 사실이 사용자에게 통보되었을 경우에 한해서만 사용자는 구제 조치 의무를 갖는다는 것이다(Cohen & Vincelette, 1984:301). 또한 McGuire는 사용자가 성희롱 예방 조치를 취했음에도 불구하고 성희롱이 발생한 경우에는 사용자에게 책임을 지우는 것이 문제라고 주장했다(McGuire, 1995:319).

반면 Harvard Law Review에서는 EEOC 지침에 근거한 주장을 폈다. 관리 권한을 가진 직원이 성희롱 행위자일 경우에는 사용자에게 엄격하게 책임을 묻고, 그러한 권한을 갖지 않은 직원이나 피고용인이 아닌 사람(non-employee)이 성희롱 행위자일 경우에는 추정적 통보(constructive notice) 요건을 적용해야 한다는 것이다. 여기서 '추정적 통보'란 피해자가 성희롱 사실에 대해 사용자에게 직접적으로 문제제기를 하지는 않았지만, 상황에 의한 해석상 사용자가 성희롱 발생을 알고 있었다는 주장을 가능하게 하는 요건이다. 이 논의에서는 '추정적 통보' 요건의 장점으로 피해자가 피해자로서의

수동적인 자세를 버리고 사용자를 문제 해결 과정에 적극적으로 관
여시키고자 하는 의지를 갖도록 만든다는 점을 들고 있다. 이는 결
국 사용자로 하여금 피해자가 소송을 하지 않도록 하기 위해 직장
내부에서 해결할 수 있는 자체적인 절차를 마련하고 효과적인 시정
조치를 취하게 하는 결과를 이끌어낸다는 것이다(Harvard Law Review,
1984:1460~1463). 결국 문제는 '성희롱 사실에 대해 사용자가 알고 있
었고 (혹은 충분히 알 수 있었고)', 그럼에도 불구하고 '시정 조치를
전혀 취하지 않았거나 취했음에도 효과가 전혀 없는' 경우에만 사
용자 책임을 물을 수 있는가, 여부로 압축된다. 그리고 이에 대한
판단은 법원으로 넘겨진다.

그렇다면 법원은 어떤 태도를 취했을까? Woerner와 Oswald는 미
국에서 1970년대 중반 이후 성희롱 소송이 증가했다는 사실에 주목
하여, 사용자 책임에 대해 법원이 어떤 판결을 내려왔는지를 검토
했다. 그런데 판례를 살펴본 결과 사용자 책임을 판단하는 일관된
기준을 찾기는 어려웠다. 성희롱 사건이 얼마나 맥락적인지를 보여
주는 지점이다. 그런데 일관성이 없는 가운데서도 일관성 있는 주
장 하나는 발견하게 된다. 그것은 사용자가 성희롱 발생의 결과에
대한 책임을 공유해야 한다는 것이었다. 성희롱 피해자와 가해자
간의 문제, 쌍방간에 해결하면 되는 문제가 아니라, 사용자가 예방
하고 시정하고 책임을 공유해야 하는 문제라는 원칙을 일관되게 제
시하고 있다는 것이다(Woerner & Oswald, 1990:792~793). 사용자는 제3자
화 된 채 피해자측과 가해자측의 공방만이 오고가는 우리 사회와
현저히 다른 지점이다. 바로 이러한 원칙을 배경으로 하여 사용자
책임에 대한 EEOC의 가이드라인과 법원의 판결을 소개하는 논의는

지속적으로 이루어진다(Greenlaw & Kohl, 1992; Petersen, 1996; Seaquist & Kelly, 1996; Conlon & Voigt, 1997; Kirshenberg, 1997; Bannett－Alexander, 1998; Harvard Law Review, 1998; Flynn, 1999, 2000; Skidmore & Kaake, 2001).

이 와중에 연방대법원에서 주목할 만한 판결이 내려진다. 1998년 벌링턴사(社) 대 엘러스(Burlington Industries, Inc. v. Ellerth) 판례와 파라거 대 보카레이튼시(市)(Faragher v. City of Boca Raton) 판례에서 연방대법원은 사용자가 성희롱에 대한 책임을 면제받기 위해서는 크게 두 가지가 전제되어야 한다는 입장을 밝혔다. 첫째, 사용자는 성희롱 행위 금지를 표방하고 성희롱이 발생했을 경우 신속히 시정하는 '합리적인 조치(reasonable care)' 의무를 이행했음을 입증해야 하고, 둘째, 사용자는 사용자가 제공한 예방 또는 시정의 기회를 피고용인이 합리적인 이유없이 이용하지 못했음을 입증해야 한다는 것이다.[5] 즉 사용자가 성희롱에 대한 책임을 면제받기 위해서는 예방 및 시정 조치를 충실히 이행했다는 사실 뿐 아니라 피고용인이 어떤 이유에서 회사의 정책을 활용하지 않았는지도 입증할 책임을 갖게 된 것이다.

이에 대해 Robinson 외는 연방대법원의 이러한 입장이 법원과 기업 모두에게 부정적인 영향을 끼칠 것이라는 주장을 제기한다. 가뜩이나 판사가 부족하여 해결하지 못한 판결이 쌓여가는 상황에서 연방대법원의 판결은 성희롱 소송의 급증을 가져와 법원의 사태가 더욱 악화될 것이라는 것이다. 또한 기업은 더 생산적인 곳에 써야 할 비용을 성희롱 소송을 저지하고 성희롱 관련 기록의 보관 및 직

---

5) Burlington Industries, Inc. v. Ellerth(1998), 524 U.S. 742; Faragher v. City of Boca Raton(1998), 524 U.S. 775.

원 훈련에 쓰게 되면서 비용 증가를 겪게 될 것이라는 우려를 나타
내고 있다. 그리고 기업의 운영 비용 증가는 고스란히 소비자에게
전가될 것이라고 보았다(Robinson 외, 1998:1238~1240).

이러한 논의에서 주목할 점은 사용자 책임에 대한 EEOC의 규정
과 법원의 판결이 성희롱 예방 의무를 충실히 이행한 사용자의 입
장에서는 부당하게 인식될 수 있다는 점을 지적하면서도, 그럼에도
막상 성희롱이 발생했을 때 부과되는 부담의 크기를 최소화하여 비
용을 절감하려면 사용자가 성희롱 예방 및 시정 의무를 다해야 한
다는 것을 상기시키고 경각심을 주고 있다는 것이다.

Robinson 외의 경우도 사전 예방의 중요성을 거듭 강조하며, '합
리적인 조치'는 최대한 피고용인에게 익숙한 시스템을 만들어야 할
필요성을 사용자와 피고용인 모두에게 상기시키는 것이고 결국은
조직이 스스로를 단속해야 함을 강조하는 것이라고 결론 내리고 있
다(Robinson 외, 1998:1239). 또한 Brown과 Codey는 피고용인들에 대한 교
육이야말로 성희롱을 예방하기 위한 척도임을 주장하며, 포괄적인
내용의 교육으로는 효과를 보장할 수 없다고 강조한다. 반성희롱
정책, 구제 절차, 의사소통 기법 등에 대한 상세한 정보를 제공하고
성희롱 대응 방법에 관한 역할극 등 짜임새 있는 프로그램을 통해
교육을 실시해야 한다는 것이다. 그리고 다른 논자들과 마찬가지로
성희롱을 예방하지 못한 사용자는 비싼 대가를 치르게 될 것임을
경고하고 있다(Brown & Codey, 1994:727).

그렇다면 어떻게 이와 같이 비용의 문제가 중요하게 제기된 것일
까. 그 배경에는 1991년 이루어진 공민권법 개정에서 징벌적 손해
배상 제도가 성희롱 영역에 적용되기 시작했다는 사실이 작용하고

있다. 징벌적 손해배상 제도(punitive damages)는 의도적인 차별에 사용자가 관여했거나 보호받아야 할 피고용인의 권리에 대해 부주의하게 무관심한 경우(with reckless indifference) 법원이 사용자에게 부과할 수 있는 손해배상이다(SEC. 1977 (b)(1)). 이로 인해 직장 내 성희롱의 문제 해결 과정은 또다른 국면을 맞이하게 된다. 이전에는 사용자들이 해고, 정직, 감봉 등의 고용 조치로 인해 손실된 임금을 지급하거나(back-pay) 복직 등의 구제 조치를 취하면 됐었지만, 이 법의 시행으로 인해 막대한 비용 부담을 떠안게 된 것이다. 성희롱과 관련된 가장 의미있는 법적 변화 과정은 법원의 판결이 아니라 바로 징벌적 손해배상 제도의 도입(Conlon & Voigt, 1997:46)이라는 평가가 가능할 정도로 이 제도가 갖는 파급력은 매우 크다.

이후 법원으로부터 징벌적 손해배상을 부과 받을 경우의 엄청난 배상액과 재판에 소요되는 유·무형의 손실을 감안하여 소송 중에 합의를 하는 경우가 생겨나게 된다. 대표적으로 미국 디트로이트에 소재한 일본의 미쯔비시 자동차를 대상으로 EEOC가 제기한 소송에서 미쯔비시 자동차는 남자 직원들의 성희롱을 제지, 감독하지 못한 대가로 3억4천만 달러(약 4천 4백 20억원)에 달하는 배상액에 합의했는데(EEOC, 1998a), 이러한 경제적인 책임 뿐 아니라 소송이 진행되었던 4년 동안 '성희롱이 빈발하는 회사'로 실추된 기업 이미지 역시 돈으로 환산하기 어려운 타격이다. 또한 미쯔비시 자동차가 합의한 액수보다 더 많은 액수의 판결이 내려질 것으로 관심을 모았던 EEOC 대 다이얼사(社)(EEOC v. The Dial Corporation, N.D. Illinois No. 99 C 3356) 소송은 결국 첫 공판 이후인 2003년 4월 29일 다이얼사(社)가 1천만 달러(약 130억원)에 합의하는 것으로 마무리되었다

(EEOC, 2003b). 그리고 동년 4월 9일에도 뉴욕의 루터란(Lutheran) 의료
센터는 성희롱 발생시에 적절한 조치를 취하지 않았다는 것을 이유
로 약 5백4십만 달러(약 70억)의 배상액에 합의했다(EEOC, 2003a). 이
외에도 1995년 델 레버러토리사(社)(Del Laboratories)는 최고경영자
(CEO)인 Dan K. Wassong의 여비서들에 대한 상습적 성희롱에 대해
118만 5천 달러(약 15억 5천 만원)에 합의하였고, 1998년 성적으로
적대적인 노동환경을 방치하고 성희롱에 대해 거절 의사를 표시하
거나 성희롱 사실을 신고한 피고용인에게 보복적인 고용 조치를 취
했다는 이유로 EEOC로부터 소송당했던 아스트라사(社)는 1천만 달
러에 합의한 바 있다. 또한 1999년 미국 최대 양상추 재배사 중 하
나인 Tanimura & Antle은 여성피고용인에게 고용 혜택을 조건으로
성관계를 요구했을 뿐 아니라 원하지 않는 성적 접근을 반복적으로
일삼은 관리자의 행동에 대한 책임으로 185만 5천 달러(약 24억원)
에 합의하였고, EEOC가 동성(同性)에 의한 성희롱으로는 최초로 집
단소송을 제기했던 상대인 롱 프레이리 포장회사(Long Prairie
Packing Company, Inc.)는 결국 190만 달러(약 24억 7천 만원)에 합의
하기도 하였다(EEOC, 1998a; 1999a; 1999b).

이러한 사실이 말해주는 것은 무엇인가. 우리 사회에서는 감히
상상도 할 수 없는 엄청난 액수에 합의를 하는 이유는 법원으로부
터 배상액을 부과 받는 것보다 상대적으로 낮은 비용을 부담하는
것이기 때문이다. 또한 조속한 해결 의지를 보이는 것이 비용 측면
에서 뿐 아니라 사회적인 기업 이미지 훼손을 줄일 수 있기 때문이
다.

EEOC 대 다이얼사(社) 소송을 보면, 2003년 2월 13일 연방법원은

다이얼사(社)에게 징벌적 손해배상을 명령했고 이에 대해 사용자측
은 그 결정을 철회해줄 것을 법원에 요청했다. 그러나 법원은 이를
기각하고 예정대로 동년 4월 28일 첫 재판을 진행했는데, 결국 재
판 다음 날 다이얼사(社) 측에서 1천만 달러에 합의하기로 한 것이
다. 이와 같이 성희롱을 예방하지 못했거나 성희롱이 발생했을 때
가해자에게 신속하고 적절한 조치를 취하지 않은 사용자에게 막대
한 부담을 부과하는 것은 결국 사용자로 하여금 예방 및 시정 의무
에 민감해질 수밖에 없게 한다. 이는 사용자의 의무를 강제하는 규
제 방안으로서의 실효성을 충분히 갖는 것이며, 해당 기업 뿐 아니
라 다른 기업에 주는 경고의 의미도 매우 크다.

　징벌적 손해배상 제도는 손해가 끼친 피해에 상응하는 액수만을
보상하는 보상적 손해배상(compensatory damages)과는 달리 '있을 수
없는 반사회적 행위'를 금지시키고 그와 유사한 행위가 장래에 발
생하는 것을 예방하기 위해 국가가 처벌의 성격을 띤 손해배상을
부과하는 제도이다(조순경, 2000a: 323). 이는 가해자의 악의적 고의(evil
intent and maliciousness)에 대해 징벌함으로써 가해자와 제3자가 그같
은 행위를 되풀이하지 않도록 하는 데에 그 의의를 둔다. 따라서 엄
밀하게 따지자면 손해의 보상을 목적으로 이루어지는 것이기보다는
"피고를 징벌하여 타인에게 보여주고자 하는" 의도를 갖고 행해지
는 것이다(김재국, 1995:508~510). 이는 영미법계의 몇몇 나라에 특징적
인 제도로 미국에서는 이미 19세기 중엽에 징벌적 손해배상에 대한
법리가 인정되었으며 점차 적용 영역을 확대해왔다. 특히 제조물책
임 소송에서 징벌적 손해배상이 인정된 사안의 대부분은 기업이 제
품의 결함을 알면서도 개선하지 않은 악질(惡質)인 케이스였다(김철수,

1998:793).

공민권법에 징벌적 손해배상이 명시된 것도 같은 논리이다. 미국에서는 원치 않는 성적 접근에 대해 거절한 것을 이유로 피해자에게 해고, 정직, 감봉 등의 부당한 고용 조치가 취해진 경우 그 조치를 사용자가 직접 지시한 것은 아니라고 해도 혹은 사용자는 전혀 알지 못했다고 해도 "피고용인의 고용 지위를 변경시킬 만큼의 조치는 사용자의 묵인 하에 가능한 것"으로 간주하여 엄중한 책임을 묻는다. 또한 피해자의 고용 지위에 대한 부당한 조치는 없었다고 하더라도 모욕적이거나 적대적인 노동환경을 방치한 사용자에게도 책임을 묻는 것이 일반적이다. 앞서 보았던 EEOC 대 다이얼사(社) 소송에서 합의 이유로 발표된 내용은 다이얼사(社)가 "모든 피고용인에게 평등한 기회와 안정적인 노동환경을 제공하는 기업 의무의 도덕적 중요성을 지향하고 성희롱 없는 안전한 노동환경을 제공할 것"을 약속했기 때문이다(EEOC, 2003b). 이는 다른 합의 사례에서도 마찬가지이다. 즉 성희롱 없는 환경에서 근무할 피고용인의 권리에 대해 부주의한 사용자에게는 징벌적 손해배상을 부과하는 것이 마땅하다는 것이다.

징벌적 손해배상 제도의 취지가 일반 사회에 본보기를 보임으로써 불법한 행위를 억지(抑止)하는 일반 예방기능(deterrence)과 실질 손해 이상의 배상액을 피해자에게 취득시킴으로써 불법한 행위의 고발을 유인하게 하는 기능(law enforcement)(김철수, 1998:794)을 목적으로 한다는 점이 우리 사회에 시사하는 바는 매우 크다. 성희롱 피해 자체로 인한 고통 뿐 아니라 2차 가해, 역고소 등 피해 사실을 드러냄으로써 수반되는 또다른 피해가 너무나 보편적인 우리 사회에서

직장 내 성희롱의 근절을 위해 필요한 것이 무엇인지, 법의 실효성
을 보장하기 위해서는 어떤 방안이 보완되어야 하는지는 보다 급진
적으로 검토될 필요가 있다.

# 3장 사용자의 주의의무, 한국의 현주소

이 장에서는 우리 나라의 현행 법규상 직장 내 성희롱에 대한 사용자의 의무는 구체적으로 어떤 내용을 가지며 그것의 문제점은 무엇인지, 이러한 규정이 실제 성희롱 사건을 해결하는 과정에서 어떻게 고려되고 있는지를 살펴보았다.

 

직장 내 성희롱의 사용자 책임을 명시하고 있는 남녀고용평등법과 남녀차별금지및구제에관한법률에는 성희롱 예방 교육 의무와 가해자에 대한 징계 조치 의무 및 피해자 보호 의무가 명시되어 있다. 이는 주의의무[1]로 정리할 수 있는데, '롯데호텔 성희롱' 판례에서는 "사용자는 일반적으로 피용자들이 직장 내 근무 시간은 물론 사용자의 지배·관리권이 미치는 야유회 등에서 부당한 성적 차별이나 희롱 등의 분위기로 인한 성적 굴욕감이나 혐오감으로 정서적, 인

---

[1] 주의의무란 형법상으로는 구체적인 행위로부터 발생할 수 있는 보호 법익에 대한 위험의 예견하고 구성요건적 결과의 발생을 회피할 의무를 말하고, 민법상으로는 일정한 정도의 주의를 하여야 할 의무를 말한다. 주의의무가 법률상 의무로서 의미를 가지는 것은 이를 위반함으로써 법률상의 불이익을 초래하기 때문이다. 민법에서는 '선량한 관리자의 주의'를 원칙으로 한다. www.yeslaw.com.

격적으로 고통을 당하여 인격적 존엄이 훼손당하는 일이 없도록 직장 내 분위기를 항상 점검하고 관리자들로 하여금 주의하도록 교양할 의무가 있다”고 전제하고, “이와 같은 주의의무가 사회적 합의를 거쳐 일부 법령상의 의무로까지 강화된 것이 바로 성희롱에 관한 법령들의 제·개정”2)이라고 밝히고 있다.

이 외에도 ‘명예고용평등감독관’ 위촉과 ‘고충처리기관’ 설치 등의 의무가 남녀고용평등법 제24조, 25조에 명시되어 있다. 그러나 이러한 조항은 법에 명시했다는 의미 이외에 실질적인 효과를 기대하기 어려운 수준의 규정일 뿐 아니라 그에 대한 벌칙 조항이 지나치게 형식적이어서 현실에서는 강제 조항으로서의 기능을 거의 하지 못하고 있다. 또한 성희롱 가해자의 범위를 물리적 공간으로서의 ‘직장 내’ 피고용인으로 한정하고 있어 업무와의 관련성을 매개로 하는 다른 관계, 예컨대 거래처 관계자나 고객 등에 의한 성희롱은 규제할 방법이 없다는 치명적인 한계를 내포하고 있다.

성희롱을 규제하는 법이 있고 없고의 문제는 현실에서 매우 큰 차이를 가져온다. 법제화는 성희롱을 법으로 금지한다는 것을 알게 하고 성희롱을 당했을 때 법에 호소할 수 있는 권리를 보장한다는 의미를 갖기 때문이다. 그런데 이러한 존재 자체의 의미로서만이 아니라 그것이 실제 사례를 통해 어떻게 적용되어왔고 합리적인 법적 판단을 위한 근거로서 기능할 수 있는가의 문제 역시 중요하게 검토되어야 한다. 법이 현실을 개선하는 데에 어떤 역할을 하고 있는지를 살펴보는 것은 ‘무엇이’ ‘왜’ 문제인지를 구체적으로 밝히는 데에 유용하다. 또한 위법 행위에 대해 어느 정도의 처벌을 부과하

---

2) 서울지방법원 2002. 11. 26. 선고, 2000가합57462 손해배상(기) 판결.

고 있는가의 문제는 성희롱 사건의 해결 과정 뿐 아니라 그 결과를 매우 다른 양상으로 드러나게 한다.

이 장에서는 우리 나라의 현행 법규상 직장 내 성희롱에 대한 사용자의 의무는 구체적으로 어떤 내용을 가지며 그것의 문제점은 무엇인지, 이러한 규정이 실제 성희롱 사건을 해결하는 과정에서 어떻게 고려되고 있는지를 살펴보도록 하겠다.

## 1. 연 1회 예방 교육 규정의 실효성 없음

현재 법적으로 직장 내 성희롱 예방 의무는 '연 1회 이상의 예방 교육 실시' 뿐이다. 교육을 실시할 때 그 내용이 무엇인가의 문제는 차치하고라도 1년에 한번 예방 교육을 하는 것은 요식 행위에 지나지 않는다. 그리고 이것조차도 하지 않는 경우가 다반사이다.

'법제화 이후' 직장 내에 어떤 변화가 있는지를 조사한 한정자 외의 연구에 따르면, 성희롱 예방 교육을 받은 적이 있는 경우는 34.1%에 불과한 것으로 나타났다. 또 '성희롱 예방과 관련한 정보를 얻는 경로(복수응답)'로 '직장 내 교육'을 선택한 경우는 24.1%에 그쳤다. 오히려 'TV 및 방송'이 81.9%, '신문'이 47.1%, '친구나 주위 사람들'이 24.5% 등으로 나타나, 직장 내 교육보다는 다른 통로를 통한 정보 습득이 더 원활히 이루어지고 있음을 알 수 있다.

또한 교육을 실시하는 경우에도 가장 많이 이용하는 방법이 '비디오 등 시청각 교육 자료(36.6%)'이고, '간부 직원에 의한 주의 사항 공지(22.5%)', '직원 조회시 훈시 등에 포함(19.2%)', '전자우편, 사내 통신, 게시판(9.3%)'의 순이라고 한다. '외부 강사에 의한 강의'

는 11.9%로 나타났다.

남녀고용평등법 시행령 제4조 제2항에는 예방 교육에 포함되어야 할 내용으로 '직장 내 성희롱에 관한 법령, 당해 사업장의 직장 내 성희롱 발생시의 처리 절차 및 조치 기준, 당해 사업장의 직장 내 성희롱 피해근로자의 고충 상담 및 구제 절차, 그밖에 직장 내 성희롱 예방에 필요한 사항' 등이 제시되어 있다. 하지만 위 연구에서 성희롱 예방 및 금지를 위한 장치가 있는지를 묻는 질문에 77.0%가 "없다"고 답했다(한정자 외, 2001:47~61).[3] 이런 상황에서 이루어지는 예방 교육은 처리 절차, 조치 기준, 구제 절차 등에 대해 할 이야기가 없을 수밖에 없다. 그러니 실제 내용이 무엇이든 간에 교육만 하면 되는 것이다.

이런 방법으로 교육을 하면서도 법을 지켰다는 주장을 가능하게 하는 것은 다름아닌 현재의 법이다. 게다가 법의 실효성 부재를 더욱 극명하게 드러내주는 것은 '안해도 했다고 하면 된다'는 것이다. 실제 '롯데호텔'도 예방 교육 참석자 명부를 허위로 작성했다가 노동부에 발각되었지만 법원에서는 예방 교육 미실시를 전혀 문제삼

---

3) 다른 응답들을 살펴보면, '고충 처리 전담 부서'는 3.5%, '고충 처리 관련 담당자'는 5.4%, 노조 내에 고충 처리 담당자'는 5.3%, '상담실'은 7.5% 등으로 나타났다. 이 조사에서 응답자들의 기업 규모별 분포는 49명 이하 소규모 사업장이 33.1%, 50명 이상~299명 이하 중규모 사업장이 33.7%, 300명 이상 대규모 사업장이 33.2%인데, 조사 결과에는 성희롱 관련한 제도적인 장치와 사업장 규모의 상관 관계가 드러나있지 않다. 하지만 '성희롱의 해결'을 묻는 문항에 대해 '성희롱이 일어났을 때 해결은 무시하는 게 상책이다', '성희롱을 문제삼으면 동료직원들과의 인간 관계가 나빠진다' 등에 대한 기업 규모별 응답이 유의미한 차이를 보이지 않는다(한정자 외, 2001:230)는 점에 비추어 볼 때, 중규모 이상의 사업장이라고 해서 '더 공식적인' 절차를 통해 '더 효과적으로' 성희롱을 예방하고 있다고는 생각되지 않는다.

지 않았을 뿐 아니라 '예방 교육을 했다'는 호텔측의 주장을 오히려 인정하기까지 했다.

'롯데호텔 성희롱' 사건이 소송에 이르기 이전, 롯데호텔 노동조합에서 실시한 설문조사와 소장에 의하면 2000년 7월 12일 여성조합원 300여명이 노동부에 진정서를 제출하고 8개 여성단체 등이 고발장을 제출한 사유는 '직장 내 성희롱 예방 교육 미실시'이다. 이에 대해 노동부는 동년 7월 26일 남녀고용평등법 제39조 제3항 1호(성희롱 예방 교육 의무 규정 위반시 300만원 이하의 과태료에 처함)에 의거하여 롯데호텔에 과태료 300만원을 부과하기로 했다가 성희롱 발생 사실의 진상조사에 들어가면서 처분을 유예했었다. 그 과정에서 호텔측이 예방 교육 참가자 명부를 허위로 작성했음이 드러났다. 결국 327건에 달하는 성희롱 고발을 조사한 결과 호텔임원 2인을 포함한 32명의 남성 임직원이 모두 68명의 여성근로자에게 81건에 달하는 성희롱 행위를 한 사실을 확인했는데, 여기에서 가해자인 32명 중 31명이 간부급이었고 평사원은 1명뿐이었다(한국여성민우회, 2001:30~31).

그런데 법원에서는 '롯데호텔'이 남녀고용평등법에 따라 매년 성희롱 예방 교육을 실시해오고 있다는 피고 회사의 주장을 인정했다. 성희롱 행위자 중 간부급이 31명이었다는 사실은 피해여성들이 당한 성희롱이 단순히 개인적인 관계에서 발생하고 무마된 정도가 아니라, 직장에서 권력을 가진 자들에 의해 행해지고 조장되고 묵인되어 왔다는 의미이다. 직원들에 대한 관리 권한을 가진 사람이 성희롱 행위자인 경우 사용자의 책임을 더욱 무겁게 묻고, 예방 조치를 실시하지 않은 사용자에게는 무조건 책임을 묻는 미국의 경우와 비교대상조차 되기 어려운 현실이다.

　법제화는커녕 성희롱을 '문제'로 인식하기도 어려웠던 1993년, '서울대 신교수 성희롱' 사건의 피해자인 원고가 다음의 주장을 했다는 것은 주목할 만하다.

> 피고 서울대 총장은 원고와 피고 교수의 사용자인 피고 대한
> 민국의 대리감독자로서 상사 또는 동료직원에 의한 불법행위가
> 발생하지 않는 직장환경을 보장할 안전배려의무를 부담하게 되
> 는데, 그 구체적인 예방 의무로는 소속직원으로 하여금 성희롱
> 행위가 위법한 것이라는 점을 주지시키고 예방을 위하여 관리직
> 도 포함한 전직원의 교육, 고충처리기관의 설치, 신속한 조사,
> 시정 조치, 가해자에 대한 경고 등 소속 근로자가 직무 수행 중
> 에 성희롱 행위에 의한 재해를 당하지 않도록 모든 적절한 조치
> 를 취할 의무가 포함된다고 할 것입니다(우○○, 1993b:23).

　실제로 피고 교수는 원고가 근무하기 이전부터 이미 화학과나 자연대에서 성희롱 행위로 악명이 높았으나 학교 차원에서의 조치는 한 차례도 없었다. 원고는 전임 조교들로부터 확인한 내용을 근거로 하여 "피고 신○○는 평소 유급 조교들을 채용하여 근무시킴에 있어 일상적으로 성희롱 행위를 자행하다가 이에 관해 피해자들의 거부 태도가 명확해지면 곧바로 해임시키고 다시 새로운 유급 조교를 선발해오는 방식"으로 조교들에 대한 성희롱을 일삼았음을 주장했다(우○○, 1993b:3). 뿐만 아니라 유급 조교 이외에도 학교 직원, 대학원생들을 성추행을 한 사실이 당사자 또는 신○○의 제자들 증언에 의해 뒷받침되고 있으며, 이는 당시 이 사건과 관련하여 서울대

내에 꾸려진 '화학과 조교 성추행 사건 규명을 위한 진상조사단'의 조사 내용에 의해서도 확인된 바 있다(우○○, 1995:25~31). 이런 상황에서 원고가 사용자(또는 대리감독자)의 예방 의무를 주장한 것은 너무나 당연하다. .

이러한 주장이 제기되고 7년이나 경과한 후에 제정된 현재의 법은 사용자가 빠져나갈 수 있는 구멍을 이리저리 만들어주고 현실적인 한계를 이유로 그에 대한 관리·감독을 회피하고 있다. 사용자의 성희롱 예방 의무에 대해 '어떤 내용으로, 어떤 방식으로, 얼마나 자주' 교육해야 하는지, 교육 이외에 어떤 예방 조치와 구제 절차가 필요한지를 구체화하지 않는 이상, 사용자가 이행한 예방 의무의 실제 내용과 방식에 대한 관리·감독이 이루어지지 않는 이상, 그리고 위법에 대해 막대한 경제적·사법적 책임을 묻지 않는 이상 지금처럼 예방 교육을 '연 1회만' "했다"고 하면 의무 이행으로 인정되는 현실은 반복될 수밖에 없다.


## 2. 성희롱 '이후'의 피해, 피해자를 두 번 죽이는 일

'서울대 신교수 성희롱' 사건이 법적 소송에 이르게 된 것은 대학 내에서 문제를 해결할 수 없다는 현실적인 판단 때문이었다. 당시 원고는 담당 교수였던 신○○로부터 해고 통보를 받고 나서 이 문제의 원만한 해결을 위해 백방으로 노력했었다. 해임 사유를 알고자 했지만, 신○○로부터는 "개인적인 기준이다", "1년마다 교체해야 하는 내규 때문이다"라는 상충되는 답변을 들었다. 자연대 학과장으로부터는 "자질 부족 때문이다, 담당 교수가 싫다고 하면 어쩔 수 없으니 다시는 찾아오지도 말라"는 답변을 듣게 된다. 또한 해임의 실제 사유가 성희롱의 거부에 있다는 내용의 진정서와 탄원서를 서울대 총장에게 보냈지만, "조교의 임용기간 만료에 따른 재임용의 경우에는 소속대학장의 추천에 의해 총장이 임명하므로 소속대학이나 학과에 문의해 달라"는 회신을 한차례 받은 후 아무런 답변을 받지 못했다. 그리고 그 와중에 새로운 후임자가 채용되었다(우○○, 1993b:24; 화학과 조교 성추행 사건 규명을 위한 진상조사단(이하 '진상조사단'), 1993:4).

이후 원고는 대자보를 통해 사건을 공개하면서 본인의 신분이 드러나는 위험을 감수하면서까지 공론화하는 이유를 다음과 같이 밝히고 있다.

> 탄원의 글을 올린 지 1달여라는 시간 동안 사려 깊으신 총장님의 선처를 기대했던 것마저 어리석었음을 깨달아 총학생회를 비롯하여 대학원자치회로 진정서와 탄원서 사본을 보내고 이러한 사실을 관악의 모든 이들에게 알려 공의를 구하고자 하기에 이르렀습니다… 지난 한 달간 학과로, 대학본부로 여기저기로 호소하며 다닌 제가 느낀 것은 너무나도 높은 학교제도의 벽이었습니다… 저의 모든 노력이 차례로 허사가 된 지금… 저 하나의 인격과 권리뿐만 아니라 이후에 저와 같은 저의 전임자들, 학생들과 같은 피해자들이 또 생기지 않기 위해… 용기를 내어 이 모든 것을 밝히고자 합니다(우○○, 1993a:8∼9).

결국 학과장이나 총장 등 문제를 해결해 줄 수 있다고 믿었던 사람들에게는 의지가 없음을 확신하면서 사건을 공개하게 된 것이다. 또한 사건이 공개된 후 총학생회와 대학원자치회는 대학본부와 교수협의회에 학교내 모든 구성원을 포괄하는 진상조사단의 구성을 제안했지만 대학본부에서는 "학생들이 관여할 일이 아니다"라는 입장만을 고수했다. 이 과정을 일지별로 보면 피해자인 우○○가 성희롱 거부로 인한 해임 통보를 받은 이후 문제 해결을 위해 얼마나 외로운 싸움을 했는지, 그 과정에서 받은 2차, 3차 피해는 얼마나 컸는지를 짐작할 수 있다.

| | |
|---|---|
| 1992. 5. 29. | 우조교, 업무 시작 |
| 1992. 8. 10. | 조교 정식 발령 |
| 1993. 6. 25. | 신교수로부터 재임용 불가통보받음. 근무시작 후 1년 1개월 경과한 시점 |
| 6. 28. | 재임용불가 사유를 신교수에게 문의. '담당 교수의 개인적 기준', '1년마다 교체해야 하는 내규 때문'이라는 답변을 들음. |
| 6. 29. | 우조교, 학과장과 면담 |
| 7. 26. | 총장에게 진정서와 탄원서 제출 |
| 8.  5. | 학과장과 신교수에게 건의서 제출 |
| 8. 16. | 총학생회가 사건을 알게 됨. |
| 8. 24. | 우조교, 서울대에 대자보 게재 |
| 8. 25. | 진상조사단 구성 제안 |
| 8. 30. | 총학생회와 대학원자치회 등에서 진상조사단 발족 |
| 9.  3. | 진상조사 결과 공개 발표회 및 공개 토론회 |
| 9. 16. | 신교수, 대자보건으로 우조교를 명예훼손 혐의로 검찰에 고소 |
| 10. 12. | 서울대 대책위, 한국여성단체연합과 대책위 구성[4] |

---

4) "남성위주 직장 통념에 "법적 제재"." 『한국일보』 1994년 4월 19일자, 종합뉴스 데이터베이스 사이트, www.kinds.or.kr. 진상조사단(1993:4) 참고하여 재구성.

성희롱 피해 주장의 진상을 밝히고 문제를 해결하고자 하는 의지를 가졌던 것은 학교측이 아니라 피해여성과 학생대표기구 뿐이었다. 사용자(와 대리 감독인)의 역할은 또다시 형식적인 절차만을 밟아 피고 교수가 추천한 후임 조교를 채용한 것뿐이었으며, 그 사이 피고 교수의 제자인 대학원생들은 피해를 증언한 전임 조교들을 찾아다니며 '호소문의 내용이 사실이 아니'라는 내용에 도장을 찍으라는 위협적인 행동을 일삼았다. 이는 오히려 사건을 은폐하기 위한 수순이었다고 밖에 생각할 수 없는 처사이다.

'롯데호텔 성희롱' 사건의 경우를 보자. 비좁은 사무실에서 포르노사이트 또는 음란사이트를 보거나 보여주는 행위, 상스러운 언동, 성적인 비유나 평가 등이 비일비재했음은 말할 것도 없고 회식자리에서 블루스 출 것을 강요하거나 심지어는 근무시간 중에도 술을 따르도록 요구하는 행위가 일상적으로 벌어져 왔다. 여성들에게 성희롱은 한마디로 '일상'이었다. 롯데호텔 노동조합이 전문조사기관에 의뢰하여 2000년 6월 21일과 26일 두 차례에 걸쳐 실시한 직장 내 여성차별 실태에 관한 조사 결과를 보자.

- 모집에서부터 퇴직에 이르기까지 모두 남녀차별을 받고 있다: 87.0%
- 상사가 가슴, 엉덩이 등 특정 부위를 쳐다봐 불쾌한 적이 있다: 70.2%
- 상사가 여직원의 신체에 대해 성적인 비유와 평가를 한 적이 있다: 75.3%
- 상사가 음란물을 보거나 여직원에게 보여준 적이 있다: 41.1%
- 회식 때 임/직원, 거래처 직원 옆에 강제로 앉히거나 술을 따르게 한 적이 있다: 67.8%
- 상사가 의도적으로 여직원 신체 일부를 접촉하거나 만진 적이 있다:

46.4%

- 상사에게 강간 및 강간미수, 성추행을 당한 적이 있다: 3.3%
- 폭언과 욕설을 당한 적이 있다: 41.1%
- 의도적으로 신체 일부를 접촉하거나 만졌다: 46.4%
- 일방적으로 껴안거나 키스를 했다: 21.1%
- 상사가 여직원 앞에서 성기를 만졌다: 17.2%(한국여성민우회, 2001:27~28).

롯데호텔에서 성희롱이 얼마나 무자비하게 일상적으로 자행되어 왔는지를 짐작하게 하는 결과이다. 그럼에도 재판부는 '예견가능성'이라는 기준을 들어 그 행위의 성질상 "회사가 이를 알았거나 알 수 있었다고 보기 어렵"다고 판결했다. '예견가능성' 기준에 의하면 오히려 사용자가 당연히 알았을 것이라고 판단해야 할 정도의 상황 아닌가.

성희롱 피해가 단지 그 '사건'에 국한되지 않는다는 것, 문제제기 하는 것부터가 엄청난 용기를 필요로 하는 일이라는 것을 인정하는 것은 성희롱 발생이 알려졌을 때 '지체없이' 조치를 취하기 위한 전제이다. 지체 없는 조치는 피해자가 겪게 될 피해의 크기를 그나마 최소화할 수 있는 방법이고 재발 방지의 의도를 가지고 행해질 때 그 효과를 높일 수 있다. 그럼에도 롯데호텔에서 그동안 문제되었던 성희롱 사건마다 결국은 피해자들이 사직하는 것으로 마무리되어왔던 전례들은, 사용자가 피해를 주장하는 노동자를 전혀 보호하지 않았던 사실과 '지체없는 조치'는 가해자가 아니라 오히려 피해자에게 취해져왔음을 알게 한다.

그렇다면 가해자에게 취해져야 할 '지체없는 조치'는 무엇이며,

이는 성희롱 사건의 해결 과정에서 어떤 의미를 갖게 되는가. 어떤 통로를 통해서든 성희롱 사건이 알려지게 되고 피해자가 가해자에 대한 조치를 원하는 경우 가장 먼저 이루어져야 할 것은 피해자와 가해자의 '분리'이다. 2001년 2월 100인위에서 공개한 KBS노동조합 전 부위원장 강○○ 성폭력 사건의 경우 피해여성은 가해자에 대한 징계를 요청했지만 이는 받아들여지지 않았다. 결국 피해여성에게 '성폭력사건의 해결이 종결되는 시점까지 특별 유급휴가를 주되, 한달 단위로 연장하는 방식으로 시행한다'는 것을 조건으로 하여 피해자가 가해자를 대면하지 않아도 되게 되었다.[5]

그러나 다툼이 종결되지 않은 상태에서 휴가를 사용해야 하는 쪽은 피해를 주장한 사람이 아니라 가해자로 지목된 사람이어야 한다. 피해자에 대한 유급휴가는 가해자에 대한 조치가 취해진 이후 피해자가 신체적·정신적 휴식을 원할 경우에 한해 제공되어야 하는 것이다. 미국의 경우 EEOC의 이행지침에서는 성희롱 발생이 사실로 확인되지 않은 상태라 하더라도 피해를 주장하는 사람에게 불이익을 주는 방식의 조치가 취해져서는 안 된다는 원칙을 분명히 밝히고 있다. 그러나 우리의 경우는 오히려 피해자에게 '지체없는 조치'가 취해져 왔으며, 이는 피해자의 근무조건에 직·간접적인 불이익을 가하는 형태로 나타난다.

'롯데호텔'에서 성희롱이 문제화된 경우 회사측이 아무런 조치도 취하지 않고 피해자를 전혀 보호하지 않아 결국은 피해자인 여성들이 사직할 수밖에 없었던 상황은 소송 제기 이전에도 반복되어왔

---

5) 2000. 12. 20. KBS측이 피해여성에게 보낸 '징계 요청서에 대한 회신'과 2001. 5. 15. 피해여성이 공사측에 보낸 '특별 유급휴가 연장 요청서' 참고.

다. 재판부는 다음의 사례를 <사실관계>로 인정하며 성희롱 피해
사실을 드러내기 어려운 현실을 언급하고 있다.

> 식음료부 소속의 일식당 웨이트레스인 이○○가 1996. 10.경
> 식음료부 과장 최○○이 노래방에서 같이 간 일행이 잠시 자리
> 를 비운 틈을 이용하여 억지로 키스를 하려 하여 이를 막으려다
> 입술에 열상을 입은 것을 이유로 노동조합과 더불어 그의 해고
> 를 요구하였는데, 피고 회사는 최○○을 부산점으로 전출시키는
> 것으로 이를 해결하려 하였으며, 이에 노동조합과 이○○가 강
> 력하게 반발하는 바람에 최○○이 자진 사직하는 것으로 결론이
> 나기는 하였으나, 이○○ 또한 그 무렵 지배인 등으로부터의 '독
> 한 년, 진급할 줄 아느냐, 남편도 진급을 못할 것이다, 말단 여
> 직원이 과장을 날렸다'는 등의 비난을 이기지 못하고 사직을 하
> 였고…[6]

실제 이 소송과 관련해서도 호텔측은 재계약 대상 22명 가운데
성희롱 피해 신고자 4명을 포함한 계약직 5명에 대해 재계약을 거
부하는 방식으로 불이익을 주었다. 이에 대해 노조는 성명을 통해
"이는 보복성 인사로 명백한 부당 해고"라고 주장했으며, "회사측이
가해자와 피해자를 분리시키지 않은 상태에서 가해자가 피해자에
대한 인사고과를 하도록 했다"[7]고 밝혔다. 피해자가 가해자로부터
불이익을 당할 가능성에 무방비로 노출되어 있었고 이것이 회사의
방조 하에 이루어진 것임을 알 수 있는 대목이다. 게다가 3년 이상

---

6) 서울지방법원 2002. 11.26. 선고, 2000가합57462 손해배상(기).
7) "호텔롯데, 성희롱 피해자 재계약 거부." 『노동일보』 2001년 2월 2일자, "성희
롱 다음은 재계약 탈락? 롯데호텔, 소송 낸 피해자 5명 계약 만료 통보." 『한겨
레신문』 2001년 2월 6일자, 종합뉴스데이터베이스.

근무한 계약직 사원은 정규직으로 채용한다는 노사 합의에 의해 정규직 전환을 1년 남긴 시점에서 이러한 해고가 이루어진 것은 보복 조치라고 볼 수밖에 없다.

또한 호텔측은 원고들에게 소 취하를 지속적으로 요구하다가 이에 응하지 않은 여직원들에게 부당한 방식으로 전보 조치를 하는 등 불이익을 가했다. 그런데 재판부는 "전보 인사가 피고 회사가 인사에 관하여 가지는 재량권의 범위를 넘어 성희롱 문제제기에 대한 보복 조치였음을 인정하기에 부족하다"고 하여 사용자 책임을 인정하지 않았다. 하지만 정기 인사철도 아닌 시기에 원고의 의사와는 별개로 원고가 어떤 업무를 해왔는지도 전혀 고려하지 않은 채 다른 부서로 전보시킨 것이 보복성 조치가 아니라면, 왜 하필 그 시기에 그런 방식으로 전보를 시켰다고 이해해야 하는가.

KBS 노동조합 전 부위원장 강○○ 성폭력 사건은 피해자들이 피해 사실을 밝히고 사건 해결을 요구한 이후 어떤 불이익을 당해왔는지를 보여주는 또 하나의 전형적인 사건이다. 이 사건은 이미 2000년 12월 『시사저널』과 인터넷신문 『오마이뉴스』를 통해 기사화됐었지만, 100인위에서 공개에 이르게 된 시점인 다음해 2월까지도 강○○는 여전히 노조 부위원장으로 활동하고 있었다. 실제로 그가 부위원장으로 당선된 것은 성폭력 가해자로 지목된 이후인 동년 11월 30일이었다. 그리고 이 시점은 당시 노조 내에 꾸려진 진상조사위원회의 조사가 채 끝나지도 않았을 때였다(100인위, 2001:1~4).

노조 내에서 피해 사실을 공개했던 같은 해 10월 이후 피해자들은 성희롱 피해 '이후'의 피해에 시달려야 했다. 노조측에서 ①가해자에 대한 징계를 하지 않아 피해자와 한 사무실에 근무하도록 하고 ②피해자에 대한 특별 유급휴가 합의를 무시하고 일방적으로 출근명령 통보를 했으며 ③가해자 강○○가 부위원장직에서 사퇴한 이후에도 두 달 가까운 기간동안 정식으로 업무 복귀를 가능하게 하지 않는 등 근무조건과 관련한 노골적인 불이익을 당해야했던 것이다. 또 ④온갖 음모론과 품행을 문제삼는 악소문에 시달렸고 ⑤ 검찰조사나 재판 등으로 인해 자리를 비우게 될 경우 다른 여직원에게 업무가 가중됨으로써 피해자와 여직원간의 갈등이 야기됐으며 ⑥밀린 업무를 처리하기 위해 늦게까지 야근을 하거나 휴일에 '자발적으로' 출근하는(전희경, 2003:2~4) 등 '책잡히지' 않아야 한다는 심리적 압박으로 자신을 더욱 통제하는 고통을 겪어야 했다.

남녀고용평등법 제14조 2항에서는 "피해 주장이 제기되었을 때 그 주장을 제기한 근로자가 근무여건상 불이익을 받지 않도록 노력해야 한다"고 명시하고 있다. 하지만 '롯데호텔 성희롱' 사건이나 KBS 노동조합 전 부위원장 강○○ 성폭력 사건에서 피해자가 겪은 다양한 불이익은 성희롱·성폭력 피해의 공개 이후 대부분의 피해자들이 직장에서 겪게 되는 매우 전형적인 형태의 것들이다.

이에 대한 방어 기제로 자신을 더욱 통제하는 태도는 '서울대 신 교수 성희롱' 사건에서도 나타나는데, 피해자인 우○○ 역시 다음의 입장을 밝히고 있다.

> 피고의 원고에 대한 보복심이 개입되어 책임추궁이 있을 것이라는 생각이 들어 열심히 기기 관리 및 운용 방법을 배우려고 노력하였습니다… 피고의 지시가 바람직하지 않다고 생각했으나… 피고가 원고에 대해 이유없이 냉담하게 대하게 된 이후로는 업무상의 잘못을 책잡히지 않도록 하기 위해서 더욱더 열심

히 (피고의 바람직하지 않은 지시를) 지킬 수밖에 없었습니다(우
○○, 1993b:13~15).

가해자가 피해자에 대해 부당한 조치를 취할 수 있는 것, 특히
그것이 전보나 해고 등 인사상의 조치일 경우는 사용자의 묵인 혹
은 동조 하에 가능한 것이다. 현실이 이러한데, 사용자가 '직접' 지
시한 조치가 아니라고 해서 사용자 책임을 면제해 주는 것은 대부
분의 피해자가 사용자로부터 보호받지 못하고 불이익에 방치되고
있는 현실을 법원이 도외시한 것과 다를 바 없다. 성희롱 피해 주장
이 제기되었을 때 '지체없는' 조치의 부재는 피해자에 대한 불이익
으로 직결될 수밖에 없기 때문이다.

이처럼 회사측으로부터 어떤 보호도 받지 못한 채 부당한 대우에
방치되는 피해자는 자신에게 쏟아지는 비난의 시선을 온몸으로 받
아내며 유·무형의 고통을 겪게 된다. 그렇기 때문에 피해자를 불
이익으로부터 보호해야 한다는 법적 규제가 중요하게 고려해야 할
또 하나는 피해자를 비난하는 문화를 근절하기 위한 조치이다. 성
희롱 사건이 피해자에게 유리한 방식으로 일단락되었다 하더라도
피해자임이 알려진 경우는 같은 직장을 계속 다니기 힘들다. 직접
적인 2차 가해8)를 겪게 되기 때문이다. 이러한 분위기는 사용자의
묵인 하에 직원들 사이에서 조장되는 경우가 다반사이며, '롯데호
텔 성희롱' 사건에서도 "말단 여직원이 과장을 날렸다"는 비난으로

---

8) 2차 가해란 성희롱·성폭력의 피해자가 피해 사실을 드러내고 문제를 해결하
고자 할 때 가해자에 동조하는 자에 의해 의도적으로 행해지거나 또는 성희
롱·성폭력의 피해를 전혀 이해하지 못하는 자에 의해 무심코 행해지는 가해
를 말한다.

인해 결국 피해여성이 사직하게 된 경우를 볼 수 있었다.

성희롱 사건에 대해 사용자가 어떤 입장을 취하는가는 피해자나 가해자 뿐만 아니라 직장 내 모든 구성원의 관심사이다. 사용자가 어떤 태도를 보이는지, 해결 의지는 어느 정도인지에 따라 차후에 자신에게 성희롱이 일어났을 때 그 피해를 은폐하거나 또는 적극적으로 드러내고 해결하고자 하는 양극단의 동기를 조성할 수 있다. 성희롱 사실을 드러내는 데에 주저함이 없게 하고, 가해자에 대해 강력한 조치를 취함으로써 직장 내 모든 구성원들에게 경각심을 갖게 하는 것은 직장 내 성희롱 근절이라는 장기적인 목표를 이루기 위한 선결 과제이다. 그리고 이는 '성희롱 없는' 직장환경을 조성할 사용자의 의무이다. 따라서 어떤 방식으로든 피해자의 의사를 최대한 존중하여 피해자와 가해자를 공간적으로 분리하고, 피해가 사실로 확인된 후 가해자에 대한 즉각적이고 적절한 조치를 취하며, 피해자에 대한 2차 가해를 금지하는 것은 사용자가 취해야 할 가장 기본적인 대응 방식이다. 피해자의 고통을 외면하고 오히려 2차 가해에 노출될 가능성에 방치하는 것, 피해자를 불이익으로부터 보호하지 못하는 것은 피해자를 두 번 죽이는 일이다.


## 3. 사실 확인, 사용자 책임의 필수 전제 아니다

그런데 이 두 판례에서 사건을 바라보는 출발점은 피해자가 성희롱이라고 주장하는 행위가 위법한 것인가 아닌가이다. 사용자 책임을 묻기까지 '고발된 행위가 성희롱인가 아닌가, 성희롱이라면 그것이 불법행위인가 아닌가, 불법행위라면 그것이 사용자 책임을 구성하는가 아닌가'의 질문 단계를 밟고 있는 것이다. 그리고 두 판례 모두 성희롱으로 인정되는 행위라 하더라도 민법에 근거하여 불법행위 여부와 그에 따른 사용자 책임을 판단하고 있기 때문에 고발된 성희롱이 반드시 어떤 '손해'를 끼친 것이 되어야 하는 조건을 기반으로 한다.

그러나 이러한 문제 인식은 두 가지 문제점을 안고 있다. 첫째, '성희롱'은 대개의 경우 물증이 전혀 없거나 '약간 지나친 혹은 불쾌한 농담'으로 치부되기 때문에 그것을 성희롱으로 개념화하기도 어려울뿐더러 법적인 구제의 필요성이 인정되는 권리 침해의 문제로 인식하기는 더욱 힘들다. 둘째, 성희롱으로 인정되지 못하면 사용자 책임은 고려조차 되지 않는다.

실제로 '서울대 신교수 성희롱' 판례에서 성희롱의 성립 자체를 전혀 인정하지 않았던 2심 법원은 원고의 사용자 책임 주장에 대해 다음과 같이 판시했다.

> 피고 김○○(서울대 총장)과 피고 대한민국에 대한 원고의 이 사건 청구는 어느 것이나 피고 신○○의 불법행위가 성립함을 전제로 한다 할 것인데… 당원(재판부)은 원고의 피고 신○○에 대한 청구를 배척하는 바이므로 피고 김○○ 및 대한민국에 대한 청구는 나머지 주장 사실에 대한 판단을 기다릴 것 없이 이유없다고 할 것이다.9)

'롯데호텔 성희롱' 판례는 남녀고용평등법과 남녀차별금지및구제에관한법률에 의거하여 성희롱 여부가 판단되었는데, '서울대 신교

---

9) 서울고등법원 1995. 7. 25. 선고, 94나15358 판결.

수 성희롱 판례'에서와 마찬가지로 성희롱이 인정되지 않은 경우 "피고 회사에 대한 청구는 더 살필 필요 없이 이유 없다"고 하고 있다.[10] 성희롱이 사실이라는 것을 인정받는 것과 사용자 책임을 인정받는 것이 순차적인 문제로 다루어지고 있는 것이다.

이는 현행 법체계상 사용자 책임을 묻고 그에 대한 손해배상 책임을 부과하기 위해서는 민법 제750조와 제756조[11]에 근거할 수밖에 없다는 한계에서 비롯된다. 그러나 이와 별도로 직장 내 성희롱의 사용자 책임에 대한 이해가 전혀 없고 사용자 책임 강화의 필요성이 부각되지 못한 채, 사용자가 행위 당사자가 아닌 한 성희롱에 대한 책임을 사용자에게 엄중하게 부과하지 않는 것도 매우 심각한 문제이다. 직장 내 성희롱의 사후 조치와 관련한 사용자의 책임은 성희롱이 발생했다는 주장이 제기된 그 순간부터 유효하다.

실제로 이와 관련된 법 조항은 '사실 확인'을 필수적인 전제로 하지는 않는다. 남녀고용평등법 제14조 제1항에서는 "발생이 확인

---

10) 서울지방법원 2002. 11. 26. 선고, 2000가합57462 손해배상(기) 판결. 그런데 이 판례에서 원고가 고소한 행위가 성희롱이라는 것은 인정되지 않았지만 사용자 책임이 인정된 드문 경우가 있다. 이는 회사에서 공식적으로 비용을 지원했거나 임원급이 주재한 자리였거나 성희롱이 공개적으로 이루어져 피고 회사가 알았거나 알 수 있었던 경우에 한한다. 이에 대해서는 5장에서 구체적으로 살펴보도록 하겠다.

11) 해당 민법 조항은 다음과 같다.
제750조 (불법행위의 내용) 고의 또는 과실로 인한 위법 행위로 타인에게 손해를 가한 자는 그 손해를 배상할 책임이 있다.
제756조 (사용자의 배상책임) ①타인을 사용하여 어느 사무에 종사하게 한 자는 피용자가 그 사무집행에 관하여 제삼자에게 가한 손해를 배상할 책임이 있다. 그러나 사용자가 피용자의 선임 및 그 사무감독에 상당한 주의를 한 때 또는 상당한 주의를 하여도 손해가 있을 경우에는 그러하지 아니하다.
②사용자에 가름하여 그 사무를 감독하는 자도 전항의 책임이 있다.

된 경우" 지체없이 행위자에 대해 조치를 취하도록 하고 있다. 법 조항 문구 자체로는 신고된 성희롱이 사실로 확인되어야 가해자에 대한 징계 조치를 하는 것으로 해석할 수도 있다. 그러나 피해를 주장한 근로자를 불이익으로부터 보호할 의무는 피해 주장이 제기되었을 때(남녀고용평등법 제14조 제2항)부터 시작된다.

하지만 앞서 보았듯이 지체없는 조치가 피해자에게 취해지는 현실에서 피해자가 겪게 되는 유·무형의 불이익은 피해자의 노동권을 위협하는 심각한 요소가 되고 있다. 그런데 이처럼 당연히 보장받아야 할 노동권을 뒤흔드는 중대한 범죄에 대한 처벌 조항은 전혀 없다. 직장 내 성희롱 발생시 취해야 할 조치를 규정하고 있는 남녀고용평등법 제14조 위반에 대한 처벌은 제1항(과태료 500만원)과 제3항(3년 이하의 징역 또는 2천만원 이하의 벌금)에만 해당되는 것이다.

그러나 "직장 내 성희롱과 관련하여 피해근로자에게 해고 기타 불이익한 조치를 취해서는 안 된다"는 제3항 위반으로 인정될 수 있는 경우는 극히 드물다. 성희롱을 당했다고 주장하는 피해자에 대해 "감히 성희롱이라는 주장을 하다니, 당장 해고다"라고 직접적으로 해고 사유를 밝히는 경우는 거의 없기 때문이다. 대부분 업무수행 능력 부족을 해고 이유로 제시하거나 또는 외형상으로는 피해자가 '자발적으로' 사직서를 쓰도록 근무환경을 조성한다.

'롯데호텔'에서 재계약 대상자 중 해고당한 4명의 피해자에 대해 호텔측은 "근무태도 및 성적이 불량하여" 인사고과 평점이 낮기 때문에 해고조치 한 것이고 "개인적인 감정으로 인해 고의적으로 낮은 점수를 주지는 않았다"는 것을 재계약 거부의 이유로 제시했다.

그러나 노조에서는 이들이 입사 당시 외국어 능력을 인정받았고 4명 가운데 3명은 부서에서 주는 '스마일상'과 '최우수사원상'을 받은 직원들이라며, 호텔측의 인사 조치가 성희롱을 고소한 것에 대한 보복 조치라고 주장했다.[12]

일반적으로 직원들에 대한 인사고과는 경영진의 고유 권한으로 인정되어 왔다. 따라서 최소한의 결과만 통보될 뿐 그 과정이나 기준이 된 자료가 회사의 직원들에게 공개되는 경우는 거의 없다. 심지어 노조에도 인사자료를 제공하지 않는 것이 우리 나라 기업의 관행으로 자리잡고 있다. 이러한 상황에서 성희롱 피해자에게 취해진 조치와 회사를 고소한 행위간의 인과 관계를 증명할만한 무엇이 일반 직원에게는 없다. '롯데호텔' 재계약 대상자들의 경우 서울지방노동위원회로부터 부당 해고임을 인정받기까지 했지만, 이런 상황에서는 복직되어 직장 생활을 유지하는 것 자체가 피해자에게 엄청난 고통을 감수해야 하는 것임을 말해주는 것이다. 이 경우 대부분 또다시 어떤 이유로든 자발적 형식을 띤 해고가 자행되며, 피해자들이 취할 수 있는 마지막 방법은 경제적·심리적 부담을 가중시키는 법적 소송뿐이다.

사용자는 직장 내 성희롱의 발생이 주장된 그 순간부터 피해를 주장하는 근로자를 보호하고 가해자로 지목된 근로자에게 신속하고 적절한 조치를 취해야 한다. 성희롱 주장이 '사실'이라는 것을 확인할 때까지 피해자에게 '기다리라'고 하는 것은 피해자를 보호할 필요를 느끼지 못하는, 문제 해결에 대한 의지가 전혀 없음을 드러내는 것이다.

---

12) 『한겨레신문』 2001년 2월 6일자.

## 4. 고객의 성희롱, 사용자에겐 면죄부?

현행 법에서는 성희롱 행위자의 범위를 직장 내 피고용인으로 한정하고 있다. 남녀고용평등법 제12조는 "사업주, 상급자 또는 근로자는 직장 내 성희롱을 하여서는 아니된다"고 규정하고 있고, 남녀차별금지및구제에관한법률 제2조 제2항에서는 "성적 언동 등으로 성적 굴욕감 또는 혐오감을 느끼게 하는" 주체를 "업무, 고용 기타 관계에서 공공기관의 종사자, 사용자 또는 근로자"로 명시하고 있다.

그러나 직장 내 구성원이 아닌 거래처 관계자나 계열사 임직원, 고객 등이 성희롱 행위자인 경우는 실제 여성들의 노동 현실에서 매우 흔한 일이다. '롯데호텔 성희롱' 판례의 1심 재판부는 고객에 의한 성희롱이 문제화되었던 사건에서 결국 피해여성이 직장을 그만두게 된 사례를 언급하며, 이를 '롯데호텔'의 노동환경이 갖는 문제점으로 지적했다.

> 2001. 6.경 헬스클럽 에어로빅 강사로 근무하던 김○○은 휘트니스 클럽의 남자회원의 성희롱에 대하여 항의를 하였다가 도리어 그로부터 먹살잡이를 당한 직후 피고 회사가 위 고객에게 아무런 조치를 취하지 않은 사이 회사를 그만두었으며, 2001. 7.경 주○○이 고객으로부터 추근대는 내용의 메일을 받은 것은 안 그녀의 남편이 피고 회사에 대하여 직원 관리를 어떻게 하길래 이런 일이 벌어지느냐며 강하게 항의하는 과정에서 (주○○은) 피고 회사를 그만두었다.[13]

---

13) 서울지방법원 2002. 11. 26. 선고, 2000가합57462 손해배상(기) 판결.

재판부는 특히 "관광호텔업이라는 성격상 고객 등에 의한 성적 언동의 가능성이 늘 상존하고 있음에도 불구하고 서비스업 종사자인 여직원들로서는 이를 적극적으로 문제삼기가 곤란한 면이 있"다는 점을 고려했다.

그러나 현실적으로 법에 명시되어 있지 않은 이상 고객 등 직접적인 고용 관계가 성립되어 있지 않은 사람에 의한 성희롱은 구제 대상으로 고려조차 되지 못한다. 실제로 필자가 고객에 의한 성희롱을 문제삼아 여성부에 시정신청을 한 후, 그에 대해 통보받은 내용은 아래와 같다.

> 차별금지법상의 성희롱에 해당하기 위해서는 성희롱 행위자가 공공기관의 종사자, 사용자 또는 근로자에 해당되어야 하나…
> (이 사안에서) 행위자는 고객으로서 고객은 이에 포함되지 않으므로 고객에 의한 언동은 피신청인(회사측)이 책임을 져야 하는 차별금지법상 성희롱이라고 볼 수 없을 것이다. 신청인은 고객에 의한 성희롱이 만연해 있는 상태이므로 이를 근절하기 위하여 성희롱의 가해자의 범위를 고객까지 확대하고 고객 성희롱에 대한 사용자 예방 책임을 명시하여야 한다고 주장하나, 이는 법령 개정 사항으로서 입법 의견으로 제시할 수 있다는 점은 별론으로 하고 성희롱 판단 여부와는 직접 관련이 없다고 할 것이다 (여성부, 2000:179).

고객은 현행 법률의 규제 대상이 아니므로 회사측이 책임을 져야할 이유가 없다고 하고 있다. 이러한 판단은 고객에 의한 성희롱에 대해 사용자가 예방하거나 시정할 필요를 전혀 인정하지 않는 것에서 비롯된다. 그러나 고객 등이 "업무·고용 기타 관계"에서 제외되어야 할 하등의 근거가 없다. 예를 들어 대규모 사업장의 판매·서비스직 종사자들은 직장 상사나 동료보다 오히려 고객을 접하는 경우가 더 많기도 하고 고객과의 대면을 통해 주로 업무가 이루어지기 때문에, 이들을 성희롱 행위자 범위에 포함하지 않는 것은 판매·서비스직 종사여성들을 성희롱에 노출되도록 방치하는 것과 다를 바 없다. 고객에 의한 성희롱으로부터 어떤 보호도 받을 수 없는 것이다.

그런데 남녀차별금지기준에서는 성희롱의 '피해자' 범위에 "이용자 등 기타 관련자"를 포함하고 있으며, 여성부에서 발간한 「관리자를 위한 성희롱 예방 가이드」에서는 "업무 관련성이 있는 경우에는 고객 및 민원인 등도 피해자에 포함될 수 있다(여성부, 2001:6)"고 설명하고 있다. 그리고 직장 내 성희롱의 사용자 책임을 판단하는 기준의 하나인 '사무집행 관련성'에 대한 기존 판례를 보면, 피고용인이 고객에 '대한' 불법행위를 저지른 경우 민법에 근거하여 사용자 책임을 묻고 있다. 다음의 판결 내용을 보자.

> 피고(사용자)가 경영하는 호텔에서 종업원으로 근무하던 임○○은 호텔에 찾아온 원고(손님)가 아무 이유없이 심하고 상스러운 욕을 하면서 때리려는 행위를 반복하고 근무 교대 후에는 종업원 숙소까지 찾아와 같은 행위를 하자, 등산용 칼을 들고 호텔 주차장으로 가는 원고를 쫓아가 원고의 얼굴과 등 부위를 찔러 상해를 가했다. 사실관계에 의하면, 임○○의 원고에 대한 상해 행위는 피고의 업무 처리를 하던 중 원고가 그 업무 처리와 관련하여 임○○의 감정을 해하는 언동을 하자 이에 대항하여 자신의 감정을 회복하기 위하여 저지른 것으로서, 그 가해 행위는 근무 교대 직후에 피고의 사업 장소 내에서 이루어진 것이어

고객에 '의한' 행위는 규제 대상이 아니지만 고객에 '대한' 행위
는 엄격하게 규제 범위에 포함되고 있다. 이는 사용자가 직접적인
고용 관계가 없는 사람에 의한 위법 행위를 예방할 수 있다거나 아
무런 고용 관계도 없는 사람을 징계하는 등의 조치를 취하는 것이
현실적으로 불가능하다는 판단에서 비롯되는 것일 수 있다. 그러나
이는 그러한 제약을 고려하여 합리적인 수위에서 현실성 있는 방안
을 모색해야 할 문제이지, 그러한 이유로 도외시되어도 무방한 문
제가 아니다. 또한 사용자의 입장에서 볼 때는 고객이나 거래처 관
계자에 의한 성희롱을 제어하는 것이 당장의 기업 이득에 손해를
가져오는 것일 수 있다.

그러나 기업의 이득보다 우선되어야 하는 것은 "성희롱 없는 환
경에서 근무할 피고용인들의 권리"이다. 예방적인 차원에서 "회사
는 고객들에게 사과를 요구하거나 경고하고, 심각한 경우라면 거래
중지, 경고, 고발 조치 등을 통해 기업의 이익보다는 피해자의 인권
과 노동권이 우선이라는 것을 보여주어야 한다(정양희, 2001:100)". 이
러한 제언을 실현하는 것은 바로 직장 내 성희롱을 근절하고자 하
는 사용자의 의지와 이를 강제하는 규제를 통해 가능하다.

---

14) 대법원 2000. 2. 11. 선고, 99다47297 판결. 판결요지 참고. 인터넷종합법률서비
스 넷로.

## 5. 가벼운 벌금과 사용자 책임의 관계

앞서 언급했듯이 현행법상 유일한 예방 의무는 남녀고용평등법 제13조와 남녀차별금지및구제에관한법률 제7조 제2항에 규정되어 있는 '성희롱 예방 교육 실시'이다. 그리고 이를 위반할 경우에는 '300만원 이하의 과태료'가 부과된다. 그러나 직장 내 성희롱에 대한 이해가 부족한 현실과 성희롱 예방의 중요성을 고려할 때, 예방 교육 실시 여부와 그 내용적 충실함에 대한 관리·감독이 이루어지지 않는 상황에서 300만원 이하의 과태료라는 것은 사실 실효성을 갖기 어렵다.

성희롱 예방 교육과 관련하여 "만약 이 교육이 의무 사항이라면 노동부에 보고해야 할 의무가 있는지?"를 묻는 질문에 대해 노동부는 다음과 같이 답변한 바 있다.

> 교육실시 후 교육 일시, 장소, 대상, 방법, 교육 내용 등을 기록으로 남겨두면 되고 이를 별도로 지방노동관서에 보고할 의무는 없습니다. 다만 직장 내 성희롱 예방 교육 이행에 대한 점검은 사업장에 대한 근로감독이나 민원 발생 등에 따른 조사시 병행하게 됩니다(1999. 5. 19. 근정 68240-249, 김천수, 2002:53에서 재인용).

'기록'으로 남겨두기만 하면 된다면, 문제가 고발된 경우에 한해 조사가 실시된다면 실제 성희롱이 발생할 경우 사용자는 이를 은폐하고 기록을 조작하고자 하는 적극적인 시도를 할 가능성이 높다. 이러한 사태를 방지하는 장치로 남녀고용평등법 제24조에서는 "사업장 소속 근로자 중 노사가 추천하는 자를 명예고용평등감독관으로 위촉"할 수 있다고 규정하고 있다. 그리고 '차별 및 직장 내 성희롱 발생시 피해근로자에 대한 상담·조언, 법령 위반 사항에 대해 사업주에게 개선 건의 및 감독기관에 신고 등'의 업무를 수행할 것을 명시하고 있다. 또한 법 제25조에서는 '분쟁의 자율적 해결'을 위해 '고충처리기관'을 설치할 것을 명시하고 있다.

그러나 직장 내 성희롱을 비롯한 고용상의 성차별을 이러한 자율적인 방법으로 시정할 수 있다는 것은 어떤 측면에서 매우 순진한 발상이라고 할 수 있다. 이는 추가적이고 보완적인 방법으로서 의미를 가질 수는 있으나, 이것이 주된 방법일 경우 그 실효성이 확보되기 힘들다. '명예감독관'이나 '고충처리기관의 근로자대표 위원' 모두 결국은 사용자의 지배 하에 놓여있는 노동자이기 때문이다. 게다가 자율적 해결을 도모하는 이러한 장치에 대한 벌칙조항은 "명예고용평등감독관의 정당한 활동에 대해 불이익한 조치를 취할 경우 500만원 이하의 벌금"을 부과하도록 하고 있고, 고충처리기관과 관련해서는 형식적인 벌칙조항조차 없다.

결국 직장 내 성희롱의 예방을 위한 법적 장치는 그나마 '연 1회 이상의 예방 교육' 뿐임에도 불구하고, 위반시 300만원을 부과하겠다는 것은 어떤 방식으로든 '예방 교육만 하면 된다'고 인식하도록 하기에 충분하다. 또한 사업장에 대한 실사가 없는 상황에서는 '안 해도 했다고 하면 된다'는 안이한 태도를 갖게 할 가능성이 높다.

남녀고용평등법 제14조에 명시되어 있는 '발생시 조치'도 마찬가지이다. "발생이 확인된 경우 지체없이 행위자에 대해 조치를 취할 것"을 명시한 제1항 위반시에는 '과태료 500만원', "피해근로자에게 해고 기타 불이익한 조치를 취해서는 안 된다"는 제3항 위반시에는 '3년 이하의 징역 또는 2천만원 이하의 벌금'이 부과된다. 성희롱 피해자임이 드러나는 순간부터 온갖 의혹의 시선에 휩싸이게 되고, 사용자의 대응이 지연될수록 피해자가 직장에서 고립될 가능성이 커지는 현실에서 성희롱 피해자를 보호해야 할 필요성과 이를 회사의 정책적 차원에서 표방할 필요성 역시 매우 중대하고 시급한 문제이다.

현재의 벌칙 조항은 실상 직장 내 성희롱이 만연한 현실을 개선하기에는 어떤 구속력도 갖지 못하는 것이며, "피해를 주장한 근로자가 근무 여건상 불이익을 받지 않도록 노력"할 것을 규정한 제14조 제2항 위반시에는 그나마 벌칙 조항도 없다. 법적 규제의 실효성 없음, 그리고 강제 조항 자체가 없음으로 인해 피해자의 노동권은 전혀 보호받지 못하고 있는 것이 현실이다.

그런데 사업주가 성희롱을 한 경우는 어떠한가. 남녀고용평등법 제12조에서는 "사업주, 상급자 또는 근로자는 직장 내 성희롱을 하여서는 아니된다"고 규정하고 있다. 그리고 이를 사업주가 위반할 경우, 즉 사업주가 성희롱 행위자인 경우는 법 제39조 제1항에 의해 1천만원 이하의 과태료를 부과하도록 되어 있다. 그러나 실제로 사업주가 가해자인 경우는 더욱 문제를 제기하기가 어렵다. 사업주의 입장에서도 성희롱 발생 자체를 은폐하려는 시도를 할 가능성이 매우 높다. 이런 상황에서 '1천만원 이하의 과태료'라는 규정은 전혀 구속력을 갖지 못하는 수준의 제재라고 본다.

한편 남녀고용평등법 시행령 제25조 제3항에서는 위반 행위의 동기와 그 결과 등을 고려하여 과태료의 금액을 정할 것을 명시하고 있다. 그 부과 기준을 명시한 <별표>에 의하면 '1천만원 이하의 과태료'라는 상대적 고액은 "성희롱과 관련하여 최근 3년 이내에 과태료 처분을 받은 사실이 있는 자가 또다시 성희롱을 한 경우"에 한정된다. "한 사람에게 수차례 성희롱을 하거나 2인 이상에게 성희롱을 한 경우"는 500만원, "그밖에 성희롱"에 대해서는 300만원의 부과액이 산정되어 있다. 그리고 심지어는 "노동부장관은… 과태료 부과 금액의 2분의 1의 범위 안에서 이를 가중하거나 경감할 수 있다. 이 경우… 과태료 금액의 상한액을 초과할 수 없다"고까지 명시되어 있다. 이러한 규제는 성희롱 예방 및 시정에 대한 사용자의 의무를 강제하기에는 지나치게 미흡하다. 현 상황을 개선시킬 수 있는 실효성 있는 방향으로의 법 개정이 시급히 요구된다.

# 4장 "반성희롱 정책, 마련하고 공표하고 시행하라": 미국의 '합리적인 조치(reasonable care)'

이 장에서는 사용자가 이행해야 할 의무와 관련하여 EEOC의 이행지침이 명시하고 있는 '최소한'의 요소들을 중심으로 '합리적인 조치'의 구체적인 내용이 무엇인지, 개별 기업에게 이러한 의무를 강제하는 것이 어떤 의미를 갖는 것인지, 성희롱 소송이 제기될 경우 '합리적인 조치' 의무가 사용자 책임 판단에 어떻게 적용되는지, 또한 우리의 경우와는 어떻게 다른지를 살펴보았다.

미국에서 직장 내 성희롱 소송의 근거가 된 공민권법 7편은 성별(sex)을 판단 기준의 하나로 삼고 있다. 사용자가 (1)개인의 인종, 피부색, 종교, 성별, 국적 등을 이유로 고용을 거부하거나 해고하는 것 또는 보수, 고용조건, 고용상 혜택과 관련하여 그 개인을 차별하는 것 또는 (2)그러한 이유로 피고용인이나 고용을 원하는 자를 제한, 분리, 차등하여 개인의 고용 기회를 박탈하거나 피고용인의 고용 지위에 불리한 영향을 미치는 것을 불법한 고용 관행으로 규정하고 있다(SEC. 2000e−2. 〔703〕 (a)(1)−(2)). 성별 기준에 의해 성희롱 소송이 제기되어 왔다는 것은 '성별'을 이유로 한 차별에 대한 해석 범위가 넓다는 것을 의미한다.

또한 EEOC의 가이드라인과 법원의 판결이 상호 보완의 역할을 하며 사용자 책임의 내용을 구체화하고 엄중한 법적 책임을 부과해왔는데, 1999년 6월 EEOC에서는 벌링턴사(社) 대 엘러스 판례와 파라거 대 보카레이튼시(市) 판례에 대한 연방대법원의 판결 내용을 중심으로 사용자 책임과 관련한 이행지침을 발표했다.[1] 이 지침서는 사용자의 의무를 '합리적인 조치(reasonable care)'로 규정하고 이에 해당되는 구체적인 내용과 관련 판례들을 소개하고 있다. 지침에 의하면, 사용자의 정책은 특히 예방 및 사후 조치와 관련하여 '최소한' 다음 요소를 포함할 것을 권장하고 있다.

    (ㄱ) 금지되는 행위에 대한 분명한 설명
    (ㄴ) 피해 사실 신고 또는 관련 정보 제공으로 인한 보복으로부터의 보호 보장
    (ㄷ) 고충제기절차에 대한 접근성 제고를 위해 그 과정을 상세히 기술
    (ㄹ) 가능한 한 고충제기자의 신원 비밀을 보장한다는 확신
    (ㅁ) 신속하고 공정한 조사를 약속
    (ㅂ) 성희롱 발생이 확인되면 즉각적이고 적절한 시정 조치를 취할 것임을 보장

    일단 예방 의무와 관련하여 우리 나라와 미국이 가장 큰 차이를 보이는 것은 예방을 위한 조치의 종류와 내용이다. 우리의 경우는

---

1) 실제로 EEOC는 "성차별에 관한 지침"을 1980년에 개정하면서 성희롱 항목을 추가했고, 이후 직장 내 성희롱에 관한 연방대법원의 '획기적인' 판결에 근거하여 관련 내용으로 가이드라인을 발표해왔다. 1990년의 "Policy Guidance on Current Issues of Sexual Harassment"는 메리터저축은행 대 빈슨(Meritor Saving Bank v. Vinson) 판결을 중심으로, 1994년의 "Enforcement Guidance on Harris v. Forklift Sys. Inc."는 해리스 대 포크리프트 시스템사(社)(Harris v. Forklift Systems, Inc.) 판례를 중심으로, 1999년의 "Enforcement Guidance Vicarious Employer Liability for Unlawful Harassment by Supervisors"는 벌링턴사(社) 대 엘러스 판례와 파라거 대 보카레이튼시(市) 판례를 중심으로 구성, 발표된 것이다.

그나마 '연 1회 이상의 예방 교육 의무'만이 외연뿐인 강제성을 지니고 있지만, 미국에서는 형식적인 예방으로는 의무 이행 자체가 인정되지 않는다. 성희롱 소송이 제기된 경우 사용자들이 가장 먼저 하는 주장은 "성희롱 금지 정책과 피해를 신고할 수 있는 제도적인 절차를 마련하고 있다"는 것이다. 그러나 법원은 '마련'하는 수준의 예방으로는 사용자에게 면죄부를 주지 않는다. 예방 정책의 실효성은 '구체적인 내용을 담은 정책을 마련하고 공표하고 이행하는 것'을 전제로 보장된다고 보기 때문이다.

또한 이때 가해자의 직장 내 지위 또는 가해자가 피해자에 대해 갖는 권한 및 그 정도는 사용자 책임 판단시 다른 무게로 고려된다. 이를테면 평사원이 성희롱을 할 가능성을 경계하는 것은 사용자가 직접적으로 하기보다는 중간관리자를 통하는 것이 일반적이고 실제로 그 효과도 더욱 크게 기대할 수 있기 때문에 사용자의 엄격한 경계 대상이 되는 사람은 중간관리자라는 의미이다. 그리고 그 중간관리자로 하여금 평사원들을 관리하도록 강제한다는 것이다. 그렇기 때문에 관리 권한(supervisory authority)을 가진 직원에 대한 사용자의 관리·감독의무가 더욱 강조되며, 실제 성희롱 행위자가 관리자일 경우는 더욱 중하게 그 책임을 묻는다.

이 장에서는 사용자가 이행해야 할 의무와 관련하여 EEOC의 이행지침이 명시하고 있는 '최소한'의 요소들을 중심으로 '합리적인 조치'의 구체적인 내용이 무엇인지, 개별 기업에게 이러한 의무를 강제하는 것이 어떤 의미를 갖는 것인지, 성희롱 소송이 제기될 경우 '합리적인 조치' 의무가 사용자 책임 판단에 어떻게 적용되는지, 또한 우리의 경우와는 어떻게 다른지를 살펴보도록 하겠다.

## 1. 성희롱 판단, 맥락을 중시해야

1986년의 메리터저축은행 대 빈슨(Meritor Saving Bank v. Vinson)
판례는 연방대법원이 성희롱을 인정한 최초의 판결이다. 이 사건에
서 빈슨은 은행에서 근무하던 4년여의 기간동안 직속상사인 테일러
(Taylor)로부터 원하지 않는 성적 요구를 당해왔고 실제 대략 40~50
번의 성관계를 가졌다고 주장하며 은행을 상대로 소송을 제기했다.
여기서 메리터저축은행은 고충제기절차와 반차별 정책을 마련하고
있었고, 빈슨이 테일러의 성희롱 사실을 은행에 알리지 않았다는
것을 근거로 하여 사용자 책임이 면제되어야 한다는 주장을 폈다.
그러나 연방대법원은 다음의 이유로 은행측의 주장을 기각했다.

> 본 법정은 고충제기절차 및 반차별 정책이 있다는 사실과 빈
> 슨이 그러한 절차를 이용하지 않았기 때문에 책임이 면제되어야
> 한다는 은행측의 주장을 기각한다. 이러한 사실이 사용자 책임
> 을 판단할 때 연관성을 가질 수는 있지만, 본 사건의 상황에서
> 는 그렇지가 않다. 은행의 반차별 정책은 성희롱에 대해 특별히
> 언급하고 있지 않아 성희롱이 사용자가 금지하는 차별 유형이라
> 는 것을 피고용인들에게 경계시키지 못했다. 게다가 은행의 고
> 충제기절차는 그 1단계로 자신의 상사에게 알릴 것을 분명히 요
> 구하고 있다. 이 사건의 경우는 바로 테일러인 것이다.[2]

즉 반차별 정책을 마련하고는 있었지만 '성희롱'을 금지한다는
명시적인 표현이 없었고, 고충을 신고하는 1차 통로를 직속상관으

---

2) 477 U.S. 57, 1986.

로 규정하여 바로 그 직속상관이 가해자일 경우 피해자로 하여금 '말하지' 못하도록 한 절차는 사용자 책임을 면제받기 위한 전제를 성립시키지 못한다는 것이다. 이와 관련하여 EEOC의 가이드라인은 "효과적인 예방 프로그램은 성희롱을 금지한다는 것을 명백히 해야 하고… 피해자가 피해 사실을 드러낼 수 있도록 독려하는 것이어야 하는데, 이때 피해자가 가해자인 상사에게 먼저 고충을 제기할 것을 요구해서는 안 된다(EEOC, 1990)"고 하고 있다. 1999년 발표된 이 행지침에서는 구체적으로 다음을 제시하고 있다.

> 고용주의 정책은 성희롱이 용인되지 않는다는 점을 분명히 밝히고, 직원 뿐 아니라 피고용인이 아닌 자(non-employee)에게도 적용됨을 알려야 한다. 또한 성희롱이 심해지기 전에 직원들이 피해 사실을 보고할 수 있도록 독려해야 하며, 피해 사실을 보고한 피해자나 목격자에 대한 불리한 대우가 묵과되지 않을 것임을 명백히 해야 한다. 그러한 보장이 없을 경우 반차별 정책과 고충제기절차는 효과적이지 않기 때문이다. 또한 이들에게 취해지는 고용상 조치가 보복의도에 의한 것인지 여부를 확실히 밝히기 위해서는 피해 사실 조사 후에도 그러한 조치의 배경을 철저히 조사해야 할 것이다(EEOC, 1999d).

이러한 내용은 첫째, 사용자는 성희롱과 관련한 정보를 제공한 피해 당사자 또는 목격자가 보복성 조치를 당할 가능성을 인지하고 있어야 함을 의미하며, 둘째, 사용자는 그러한 위험을 조기에 차단하고자 하는 의지를 가져야 함을 의미한다. 사용자가 피해자를 보호한다는 원칙을 확립하고 이를 천명하고 실제로 이행하는 것은 성희롱 피해를 드러낼 수 있게 하는 필수적인 전제 조건이다.

파라거 대 보카레이튼시(市) 판례에서도 연방대법원은 유사한 내용을 언급하고 있다. 보카레이튼시(市)가 반성희롱 정책과 고충제기 절차를 마련하고 있었던 것은 인정되지만, 성희롱을 신고하는 1차 통로로 직속상관을 '우회'할 수 있다는 것을 명시하지 않은 점을 지적한 것이다. 이는 대부분의 성희롱 가해자가 피해자의 상사라는 점을 고려한 것으로 보인다. 연방대법원은 "가해자가 직속상관일 경우 그를 통하지 않고도 피해 사실을 신고할 수 있다는 것을 명시하지 않은 것은 관리 권한을 가진 직원들의 성희롱을 금지하기 위한 합리적인 조치를 이행하지 않은 것"3)이라고 판시했다. 즉 자신을 거치지 않고는 공식적인 절차를 이용할 수 없다는 것을 알고 있는 상사는 성희롱을 하지 않기 위해 특별한 경계를 할 필요가 없다고 생각할 수 있음을 고려하여 관련 절차를 마련하도록 하고 있는 것이다.

이와 관련하여 EEOC의 이행지침에서는 절차가 까다롭거나 '신고받는 사람'과 접촉하기 어렵거나 혹은 심리적으로 부담스럽게 다가오는 절차는 효과적이지 않기 때문에 "피고용인이 속한 명령계통(the chain of command) 외부의 임원을 선정하여 신고받도록 하는 것이 타당하다"고 언급하고 있다. 그 이유는 "피해자의 입장에서 볼 때 명령계통 내에 있는 임원은 자신의 말보다는 (가해자인) 상사의 말을 더 쉽게 믿을 거라고 느낄 수 있기 때문"이다(EEOC, 1999d).

그렇다면 '성희롱이 용인되지 않는다'는 내용에는 무엇이 포함되어야 하며 어디까지를 불법행위로 보고 성희롱 금지 정책에 명시해야 하는 것일까. 이와 관련하여 EEOC는 1980년 "성차별에 관한 지

---

3) 524 U.S. 775, 1998.

침"을 개정하면서 "성별을 이유로 한 harassment는 공민권법 7편의 위반"임을 명시했고, 성별을 이유로 한 harassment의 내용으로 다음을 제시하고 있다.

> 성희롱은 공민권법 7편을 위반하는 성차별의 한 형태이다. 원치않는 성적 접근, 성관계 요구, 기타 성적 성질을 가진 언어적·신체적 행동은 다음의 경우 성희롱을 구성한다 : ⑴ 그러한 행위에 대한 복종이 명백하게 또는 암묵적으로 개인의 고용조건을 변경시키는 경우 ⑵ 그러한 행위에 대한 복종 또는 거절이 개인에게 영향을 미치는 고용 결정의 근거로 사용되는 경우 ⑶ 그러한 행위가 개인의 노동 수행을 비합리적으로 방해하거나 위협적, 적대적 또는 모욕적인 노동환경을 조성할 목적 또는 결과를 야기한 경우(29 CFR 1604.11(a))

일단 성희롱이 위법 행위임을 분명히 전제하고 있고, 어떤 행위가 성희롱이 될 수 있는가에 대한 '상황'을 설명하고 있다. 그리고 신고된 행위가 성희롱인지 여부를 판단하는 것은 "성적인 접근의 본질과 그 행위가 발생한 맥락 등 전체적인 상황 및 관련 기록에 주목하여 이루어져야 하며 특정한 행동이 적법한 것인지는 사례별로(case by case) 판단되어야 한다"고 하고 있다(29 CFR 1604.11(b)).

이러한 규정이 우리와 다른 것은 '행위'가 아닌 '상황(setting)' 중심의 내용이라는 점이다. 이는 성희롱을 어떻게 인식하고 있는가의 문제와 연관된다. 현재 남녀고용평등법과 남녀차별금지및구제에관한법률에는 직장 내 성희롱의 판단을 위한 행위들이 열거되어 있다. 남녀고용평등법 시행규칙에 제시된 내용을 보자.

<표 1> 직장 내 성희롱 판단을 위한 기준 예시(남녀고용평등법 제2조 관련)

| 구분 | 예시 |
| --- | --- |
| 육체적 행위 | (1) 입맞춤이나 포옹·뒤에서 껴안는 등의 신체적 접촉 행위<br>(2) 가슴·엉덩이 등 특정 신체 부위를 만지는 행위<br>(3) 안마나 애무를 강요하는 행위 |
| 언어적 행위 | (1) 음란한 농담을 하거나 음탕하고 상스러운 이야기를 하는 행위 (전화통화를 포함한다)<br>(2) 외모에 대한 성적인 비유나 평가를 하는 행위<br>(3) 성적인 사실관계를 묻거나 성적인 내용의 정보를 의도적으로 유포하는 행위<br>(4) 성적인 관계를 강요하거나 회유하는 행위<br>(5) 회식 자리 등에서 무리하게 옆에 앉혀 술을 따르도록 강요하는 행위 |
| 시각적 행위 | (1) 음란한 사진·그림·낙서·출판물 등을 게시하거나 보여주는 행위(컴퓨터통신이나 팩시밀리 등을 이용하는 경우를 포함한다)<br>(2) 성과 관련된 자신의 특정 신체부위를 고의적으로 노출하거나 만지는 행위 |

그밖에 사회통념상 성적 굴욕감 또는 혐오감을 느끼게 하는 것으로 인정되는 언어나 행동

예시된 내용은 매우 구체적인 행위들을 보여주고 있다. 이처럼 행위를 열거하는 것은 어떤 행위가 금지되는지에 대한 정보를 제공한다는 측면에서 유의미하다. 하지만 이러한 방식의 규정은 이미 자체 함정을 내포하고 있다. 성희롱을 하나의 사건 또는 단절적인 사건의 재발 등에 한정하여 제시하고 있는 것이다. 이는 성희롱의 범위를 협소하게 이해하도록 하는, 의도하지 않은 결과를 가져올 가능성이 높다.

문제는 '상황'이다. 어떤 '상황'에서는 문제되지 않을 수 있는 것

이 다른 특정 '상황'에서는 심각한 문제로 제기될 수 있다. 이에 대해 일관된 기준이 없이 피해자 마음대로 상황을 규정할 수 있는 재량권을 주는 것이라며 오히려 남성들에게 불리하다는 볼멘소리도 제기될 수 있지만, 실제로 성희롱은 어떤 획일적인 기준 하나로 판단될 수 있는 성질의 문제가 아니다. '롯데호텔 성희롱' 사건의 사례 중 한 가해자는 여직원들의 가슴 부위를 훑어보고 손이나 팔뚝을 만지거나 찌르는 등의 행위를 일삼아 왔다. 그러나 그러한 행위들은 가해자가 "가슴을 본 게 아니다, 복장 상태를 본 것이다", "엉덩이도 아니고 팔뚝을 찌른 게 뭐가 성희롱이냐"라고 충분히 주장할 수 있는 것들이다. 법에 명시되지 않은 행위이기 때문이다.

실제로 남녀고용평등법 3차 개정시 직장 내 성희롱에 대한 규제 조항을 신설하면서 성희롱 행위의 예시 중 하나로 여성들이 일상적으로 가장 흔하게 희롱당하는 느낌을 받는다고 지적한 대표적인 사례인 '눈빛 희롱'이 처음에는 "특정 신체 부위를 음란한 눈빛으로 쳐다보는 행위"로 정리됐었다. 그러나 '쳐다보지도 말란 말이냐, 판단 기준이 무엇이냐, 너무 사소한 것까지 건드리다가는 법 실행 효과가 오히려 반감될 것'이라는 남성들의 반발과 '여자는 2초면 안다, 음란한 눈빛인지 아닌지를. 단지 남자가 모를 뿐'이라는 여성측 항변이 오가다가 결국 제외되었다.[4]

하지만 '롯데호텔'에서 여직원들이 평소 그와 마주치기를 피해왔던 이유는, 그러한 행위가 매장 직원들의 복장과 용모를 관리한다는 명목으로 상당기간 동안 지속되었고, 무어라고 딱히 제지하기도 어려운 유형이었기 때문이다. 성희롱이 무엇인지 알려주고 하지 못

---

4) 『신동아』 1999년 3월호.

하도록 하는 것이 예방 교육의 일차적인 목표라고 할 때, 일정한 유형의 행위를 알리는 것은 불가피할 수 있다. 하지만 '발생가능한 상황'들을 제시하고 그와 유사한 상황까지 금지된다는 것을 명백히 하는 것, 성희롱 판단은 맥락을 중시하여 이루어진다는 내용을 반드시 포함해야 한다. 당시 남녀고용평등법 개정안 공포 이전에 직장 내 성희롱 규제 조항 신설과 관련하여 한국노동연구원이 주최한 공청회에서는 "성적 언어나 행동이 어떠한 조건이나 맥락에서 발생한 것인가의 문제도 성희롱 여부를 판단하는 중요한 기준이 되어야 할 것이다. 단순히 특정한 언행이 일어난 맥락에 대한 고려없이 성희롱 여부를 판단하는 것은 무리한 것일 수 있다(조순경, 1999:4)"는 점이 이미 지적된 바 있다.

위계적인 직장 구조에서 피해자는 자신에게 닥칠지 모를 불이익에 대한 두려움으로 성희롱 사실을 선뜻 신고할 수가 없다. 게다가 가해자가 직접 불이익에 대한 위협을 하는 경우도 있다. 예컨대 탐킨스 대 전기가스공사(Tomkins v. Public Service Electric & Gas Co.) 사건에서는 가해 상사가 탐킨스에게 "(성희롱에 대해) 회사에 신고해도 아무도 너를 돕지 않을거다"라고 말했는데, 이러한 언급은 피해자에게 보복에 대한 두려움과 함께 심리적인 고립감을 증폭시키게 된다.5) 그것이 사용자의 의도와 부합하는 것이든 그렇지 않은 것이든, 성희롱을 금지한다는 명확하고도 강력한 정책을 표방하지 않는다거나 정책이 있어도 피해 신고를 어렵게 하는 구조라면 사용자의 예방 조치는 온전한 의무 이행으로 인정되지 않는다.

---

5) Tomkins v. Public Service Electric & Gas Co.(1977), 568 F.2d 1044, 3rd Circuit.

## 2. 정책에 대한 접근성을 높일 것

보카레이튼시(市)의 해양구조대 구조원으로 근무하던 파라거는 상사인 테리(Terry)와 실버맨(Silverman)으로부터 지속적으로 성희롱을 당했다. 그들은 성적 접촉을 시도하고, 데이트 할 것을 강요하고, 거절하면 불리한 고용 조치를 취하겠다고 위협하고, 외모와 옷차림에 대해 폄하하고, "여자는 절대 승진시키지 않을거야" 등의 말로 여성에 대한 적대적인 감정을 노골적으로 드러냈다. 급기야 파라거는 보카레이튼시(市)를 상대로 손해배상 청구소송을 제기했다.[6]

이 사건의 주요한 논점 중 하나는, 파라거가 근무했던 기간이 85년부터 90년 6월까지이고, 보카레이튼시(市)는 86년 2월 반성희롱 정책을 규약으로 만들어 모든 직원에게 공표했으며, 90년 5월 이를 개정하여 재발행했는데, 파라거가 근무하던 해양구조대에는 한번도 전달된 적이 없었다는 사실이다. 그러한 정책에 대해 가해자들과 파라거, 그리고 다른 구조원들 모두 전혀 알고 있지 못했다. 파라거와 다른 구조원이 또다른 상사인 고든(Gordon)에게 테리와 실버맨의 성희롱에 대해 이야기했을 때, 고든은 "시는 전혀 관심없다"라고 대답했다. 또한 테리가 고든 자신의 상사이기도 하기 때문에 그의 행위에 대해 언급할 입장이 못 된다고 생각했고 어떤 조치도 취하지 않았다.

---

6) 파라거가 제기한 손해배상은 '명목적 손해배상(nominal damages)'으로 원고가 자신에 대해 불법행위가 저질러졌음을 입증했다는 이유만으로 소액의 배상금을 인정하는 것이다. 즉 구체적인 손해의 발생을 입증하지 않더라도 피고의 행위에 대한 위법성을 확인하고 원고의 권리의 존재를 확인하는 효과를 지닌다(김재국, 1995:509).

성희롱 사실은 전혀 예기치 못했던 데서 드러나게 된다. 이전에 구조원으로 일했던 다른 여성이 테리와 실버맨의 성희롱에 대해 보카레이튼시(市)의 인사담당부서에 편지를 보낸 것이었다. 이러한 고충을 접수한 보카레이튼시(市)는 곧장 조사에 착수하여 테리와 실버맨의 행동이 부적절했음을 확인하고, 그들에게 '1년치 휴가 반납'과 '무급 정직' 중 하나의 징계를 택할 것을 요구했다.

이 사건의 항소심은 "보카레이튼시(市)는 반성희롱 정책을 마련하고 있던 상태였고 신고되지 않은 성희롱에 대해서는 책임을 갖지 않"는다며, 특히 "원고의 근무지인 해변이 시(본청사)와 멀리 떨어져있고 그 성희롱이 오랜 시간에 걸쳐 간헐적으로 일어났기 때문에 시가 알 수 없었다"고 판단했다. 그러나 연방대법원은 "중요한 것은 성희롱 예방에 실패한 사용자의 책임"임을 상기시켰다.

> 시는 해변에 근무하는 직원들에게 반성희롱 정책을 공표하지 못했고 파라거와 그녀의 동료들이 '고위 관리자층과는 완전히 단절된 상태'임이 분명함에도 테리와 실버맨 같은 관리자들의 행동에 대해 알아보고자 하는 시도도 하지 않았다. 또한 가해 상사를 우회하여 성희롱을 신고할 수 있다는 것을 정책 내용에 포함하지 않았다. 이런 상황에서는 시가 관리자들의 성희롱을 예방하기 위한 합리적인 조치 의무를 이행했다고 볼 수 없다.7)

이에 대해 연방대법원 판사인 토마스(Thomas)는 보카레이튼시(市)의 책임을 묻지 않은 항소심의 결정을 지지한다고 밝히며, "단순히 성희롱에 대한 정책을 유포하지 않았다고 해서 법적으로 책임을 져

---

7) 524 U.S. 775, 1998.

야 하는 것은 아니"라는 반대의견을 제시했다. 보카레이튼시(市)는 EEOC에서 반성희롱 정책의 공표와 고충처리절차 마련을 다룬 규정을 발표한 것이 1990년이기 때문에 이미 86년에 반성희롱 규약을 만들었던 시는 과실이 없다고 주장했다. 그러나 연방대법원은 "직원들에게 자신의 권리와 권리 보장을 위한 방법을 알리는 등의 성희롱 예방 조치를 요구한 것은 이미 1980년이다"라고 하여 사용자 책임을 인정했다.[8] 1980년의 "성차별에 관한 지침"에서는 이미 다음을 규정하고 있다.

> 예방은 성희롱을 근절하기 위한 가장 좋은 방법이다. 사용자는 성희롱을 예방하기 위해 필요한 모든 조치를 취해야 한다. 예를 들면 성희롱이 절대 용납되지 않을 것임을 강력히 주장하고 적절한 제재 방법을 강구하며, 공민권법 7편에 의거하여 성희롱 문제를 제기할 수 있는 권리를 피고용인들에게 알려야 한다(29 CFR 1604.11(f)).

파라거를 비롯하여 해변에서 근무하던 구조원들에게 시의 정책은 전혀 전달되지 않았다. 또한 보카레이튼시(市) 해양구조대의 공식적인 직위 체계상 이곳에 대한 관리 책임을 가진 사람은 시국장이었으나, 그는 해변이 아니라 시(본청사)에 근무하고 있었다. 구조원들이 성희롱 사실을 신고하기에는 거리상으로나 심리적으로 너무나 '먼' 존재였던 것이다. 그들에게 가장 높은 상사는 테리일 뿐이었다. 그는 파라거의 근무지에서 새로운 대원의 채용과 징계 등에 대해 실질적인 권한을 행사하는 사람이었다. 이러한 상황에서 구조원들

---

8) 524 U.S. 775, 1998.

이 근무상 고충을 시에 제기할 수 있도록 하는 효과적인 절차가 마련되어 있지 않았다는 사실과 신고가 들어오기 전에는 시에서 전혀 신경 쓰지 않았다는 사실은 예방 의무를 이행하지 않은 것과 마찬가지인 것이다. 정책이 제대로 전달되고 있는지, 피고용인들이 관련 내용을 숙지하고 있는지 등에 대한 지속적인 관심은 성희롱 예방에 있어 매우 중요한 부분이다.

피고용인들이 회사의 정책을 활용함에 있어 가장 중요한 것은 바로 '쉽게' 이용할 수 있어야 한다는 것이다. 특히 성희롱 피해 사실을 드러낼 수 있기 위한 기본적인 전제는 '나의 권리가 침해당했으므로 그에 대한 구제를 요청할 자격이 있다'는 인식을 갖는 것이다. 그러나 현실적으로 이러한 인식이 형성되는 것 자체가 매우 어렵다. 설령 피해 당사자가 문제 해결에 대해 적극적인 의지를 갖더라도 이를 막는 장벽은 도처에 있다. 가해자 및 그에 동조하는 사람들에 의해 자행되는 '조용히' 해결하라는 종용, 그간 맺어 온 인간적인 관계를 고려하라는 동료들의 만류, 결국 손해를 보는 건 피해자일 뿐이므로 그저 무시하라는 주변인들의 충고, 직장 생활을 계속하기 어려울 수 있다는 위협 등은 직장 내 성희롱의 피해자가 거의 예외없이 겪게 되는 고통스러운 과정으로, 성희롱 문제의 해결을 요원하게 한다.

그렇기 때문에 단순히 성희롱 금지 정책을 '표방'하거나 고충제기절차를 '마련'하는 것으로는 인식의 전환을 가져오기 어렵다. 누구든지 피해자가 될 수 있다는 것과, 내가 혹은 나의 동료가 성희롱을 당했을 때 어떤 방법을 통해 권리 구제가 가능한지, 성희롱 사실을 은폐하고자 하는 시도나 개인적인 선에서 무마시키는 것이 직장 전체의 노동환경 개선 차원에서 볼 때 얼마나 바람직하지 않은지 등에 대해 지속적으로 교육이 이루어져야 한다. 이러한 인식의 전환을 가능하게 하기 위해서는 직장 내 구성원 개개인이 자신의 권리에 대한 민감도를 높이고, 보장받아야 할 권리를 침해당했을 때 어떤 방법을 통해 문제를 드러내고 구제를 요청할 수 있는지에 대한 구체적인 정보를 아는 것이 일차적으로 필요하다.

그렇다면 어떤 방법으로 정보를 제공해야 하는가. 사용자는 지속적이고 반복적인 선전과 교육, 심지어는 일정정도의 '주입'에 의해서라도 직장 내 구성원들에게 성희롱을 경계하도록 하는 조치를 취해야 한다. 이와 관련하여 EEOC의 이행지침에서는 다음의 방법을 제시하고 있다.

> 정책 내용을 복사하여 모든 피고용인에게 제공하고 정기적으로 재배부할 것, 직장 내 모든 구성원이 이해할 수 있도록 쉽게 쓰여질 것, 회사 중앙에 게시하고(posting) 직원 매뉴얼에 해당 내용을 첨부할 것… 사용자는 피고용인들이 성희롱 피해로부터 구제받을 수 있는 자신의 권리와 성희롱 피해 사실을 알려야 할 책임에 대해 이해할 수 있도록 하는 훈련(training)을 제공해야 한다. 또한 직장 내의 절차 뿐 아니라 EEOC나 주(州)의 공평고용정책기관(fair employment practice agencies) 등 직장 외부의 관련 기관을 통해서도 문제를 제기하고 권리를 구제받을 수 있다는 것을 알려야 한다(EEOC, 1999d).

외부 기관을 이용하고자 할 경우는 특히 시간적인 한정을 염두해야 한다. 이를테면 EEOC를 통해 소송을 제기하고자 할 경우 차별을 받았다고 주장한 날로부터 180일 이내에 제소해야 하는데(SEC.

2000e-5. 〔706〕(e)(1)), 이러한 절차를 정확하고 구체적으로 알고 있는 경우는 거의 드물다. 사용자는 직장 내에서 문제를 풀고자 하는 노력을 다해야 하지만, 만약 피해자가 외부 기관이나 법적 소송을 통해 문제를 제기하고자 할 경우를 대비하여 이와 관련된 정보를 제공해야 할 의무가 있다. 또한 직장 내에서 해결하려는 노력도 그러한 시한을 고려하여 이루어져야 한다.

우리 나라의 경우 직장 내 구성원들에게 이러한 정보를 제공하도록 하고 있는 유일한 통로는 성희롱 예방 교육이다. 남녀고용평등법 시행령에는 예방 교육에 포함해야 할 내용으로 ①관련 법령 ②성희롱 발생시 처리 절차 및 조치 기준 ③성희롱 피해근로자의 고충 상담 및 구제 절차 등이 명시되어 있다. 그러나 앞서 보았듯이 이러한 내용을 포함할만한 직장 내 절차도 마련되어 있는 경우가 드물뿐더러, 예방 교육 자체가 그다지 실효성을 갖지 못하고 있다. 한정자 외의 연구에 의하면 성희롱 예방 교육을 받은 후 '성희롱 금지 관련법'에 대한 이해를 묻는 질문에 57.2%가 "잘 모르겠다", 24.6%가 "전혀 모르겠다"고 응답했고, '성희롱 예방을 위한 행동 요령'을 알게 되었는지에 대해서는 60.6%가 "잘 모르겠다", 30.0%가 "전혀 모르겠다"고 응답했다(한정자 외, 2001:59~60). 가장 기본적으로 성희롱을 금지하는 법에 대한 이해가 전제되지 않은 상태에서 '행동 요령' 또는 '구제 절차'에 대한 정보가 유의미하게 인지되기는 어렵다.

우리의 현실을 보자. 갈수록 파견근로가 일반화되고 있는 상황에서 파라거 대 보카레이튼시(市) 판례에서와 같이 거리상으로나 심리적으로 떨어져 있는 곳에서 근무를 하는 피고용인들에게는 사실 이러한 법 조항 자체가 더욱 의미를 가질 수 없다. 남녀고용평등법 제34조에서는 파견사업주가 아닌 사용사업주가 직장 내 성희롱 예방 교육 의무를 이행하도록 규정하고 있다. 하지만 정규직원에 대한 예방 교육 의무도 제대로 이행하지 않는 현실에서 파견근로자에 대한 예방 교육을 성실하게 실시할 것을 기대하기는 어렵다. 게다가 이 조항의 위반에 대한 어떤 제재 조치도 현행법에는 없다. 파견근로자들은 성희롱 예방의 사각지대에서 법으로부터 형식적인 보호조차도 받지 못하고 있는 것이다.

직장 내에서 충분한 정보 제공을 받기 어려운 상황에서 관련 내용을 알고자 하는 피해자들은 많은 경우 직장 외부의 통로를 찾게 된다. 실제로 여성단체의 온라인 상담게시판에는 "성희롱이 맞는지"를 확인 받고자 하는 내용부터 성희롱에 대한 대처 방법, 가해자 처벌 방법, 법적으로 가능한 절차 등에 대한 문의가 지속적으로 올라온다. 여성단체에 문의하게 된 경위를 보면 대체로 가해자에게 직접 항의했는데 소용이 없거나 "회사측에 말해도 뻔할 것 같아서"라고 생각하거나 혹은 어디에다 물어야 할지 몰라서 등으로 나타난다.[9] 직장 내에서 정보를 제공받지 못하는 현실, 직장 내에서의 문제제기가 실제로도 효과가 없고 또 효과가 없을 것이라는 추측이 자연스러운 현실에서 직장 외부 기관을 통해 문제 해결 방법을 찾으려고 하는 것은 당연한 결과이다.

---

9) 서울여성노동조합 온라인 상담게시판, 한국여성민우회 여성노동센터 온라인 상담게시판(labor.womenlink.or.kr.) 참고.

## 3. '신속하고 적절한' 대응, 피해를 최소화하기

그렇다면 성희롱이 신고됐을 때 사용자는 무엇을 어떻게 해야 하는가. 우리 나라의 경우는 성희롱 피해 주장이 '사실'이라는 확인이 있기 전까지 사용자가 아무런 조치를 취하지 않아도 무방하지만, 미국에서는 그렇지 않다. 피고용인이 성희롱 피해를 신고한 그 순간부터 사용자의 사후 조치 의무는 시작된다. 또한 예방 의무와 마찬가지로 사후 조치 의무 역시 형식적인 수준으로는 의무를 다했음을 인정받지 못한다. 사용자 책임을 엄중하게 묻는 것이다. 이는 일단 성희롱 발생 사실의 진위여부를 떠나, 피해를 주장하는 사람을 다양한 형태의 불이익으로부터 보호해야 한다는 확고한 원칙이 있기에 가능하다고 보여진다.

가장 먼저 할 일은 신고 내용의 사실 여부를 판단하기 위한 조사 체계를 만드는 것이다. 만약 가해자로 지목된 사람이 신고된 내용을 부인하지 않을 경우에는 즉시 적절한 조치를 취하면 될 것이다. 하지만 대부분의 가해자들은 "그런 일은 결코 없었다" 혹은 "그럴 의도가 아니었다" 혹은 "기억이 나지 않는다"고 주장하기 때문에 피해자와 가해자(그리고 있을 경우 목격자)에 대한 면담을 통해 피해 사실 확인에 들어가게 된다. 이때 중요하게 고려해야 할 사항은 다음과 같다.

첫째, 관련자들을 대상으로 면담을 맡게 되는 사람은 가해자로 지목된 사람과 지휘·감독 관계가 없어야 하고 간접적인 통로에 의한 어떤 통제도 받지 않아야 한다. 둘째, 그는 관련자를 면담하고 사실 판단에 요구되는 능력을 훈련받은 사람이어야 한다. 셋째, 조사가 완료되기 전이라도 필요하다고 판단될 경우 '중간적인 조치'를 취해야 한다. 이러한 조치로는 ㉠ 양측의 대면을 피하기 위해 근무시간 조정하기 ㉡ 가해자로 지목된 사람을 전임시키기 ㉢ 가해자로 지목된 사람을 징계성 없는 유급휴가 사용하게 하기 등을 고려할 수 있다(EEOC, 1999d).

이는 가해자가 자신이 가진 사회적 자원을 동원하여 피해 사실을 은폐하거나 문제 해결 과정을 왜곡할 가능성을 경계하도록 요구하는 내용이다. 또한 '그'가 가해자임이 사실로 밝혀지기 전이라도 피해를 주장하는 사람이 '그'와 분리된 공간에서 일할 것을 요구할 경우, 피해를 주장하는 사람에게 불리한 방식으로 조치가 취해져서는 안 된다는 원칙을 분명히 밝히고 있다.

관련자들에 대한 면담[10] 등을 통해 사실 확인을 위한 조사가 완

---

10) 또한 EEOC의 이행지침은 면담시 적합한 질문을 다음과 같이 예시하고 있다.
  · 신고자에 대한 질문 : 어떤 일이, 언제 발생했는가. 자주 일어났는가. 여전히 계속되고 있는가. 사건 발생시 또는 그 후에 어떤 반응을 보였는가. 당신에게 어떤 영향을 주었는가. 어떤 식으로든 당신의 업무에 영향을 받았는가. 그것을 누구에게 말했는가. 사건 발생시 혹은 사건 직후 당신을 본 사람이 있는가. 당신에게 성희롱 한 사람이 다른 누군가에게도 성희롱을 했는가. 그 피해자가 성희롱을 신고했었는지 알고 있는가. 그 사건과 관련된 어떤 메모, 물리적 증거 혹은 기록 등이 있는가. 상황이 어떻게 해결되길 바라는가 등
  · 가해자로 지목된 사람에 대한 질문 : 당신이 가해자라는 주장에 대한 반응은 무엇인가. 그 주장이 거짓말이라면, 왜 거짓으로 신고했다고 생각하는가. 관련된 정보를 알고 있는 사람이 있는가. 그 사건과 관련된 다른 정보를 알고 있는가 등
  · 목격자에 대한 질문 : 무엇을 보았고 또는 들었는가. 사건이 언제 발생했는가. 가해자로 지목된 사람이 평소 하는 행동에 대해 설명할 수 있는가. 그는 직장에서 신고자를 포함한 직원들에게 어떻게 대하는가. 신고자가 당신

료되면 어떤 '결정'을 해야 할 순간이 온다. 대부분의 경우 당사자의 입장에 따라 상충하는 주장이 제기되기 때문에 '누구의 주장을 믿을 것인가'에 대해 관련자 모두를 만족시키는 명쾌한 기준을 제시하기는 어려울 것이다. 이에 대해 EEOC는 좀더 나은 결정을 위해서는 다음의 요소를 고려할 것을 제안하고 있다.

    ㉠ 일관성 : 증언이 믿을만한가. 말이 되는가.
    ㉡ 태도 : 사실을 말하고 있다고 보이는가 혹은 거짓을 말하는 것으로 보이는가.
    ㉢ 동기 : 거짓말을 할 동기가 있는가.
    ㉣ 보강증거 : (사건을 직접 목격하거나 사건발생 직후 피해자를 보았거나 혹은 그후에 피해자와 그 일에 대해 이야기를 나눈 사람 등의) 목격자증언, 신고인의 증언을 뒷받침하는 물리적 증거(문자화된 자료 등)가 있는가.
    ㉤ 과거 기록 : 가해자로 지목된 사람이 과거에도 유사한 행동을 했던 적이 있는가.[11]

이 과정에서 중요한 것은 당사자의 신원과 관련 기록에 대해 철저히 비밀을 보장하는 일이다. 물론 가해자로 지목된 사람이나 증언을 해 줄 수 있는 사람에게 어떤 정보도 제공하지 않고는 효과적인 조사가 불가능한 경우가 있을 것이다. 하지만, 정보 공개가 필요

---

    에게 무엇을 언제 말했는가. 관련된 정보를 알고 있는 또다른 사람이 있는가. 혹은 다른 정보를 알고 있는가 등(EEOC, 1999d).

11) 물론 EEOC의 지침서는 이러한 요소가 개별적으로 결정적인 것은 아니라고 덧붙이고 있다. 예를 들어 성희롱은 종종 제3자가 모르게 일어나기 때문에 목격자가 없다고 해서 신고 내용의 진실성이 부인되는 것은 아니라는 것이다. 또한 가해자로 지목된 사람이 과거에 유사한 행동을 한 적이 있다고 해서 신고 내용의 진실성이 보장되는 것은 아니다(EEOC, 1999d).

한 경우는 그것을 알 필요가 있는 최소한의 사람에게만 공유되어야 한다고 하고 있다.

이러한 방침은 직장 뿐 아니라 교육 영역에서도 마찬가지이다. 미국 위스컨신 대학의 예를 보면, 성희롱 사건이 신고된 경우 단과 대별로 혹은 학과별로 상근하고 있는 고충처리 상담원이 즉각적으로 조사에 착수하는데, 조사의 전 과정이 전문적인 조사와 법률 자문에 의해 이루어지기 때문에 대부분 대학 내에서 조정과 합의를 도출하게 된다. 그리고 이 과정에서 관련자들의 신원은 철저하게 비밀이 보장된다(조순경, 2002:116~117).

성희롱이 신고된 이후 신고 내용과 관련한 조사가 전혀 실시되지 않았고 결국 피해자가 소송을 제기한 경우에, 사용자가 '아무 것도 하지 않았다'는 사실은 법적 책임을 가중시키는 근거가 된다는 점에서 사용자를 강제하는 방법이 된다. 그렇기 때문에 오히려 이를 악용하여 형식적인 조사 절차만을 밟는다거나 피해자에게 또다른 고통을 주는 방식으로 조사가 이루어지지 않도록 피해자의 입장을 배려한 조사 과정이 설계되어야 한다.

한편 성희롱 피해 사실이 확인된 이후 '지체없는' 조치의 부재는 피해자에 대한 불이익과 직결될 수밖에 없음을 우리 나라 판례를 통해 살펴본 바 있다. 이는 미국의 경우도 마찬가지이다. 탐킨스 대 전기가스공사 판례에서 피해자인 탐킨스는 상사인 프라이스(Price)로부터 승진과 직무 평가에서의 혜택에 대한 대가로 성관계를 요구받았다. 탐킨스는 이 사실을 회사에 알리고 사직 의사를 표명했는데, 만약 현재(비서)와 유사한 직책을 유지하면서 다른 부서로 옮기는 것이 어떻겠냐는 회사의 제안을 받아들이고 부서를 이동하게 된다.

하지만 탐킨스는 훨씬 낮은 지위로 배치됐을 뿐 아니라, 그 부서는 여전히 가해 상사인 프라이스의 관리 하에 있는 곳이었다. 게다가 그녀는 그 부서에서 다른 직원들로부터 불리한 직무 평가와 징계성 휴가, 강등 등의 위협을 받게 된다. 이러한 일련의 일들은 탐킨스에게 신체적·정신적 고통을 겪게 했고, 결국 그녀는 장기결근으로 해고되기에 이른다. 이에 탐킨스는 자신의 해고가 성희롱을 신고한 것에 대한 보복임을 주장하며 회사를 상대로 소송을 제기했다.

이 소송의 1심 법원은 탐킨스의 주장이 공민권법 7편에 의거한 소송 사유가 되지 못한다고 판시했다. 그러나 항소심은 이 소송의 고소 취지가 "원고에게 승진과 직무 평가 등을 조건으로 하여 (상사가) 성관계를 요구하는 것은 사용자의 묵인에 의해 가능하다"는 것이라는 점을 상기시켰다.[12] 결국 사용자의 '조치없음' 혹은 피해자에 대한 불리한 조치는 사용자 책임을 부과하는 조건이 된다는 것을 명확히 한 것이다.

EEOC의 가이드라인은 성희롱 발생 사실이 제기될 경우의 신속하고 적절한 조치에 대해 다음의 판례를 들어 그 중요성을 설명하고 있다.

바렛 대 오마하은행(Barrett v. Omaha National Bank) 사건에서 바렛은 자신이 당한 성희롱을 사용자에게 신고했는데, 이로부터 4일 이내에 사용자는 조사에 착수하여 그 잘못을 따지고 가해자를 보호관찰하에 두었으며 또다시 재발할 경우 해고할 수 있음을 경고하였다. 또한 성희롱을 목격한 다른 직원에 대해서는 피

---

12) 568 F.2d 1044(3rd Circuit), 1977.

해자 편에 서지 않고 그것을 보고하지 않았다는 이유로 징계하
였다. 법원은 사용자의 대응이 신속하고 적절한 것이었다고 판
단하여 책임을 묻지 않았다.

　　자브코윅 대 웨스트벤드사(社)(Zabkowicz v. West Bend Co.) 사
건에서는 동료들이 거의 4년동안 "악의적이고" "난폭하게" 원고
를 괴롭혀 왔는데, 원고의 수차례의 문제제기에도 불구하고 상
사는 회사의 정책을 알려주기는 커녕 어떤 제재도 하지 않았다.
원고가 EEOC에 제소했을 때에야 회사측은 가해자 중 한 명을
해고하고 다른 세 명을 정직 조치했다. 법원은 사용자가 신속하
고 적절한 조치를 취하지 못했다며 사용자 책임을 부과하였다
(EEOC, 1990).


　오마하은행은 가해자에게 적절한 조치를 취했을 뿐 아니라 목격
하고도 신고하지 않은 직원도 징계했다. 이는 '내가 당하지 않은 성
희롱'도 경계하고 신고해야 한다는 것을 보여주는 것으로써, 직장
내 모든 피고용인들에게 성희롱에 대한 한층 강도 높은 경계를 요
구한 것이다. 반면 웨스트벤드사(社)는 가해자에 대해 조치를 취하긴
했지만, 이것이 피해자가 EEOC에 제소를 한 이후에 이루어졌고 그
동안 피해자가 여러번 문제제기를 했다는 점에 근거하여 면책될 수
가 없었다.

　성희롱 피해자가 문제를 드러내고 해결하고자 할 때, 직장 내에
서 피해자의 입장에 서서 피해 사실을 바라보고 적극적인 지원자
역할을 자청하는 경우는 거의 드물다. 피해자의 입장에 동조한다고
하더라도 그러한 의견을 드러내놓고 말하기는 힘들다. 여전히 권력
의 문제에서 우위에 있지 못하기 때문이다. 철저한 위계 구조와 피

해자에게 의혹을 보내기 쉬운 문화에서 오히려 2차 가해를 당하지 않는 것만 해도 일면 다행일 수 있지만, 사실 2차 가해는 매우 보편적으로 나타나는 현상이다. 그럼에도 이를 제재할 어떤 방법도, 어떤 규제도 마련되어 있지 않으며, 이를 경계하고 감시하는 문화도 보편화되어 있지 않다. 성희롱을 문제화할 경우 오히려 은폐하기 급급한 것이 현실이다. 이러한 상황에서 피해 사실 주장에 대한 사용자의 대응 속도는 피해자의 피해 강도와 밀접한 연관을 가질 수밖에 없다.

성희롱·성폭력 사건의 가해자들이 보이는 일관된 특징은 시간이 흐를수록 자신의 행위를 부인하거나 왜곡한다는 점이다. 명백한 물증과 목격자가 없다면 자신의 행위를 부인하며, 심지어 물증이 있는 경우라도 고의가 아니었음을 주장하거나 의식이 없었다고 강변하는 것이다(정양희, 2001:96). 그렇기 때문에 사용자의 '신속하고 적절한' 시정 조치의 중요성이 부각되는 것이며, 대응이 빠를수록 피해자의 '사후' 피해는 그만큼 예방할 수 있게 된다.

'신속하고 적절한' 시정 조치로 EEOC가 가장 강조하는 것은 "피해자가 그런 행위가 발생하지 않았어야 할 상황에 있을 수 있도록 해야 한다"는 것이다. 즉 그런 피해를 겪지 않아도 됐을 상황으로 만들 수 있을 만큼의 조치여야 한다는 의미이다. 이는 성희롱으로부터 안전한 노동환경을 조성해야 할 사용자의 책임이 그만큼 강화되어야 함을 강조하는 표현이다. 어떤 구제책이 취해진다 하더라도 피해자가 겪은 성희롱을 실제로 '없던 일'로 하지는 못하기 때문이다. 따라서 가능한 한 피해의 크기를 최소화하기 위해 시정 조치의 중요성이 강조되어야 하는 것이다. "조치가 없다는 것은 모욕적인 행동을 장려하는 것과 마찬가지이다(EEOC, 1990)".

또한 이행지침은 사용자가 취하는 시정 조치가 피해자(또는 신고자)에게 불리한 영향을 미쳐서는 안 된다는 것을 명시하고 있다. 예를 들어 당사자들을 분리시키는 것이 필요하다면 가해자를 전출시켜야 한다는 것이다. 피해자(또는 신고자)를 곤란하게 하는 시정 조치는 불법적인 보복행위가 될 수 있고 성희롱 시정에 효과적이지 않기 때문이다. 다음 판례를 보자.

> 예이츠 대 아브코사(社)(Yates v. Avco Corp.) 사건에서 법원은 성희롱에 대한 사용자의 조치가 효과적이지 못했다고 판단했다. 피해자의 직속상사는 사용자에게 성희롱 사실을 보고하고 이를 교정할 책임을 갖는데, 본 사건에서는 직속상사가 바로 가해자였다. 사용자는 피해자에게 EEOC에 제소하지 말라는 언급을 했고, 조사가 이루어지는 동안에도 가해자에게는 행정휴가를 준 반면 피해자에게는 병가를 쓰도록 했을 뿐 아니라 인사 서류에 결근 사유를 성희롱 때문이라고 하지 않고 '과도한 장기결근'으로 기록했다(EEOC, 1990).

이러한 조치는 피해자에게 또다른 심리적 고통을 줄 뿐 아니라 '과도한 장기결근'이라는 인사 기록에 의해 피해자가 승진에 지원하거나 이직할 경우 부정적인 결과를 가져올 가능성이 매우 높다. '신속하고 적절한' 시정 조치는 가해 행위의 심각성과 지속성, 그리고 초기 규제의 효과성 등에 근거하여 성희롱을 중지시키고 재발하지 않을 것을 확실히 하고 성희롱이 피해자에게 미칠 영향을 바로잡는 것이 되어야 한다. 이에 대해 이행지침에서는 다음의 내용을 명시하고 있다.

<표 2> 시정 조치의 예시(EEOC, 1999d)

| (1) 성희롱 중지 및 재발 방지 보장 |
| --- |
| ㉠ 구두(口頭) 또는 문서화된 경고 또는 질책 ㉡ 전출 또는 업무재배치<br>㉢ 강등　　㉣ 임금삭감　　㉤ 정직(停職)　　㉥ 해고<br>㉦ 자신의 행위가 왜 사용자의 반성희롱 정책을 위반한 것인지를 이해시키기 위한 교육 또는 상담<br>㉧ 가해자에 대한 모니터링 등 |
| (2) 성희롱이 피해자에게 미칠 영향 교정 |
| ㉠ 성희롱 때문에 사용했던 휴가로부터의 복직<br>㉡ 성희롱으로 인해 야기됐던 피해자의 부정적 인사기록 삭제<br>㉢ 복권(復權)　　　　　　　㉣ 가해자의 사과<br>㉤ 피해자가 불이익을 받지 않도록 지속적으로 모니터링하여 보호<br>㉥ 경제적 손실에 대한 보상 |

　그런데 이 글에서 분석하고 있는 판례들이 소송까지 가게 된 것은, 사용자가 문제 해결에 대한 의지를 갖지 않고 직장 내부에서는 해결될 기미조차 보이지 않아 피해자가 전혀 구제받을 수 없었던 상황 때문이다. 만약 성희롱 피해자가 가해자에 대한 조치와 재발 방지를 위한 방안 마련을 요구했을 때 사용자가 이에 대해 적극적인 의지를 보였다면 소송에 이르지 않고도 피해자의 요구가 수용될 수 있는 구조를 만들었을 수 있다.

　법적 소송이 사회적으로 갖는 의미와 그 파급력은 매우 크다. 그러나 소송에 이르기 전에 피해자의 의사와 요구가 존중되는 방식으로 합의할 수 있는 구조가 있다면, 소송에 대해 갖는 피해 당사자의 심리적 부담 뿐 아니라 일반적으로 소송이 장기간에 걸쳐 진행됨으로 인해 소요되는 시간과 비용 등의 물리적 부담도 줄일 수 있을 것이다. 이를 고려하여 미국의 EEOC는 고용 관련 분쟁을 해결하는 공정하고 효과적인 방법의 하나로 '중재(mediation)'를 지원한다. 중재는 분쟁 해결 대처 방안의 하나로, EEOC가 조사 또는 소송의 대안적인 해결 방법으로 제시한 것이다.

　　중재는 비공식적인 절차로서 진상조사에 착수하기 전 또는 조사 초기 단계에 신고된 차별이 협상을 통해 자율적으로 합의에 도달할 수 있도록 하는 목적을 갖는다. 당사자들과 아무 관계가 없을 뿐 아니라 중재의 결과와도 아무런 이해 관계가 없는 제3의 인물을 통해 진행되고 당사자가 원할 경우 변호사가 동석할 수도 있다. 이때 중재자(mediator)의 역할은 누가 옳고 그른지를 판단하는 것이 아니라 서로에게 적대적인 태도를 갖고 있는 양측과 함께 문제점을 탐색하고 합의하도록 도와주는 것이다. 이러한 역할은 매우 숙련된 자세를 필요로 하는데, EEOC는 관련법과 중재에 대해 제대로 훈련을 받고 경험이 있는 중재인만을 임명한다. 또한 이 과정은 철저하게 비밀이 보장되는데, 협의과정을 녹음한다거나 기록할 수 없고 필요한 경우에 한하여 필기를 하되 협의가 끝난 후에는 파기시켜야 한다. 만약 중재가 성사되지 않아 진상조사가 불가피하거나 소송에 이르게 될 경우 중재 과정에서 나온 정보를 활용하지 못하도록 협의과정에서 제시되었던 서류나 기록도 모두 파기시킨다. 그리고 법원의 판결이 법적 효력을 갖는 것처럼 중재에서 합의된 사항을 이행하지 않을 경우 법원을 통해 강제집행 할 수 있도록 되어 있다(여성특별위원회, 2000:16~20).[13]

---

13) EEOC가 이러한 절차를 제시한 이유는 시간과 돈을 절약할 수 있는 효율적인 절차이기 때문이다. 중재가 성공적으로 이루어질 경우 시간이 많이 소요되는 조사를 피할 수 있고 신고된 사안을 신속하게 해결할 수 있다는 장점이 있는데, 대개의 경우 중재는 한번의 협의로 해결되고 보통 1~5시간 정도 걸린다.

EEOC는 "Fair, Efficient and Everyone Wins"라는 제목의 브로셔를 제작하여 공정성과 중립성, 시간과 돈의 절약, 비밀 보장, 불필요한 소송 회피 등의 장점을 홍보하고 이 방법을 이용할 것을 권장하고 있다.14)

물론 중재가 아무리 효율적인 절차라 하더라도 그것이 적절한 경우와 그렇지 않은 경우는 구분되어야 한다. EEOC는 사안의 성격, 제소인과 피제소인의 관계, 사안의 규모 및 복잡성, 제소인이 원하는 구제책 등을 고려하여 판단할 것을 권유하고 있다(여성특별위원회, 2000:19). 실제로 2002년 EEOC 회계년도 보고자료에 의하면 성희롱 제소 총 14,396건 중 사실무근으로 판명된 47.1%를 제외하고, 그 해결이 '합의'에 이른 경우가 10.7%, '보상받고 취하'한 경우가 7.8%, '행정처리로 종결'된 경우가 25.1%, '중재성공'이 2.9%, '중재실패'가 6.4%15)로 나타났다. 중재 절차를 이용하는 비율이 높지 않고 그나마 중재에 성공하는 경우는 더 적다는 것을 알 수 있다. 그러나 2.9%밖에 되지 않는 중재성공의 비율이 455건에 달한다는 사실을 감안하면 결코 적은 수치라고 할 수는 없다. 이 수치에 해당하는 사건들이 소송으로 이어졌을 경우 소요될 경제적 비용과 사회적 부담 혹은 신고인이 포기해버리기 쉽다는 점을 고려할 때 중재 절차는 피해자의 입장에서 반드시 필요한 과정이다.

이처럼 문제 해결을 자율적으로 모색하도록 하는 방안은 우리 나

---

14) www.eeoc.gov/mediate/brochure.pdf.

15) 이 수치는 EEOC에 접수된 제소와 각 주정부 및 지방정부의 고용평등기관에 접수된 제소를 합친 것으로 EEOC가 집계, 발표한 것이다. www.eeoc.gov/stats/harass.html.

라의 남녀고용평등법에도 규정되어 있다. 남녀고용평등법 제25조는
'분쟁의 자율적 해결'을 도모하고자 하는 취지로 '고충처리기관'을
설치할 것을 규정하고 있고, 고충처리기관에서 다루는 사안의 범위
에는 직장 내 성희롱 발생 신고도 포함이 된다.[16] 그리고 이 조항
에 관한 시행령에서는 고충처리기관 설치 의무를 갖는 사업장은 상
시근로자가 30인 이상인 경우이며, 여성근로자 비율을 고려하여 여
성 위원을 위촉하도록 '노력'할 것을 제안하고 있다.

그러나 이는 어디까지나 '제안'일 뿐이다. 자율적으로 성희롱 사
건을 해결하라는 취지로 만들어진 이 조항은 '30인 이상의 사업장'
에서 '해당 규정을 이행하지 않아도' 아무런 제재조치가 가해지지
않는 권장 사항일 뿐인 것이다. 게다가 법 제25조 제2항에서는 "사
업주를 대표하는 자와 근로자를 대표하는 자 각각 동수로 구성"할
것을 명시하고 있지만, 위계 관계로 얽혀있는 직장 내 구성원들의
'이행 의무가 강제되지 않는' 자율적 노력에 의해 직장 내 성희롱
문제가 해결된다는 것은 현실적으로 불가능하다. 여성 위원을 위촉
할 것을 '노력'하라는 규정 자체도 미흡하기 이를 데 없지만, 사실
권력을 갖지 못한 집단의 구성원이 고충처리기관 내에서 할 수 있
는 역할은 이미 너무나 많은 제약 요소를 내포하고 있다. 혹시라도
자신의 고용 지위에 불이익이 가해질까봐, 잘못했다간 인사고과에
불리한 방식으로 기록이 남을까봐 실제로는 피해자의 입장에 동조
하면서도 그 의사를 적극적으로 표명하기 힘든 현실에서 '자율적

---

16) 해당 조항에는 고충 처리 기관에서 다룰 수 있는 사안으로 직장 내 성희롱과
　　함께 '모집과 채용에서의 차별(제7조), 여성근로자의 산전후 휴가급여 관련(제
　　18조 제3항), 육아휴직(제19조), 직장 보육시설(제21조)' 등을 규정하고 있다.

해결'을 위해 노력하라는 조항은 상황을 개선시키는 힘을 전혀 갖지 못한다.

EEOC가 지원하는 '중재' 절차에서 해당 사안을 다루는 사람이 "중재에 대해 훈련을 받고" "당사자들과 아무 관계가 없을 뿐 아니라 중재의 결과와도 아무런 이해관계가 없는 제3의 인물"이도록 하는 것은 '자율적 합의를 통해 문제를 해결하고자 한다'는 취지를 훼손하지 않으면서 중재 절차의 장점을 최대한 살리기 위함이다. '서울대 신교수 성희롱' 사건의 피해자인 조교는 1심 소장에서 "원고는 이 사건의 확대와 피고 신○○와 그 일부 제자들의 음모 및 악선전으로 말미암아 피고 신○○의 인맥이 닿아 있는 유사 분야에서는 사실상 취직이 불가능한 상황에 놓여 있습니다(우○○, 1993b: 27)"라고 밝히고 있는데, 이는 충분히 현실화 될 수 있는 우려이다. 만약 이 사건이 EEOC가 마련해놓은 중재 절차에 의해 해결되는 과정을 거친다면, 중재자는 가해자인 신○○와 직·간접적으로라도 아는 사람이어선 안 될 뿐 아니라 해당 학문 분야, 유사 분야와도 전혀 무관한 사람이어야 한다.

물론 이것이 현실적으로 얼마나 가능할지, '인맥이 닿아 있지 않다'는 것을 측정하는 기준이 무엇인지에 대한 논의는 보충되어야 하고, 실제 이러한 절차를 운영하면서 발생하는 문제들도 분명 존재할 것이다. 하지만 가해자로 지목된 사람이 피해자에 대한 인사고과 권한을 여전히 행사할 수 있고 그것이 그다지 문제화되지 않는 우리의 현실에 비추어 볼 때, 이러한 전제가 시사하는 바는 매우 크다.

한편 EEOC에서는 중재 절차에서 중재자의 역할이 매우 크고 문

제 해결에 접근하는 과정에서 차지하는 비중이 크다는 점을 고려하
여 자체적으로 훈련한 중재자들을 보유하고 있다. 그리고 EEOC 외
부인이라 하더라도 전문적인 중재자를 지원할 수 있다고 밝히고 있
다.[17]

'분쟁의 자율적 해결'은 피해자에게 또다른 부담을 지우지 않으
면서 피해를 구제하는 매우 바람직한 방법이다. 그러나 이것이 우
리 사회에서 가능해지기 위해서는 현재의 규정이 현실적으로 어떤
기능을 할 수 있고 어떤 역할을 해왔는지에 대한 철저한 비판으로
부터 다시 출발해야 할 것이다.

## 4. 가해자의 직장 내 지위 고려

미국법원은 성희롱 행위자의 직장 내 직위가 무엇인가에 따라 사
용자 책임 부과 기준을 다르게 적용하는 것이 합리적이라고 본다.
즉 성희롱 행위자가 피해자에 대해 명백한 관리 권한(supervisory
authority)을 가진 직원이거나 그러한 권한을 갖지 않은 '그냥' 상사
인 경우, 동료 또는 피고용인이 아닌 자(non-employee)가 가해자인
경우 각각에 따라 성희롱 예방과 관련한 사용자의 주의 수준은 다
른 수위를 가지며, 사용자 책임을 따질 때도 그 경중이 달라질 수
있다는 것이다. 이는 결국 관리 권한을 가진 피고용인이 행한 성희
롱에 대해서는 더욱 엄중하게 사용자 책임을 물어야 한다는 결론을
도출해왔다.

---

17) www.eeoc.gov/mediate/qanda.html.

그렇다면 피해자에 대해 관리 권한을 갖는 상사의 범위는 어디까지인가. EEOC의 이행지침에서는 '명령계통내에 있는 자'로 규정하고 그 구체적인 범위를 다음과 같이 제시하고 있다.

> 어떤 행위가 피고용인에 대해 직접적인 권위를 행사할 수 있는 상사에 의해 행해졌다면 사용자는 당연히 책임을 져야 한다. 따라서 불법행위에 연루된 사람이 원고에 대해 관리·감독 권한을 가지고 있었는지를 결정하는 것이 중요하다… 직접적인 경제적 손해를 야기하는 해고, 전출, 정직, 감봉 등의 고용 조치를 결정할 권한을 가지거나 이러한 조치를 추천할 수 있는 권한을 가진 경우와 일상적인 업무를 지시하는 권한을 가진 경우 모두 명령계통 이내에 있는 자로 간주한다… 이렇게 보는 이유는 "사용자는 관리자를 통해 행위하고, 관리자가 행하는 고용 조치는 사용자의 행위를 구성하기 때문이다"(EEOC, 1999d).

따라서 성희롱 사건에 따른 사용자 책임을 판단할 때 가해자가 피해자에 대해 어떤 권한을 갖는지가 중요하게 고려되고, 실제 판례에서도 이에 대한 다양한 의견이 제시된다.

던디시(市) 경찰국에서 통신발송원으로 근무했던 헨슨(Henson)은 경찰서장인 셀그렌(Selgren)의 성희롱을 이유로 던디시(市)를 상대로 소송을 제기했다. 구체적인 내용을 보면, 셀그렌이 여성에 대해 적대적이고 모욕적인 노동환경을 조성했고, 경찰학회에 참석하는 것을 허용하는 조건으로 성관계를 요구했으나 헨슨이 이에 거부하자 학회 참석을 불허했으며, 그녀에게 비합리적으로 정직을 명하여 실질적으로 사직을 강요했다는 것이다.

이 사안에서 명백한 고용 조치에 해당하는 경찰학회 참석 불허에 대해 1심 재판부는 셀그렌이 헨슨에게 성관계를 요구했다는 증언을 믿지 않았다. 또한 통신발송원 중 누구도 경찰학회에 참석하지 않았다는 것을 이유로 헨슨의 주장을 기각했다. 그러나 항소심에서 헨슨은 남자 통신발송원 두명(Parnell과 Young)은 학회에 참석했다며 그들의 인사 화일을 증거로 제출했고, 항소심은 이를 기초로 1심 판결을 파기했다.[18]

여기에서 법원이 판단근거로 삼은 원칙은 respondeat superior[19]이다. 이는 "전형적인 공민권법 7편 사건에서 인종, 종교 또는 국적을 이유로 하여 피고용인의 직업 이득에 영향을 미칠 수 있는 관리자의 차별적인 행동에 대해 사용자는 책임을 져야 한다"는 내용이다. 이 원칙의 필요성에 대해 법원은 다음과 같이 판시하고 있다.

> 사용자가 관리 권한을 가진 직원에게 피고용인을 해고할 수 있는 권한을 부여했다면, 사용자는 관리자가 그 권한을 불법적으로 사용한 것에 수반되는 피해를 구제할 책임을 수용해야 한다. 현대기업의 실체는 기업을 운영하는 다양한 개인들로 구성되는데, 고용에서의 차별을 근절하고자 하는 어떤 노력이 없다면 사용자는 개별적인 직원들의 행동이라는 보호막 뒤에 숨어 책임을 회피할 수 있게 된다.[20]

---

18) Henson v. City of Dundee(1982), 682 F.2d 897(11th Circuit).

19) respondeat superior는 라틴어인데, 영어로는 'let the master answer(주인이 책임지게 하라)'이다. 이는 "고용 범위 내에서 사용자의 대리인이 저지른 불법행위에 대해 사용자가 대가를 치뤄야 한다(Stein, 1999:62)"는 원칙이다. 여기서 누구를 '대리인'으로 규정할 것인가는 직장의 특성, 피해자와 가해자의 관계에 따라 다르기 때문에 판례에서도 일률적으로 적용되기보다는 상황에 따라 달리 판단된다. 우리 나라에서는 "피고용인이 그 업무에 있어서 그 업무의 집행 중에 제3자에게 손해를 가한 경우 사용자도 피해자에 대해 손해배상의 책임을 진다"는 뜻으로, '상급자 책임'으로 번역되어 있다(법률영한사전, 2002:504).

즉 사용자로부터 특정한 권한을 부여받은 관리자가 피고용인에게 경제적인 손해를 입히는 고용 조치를 취할 경우는 당연히 사용자 책임이 부과된다는 것이다. 이와 관련하여 EEOC의 이행지침에서는 다음의 입장을 밝히고 있다.

> 고용·해고·승진·강등·정직 등 피고용인의 고용조건에 변화를 야기하는 고용 조치를 취할 권한은 관리자의 특별한 영역에 속하고, 이러한 조치를 추천할 권한을 가진 경우에도 "더 높은 직위의 관리자에 의해 검토되어 비중있게 고려될 가능성이 있"기 때문에 관리자의 정의를 충족시킨다(EEOC, 1999d).

또한 일상적인 업무를 지시하는 권한은 "표준 작업량을 늘리거나 바람직하지 않은 업무를 할당할 수 있는 권한을 가지게 되므로 관리자로 간주하는 것이 적합하다"고 하고 있다. 예컨대, 메리터저축은행 대 빈슨 판례에서 판사 마샬(Marshall)은 관리자의 책임에 대해 다음과 같이 언급하고 있다.

> 관리자의 책임은 피고용인을 고용하고 해고하고 징계하거나 또는 그러한 조치를 추천하는 것에서 끝나는 것이 아니다. 오히려 노동환경에 대해 매일매일 감독하고 안전하고 생산성 높은 직장환경을 보장할 의무를 진다.[21]

파라거 대 보카레이튼시(市) 판례에서 가해자 중 한명인 테리는

---

20) 682 F.2d 897(11th Circuit), 1982.
21) 477 U.S. 57, 1986.

채용·관리·상담·징계 등의 권한을 가졌기 때문에, 그의 행위에 대해 보카레이튼(市)가 책임을 져야 하는 것은 너무나 당연한 일이었다. 그런데 또다른 가해자인 실버맨은 일상 업무를 할당하고 체력 훈련을 담당할 뿐이었다. 이에 보카레이튼시(市)는 실버맨의 행위에 대해서는 사용자 책임이 인정되어서는 안 된다고 주장했다. 하지만 연방대법원은 실버맨의 역할도 관리자의 범주에 든다고 보았으며, 따라서 그의 성희롱 행위에 대해서도 보카레이튼시(市)의 책임을 물을 수 있다[22]고 판시했다.[23]

한편 피해자에 대해 어떤 권한도 갖지 않은 경우, 즉 '명령계통 외부에 있는 자'도 관리자로 간주하는 한정된 경우가 있다.

> 일반 피고용인에게는 직장의 명령계통이 확실하고 분명하게 인식되지 않기 때문에 실제로는 아무 권한도 없지만 그러한 권한을 가졌다고 이성적으로 믿게 되는 경우가 있다. 이럴 경우에는 실제 권한을 가진 경우와 동일하게 사용자 책임을 판단해야 한다. 그러나 가해자가 실제로도 권한이 없고 피해자도 이를 알고 있었다면, 이 때는 '동료 또는 피고용인이 아닌 자(non-employee)가 가해자인 경우'의 기준을 적용한다. 이 기준은 사용자의 부주의를 책임 부과의 근거로 삼는데, '사용자가 어떤 불법 행위를 알았거나 알았어야 했을 경우 (그 발생을 충분히 알 수 있었을 경우) 신속하고 적절한 시정 조치를 취하지 않았다면 사

---

22) 524 U.S. 775, 1998.

23) 이행지침에서는 이러한 권한을 가진 자임에도 관리자로 인정하지 '않는' 경우를 언급하고 있는데, ㉠업무 할당에 관한 공식적인 지시 사항을 단순히 전달하고 보고하는 경우와 ㉡제한된 어떤 작업에 대해서만 지시 권한을 가진 경우, 예를 들면 사용자로부터 위임받은 권한이 어떤 제한된 프로젝트 내로만 한정된 경우라고 한다(EEOC ,1999d).

용자는 책임을 진다'는 것이다(EEOC, 1999d).

그런데 관리 권한을 가진 직원에 대한 사용자의 관리·감독의무가 강조되어야 하는 또다른 이유가 있다. 이들이 성희롱 행위의 직접적인 당사자는 아니라고 하더라도, 직장 내에서의 성희롱 피해 사실을 신고받거나 문제 해결 과정에 참여하게 되는 지위에 있기 때문이다. 따라서 이들이 성희롱 발생 사실을 접하게 되었을 때, 또는 성희롱의 피해자가 직접 이들을 찾아가 그 사실을 털어놓았을 때, 또는 가해자에 대해 어떤 식의 조치를 요구했을 때 이를 어떻게 인식하고 어떻게 다루는가의 문제 역시 중요하게 제기되고 엄격하게 판단되어야 할 부분이다.

헨슨 대 던디시(市)(Henson v. City of Dundee) 사건에서 헨슨은 소송을 제기하기 이전에 경찰서장인 셀그렌의 언행에 대해 시국장 에덴(Eden)에게 이야기를 했었다. 하지만 에덴은 어떤 제재도 하지 않았다. 오히려 헨슨이 셀그렌과 성관계를 가지면 서로에게 도움이 될 거라고 암시하는 또다른 가해를 자행했다.[24] 온케일 대 썬다우너 오프쇼어서비스사(社)(Oncale v. Sundowner Offshore Services, Inc.) 사건은 온케일이 상사와 동료들로부터 여러 직원들이 보는 앞에서 성적인 방식으로 신체적인 폭행을 당했고 강간 위협을 당했다며 소송을 제기한 사건이다. 여기서 온케일도 소송을 제기하기 이전에 자신이 겪은 피해에 대해 회사의 Safety Compliance Clerk인 호헨(Hohen)에게 고충을 제기했었다. 하지만 호헨은 "그들(성희롱 행위자들)은 항상 누군가를 괴롭혀왔다"며 오히려 온케일에게 동성애를 암시하

---

24) 682 F.2d 897(11th Circuit), 1982.

는 욕설을 했다.25) 여기서 에덴과 호헨은 직무 유기를 한 것 뿐 아니라 또다시 피해자에게 고통을 준 2차 가해자이다.

파라거 대 보카레이튼시(市) 판례에서 연방대법원은 "사용자는 관리자들을 심사하고 훈련시키고 그들의 업무 수행을 감독할 기회와 동기가 더 많기 때문에 일반 직원에 의한 불법행위보다 관리자가 저지르는 불법행위에 대해 경계해야 할 기회도 더 많다"26)고 언급했다. 실제로 평사원들에게 성희롱을 경계시키는 일상적인 역할은 대개 중간에 매개가 되는 직책의 직원, 즉 중간관리자급의 직원이 할 가능성이 더 많고 또한 효과적이기도 하다. 그러나 '그들'이 성희롱 피해 자체를 사소화하거나 또다른 방식으로 가해를 하는 경우는 위 판례에서 보듯이 매우 일반적이다.

만약 에덴과 호헨이 그러한 사소화나 2차 가해가 야기할 수 있는 문제점에 대해 교육을 받아왔다면, 성희롱이 위계적인 직장 문화에 의해 쉽게 자행되고 또 무마될 수 있는 성격의 문제임을 알고 있었다면, 아마도 헨슨과 온케일의 고충에 대해 그런 식으로 모욕을 주는 발언을 하지는 않았을지 모른다. 교육의 중요성은 바로 이러한 지점에서 더욱 부각된다. EEOC의 지침에서는 관리자들을 교육시키고 감독해야 할 사용자의 의무에 대해 다음을 명시하고 있다.

> 관리자들이 성희롱 발생 사실을 알았을 경우 신고를 접수받도록 공식적으로 지정된 임원이 누구인지 여부와 무관하게, 그리

---

25) 523 U.S. 75, 1998. 온케일은 "왜 사직했느냐?"는 질문에 대해 "그만두지 않으면 정말로 강간당하거나 강제적인 성관계를 갖게 될 수 있다고 생각했다"고 증언했다.

26) 524 U.S. 775, 1998.

고 피해 사실이 회사의 고충제기절차에 따라 제기된 것인지 여부와 무관하게 적합한 임원에게 보고할 것을 지시하는 것도 사용자가 이행해야 할 합리적인 조치에 포함된다. 이를 위해 관리자들을 정기적으로 교육시킬 필요가 있다. 그 내용으로는 '사용자의 정책을 위반하는 행위의 유형, 정책의 중요성, 피해 주장이 제기됐을 때 관리자와 경영진의 책임, 보복 금지 등'을 포함해야 한다. 그리고 이러한 의무를 성실히 이행하도록 독려하기 위해서는 공식적인 성과로 반영하는 등의 유인책도 필요하다. 또한 합리적인 예방 조치의 또다른 방법으로 '누가 성희롱을 행하고 있는지 혹은 행한 적이 있는지'를 담당하는 업무를 만들고 지원자를 받아 적격 여부를 심사하면서 관리자들을 '걸려내는' 과정을 거칠 수 있는데, 이는 '잠재적인 가해자'에 의한 성희롱을 예방할 수 있는 추가적인 조치를 강구하는 효과도 가질 수 있다 (EEOC, 1999d).

이러한 제안들은 사용자가 관리 권한을 가진 직원들에 대한 관리·감독을 철저히 함으로써 성희롱 금지 정책과 고충제기절차의 실효성을 제고할 수 있다는 점에서 사용자가 이행해야 할 또다른 합리적인 조치 의무라고 본다.

## 5. 고객의 성희롱, 사용자에게 책임 부과

우리 현행법에서는 성희롱 행위자의 범위가 직장 내 피고용인으로 한정되어 있는 반면, 미국의 경우는 고객이나 거래처 관계자도 행위자 범위에 포함되며 이들에 의한 성희롱에 대해서도 사용자는 '합리적인 조치' 의무를 갖는다. EEOC의 이행지침에서는 사용자가 성희롱 금지 정책을 마련할 때 이것의 적용을 받는 대상 범위에 "직원 뿐 아니라 피고용인이 아닌 자(non-employee)"도 포함된다는 것을 명시하도록 규정하고 있다. 게다가 고용 관계와 직접적인 연관이 없는 제3자의 성희롱에 대한 사용자의 책임을 '직장 동료'에 의한 성희롱과 같은 기준으로 본다. 그만큼 사용자의 책임 범위가 넓고 그 무게 또한 매우 무겁게 하고 있는 것이다.

미국의 경우 성희롱 행위의 직무 관련 정도와 성희롱 행위자의 직장 내 권한 정도에 따라 사용자의 책임을 다르게 해석한다. 앞서 보았듯이 피고용인의 고용조건을 변경시킬 수 있을 만큼의 권한을 가진 경우와, 그러한 직접적인 권한은 갖지 않았지만 일상적인 업무를 관리·감독하기 때문에 피고용인에게 영향력을 갖는 관리자에 대해서는 성희롱 예방 및 시정에 대한 사용자의 '합리적인 조치' 의무가 매우 엄격하고 엄중하게 적용된다.

그러나 직장 동료가 성희롱 행위자인 경우는 약간 다르다. 사용자에 의해 위임된 권한을 이용한 경우가 아니라고 보기 때문이다. 이 경우 사용자 책임은 "사용자가 성희롱의 발생을 알았음에도 신속하고 적절한 조치를 취하지 않은 경우" 또는 "성희롱 발생을 충분히 알 수 있었음에도 사용자의 부주의로 인하여 알지 못했던 경우"에 한해 인정된다. 즉 사용자에게 과실이 있음을 전제로 하여 피고용인에 대한 보호 의무를 다하지 않은 것으로 본다는 것이다. 이 기준은 제3자가 성희롱 행위자인 경우에도 그대로 적용된다. 미국의 호텔업 등 고객에 대한 양질의 서비스 제공을 목적으로 하는 분야에서의 성희롱 사례를 중심으로 그 실태와 대처 방안을 모색한 차석빈 외의 연구에서는 다음과 같이 설명하고 있다.

> 비호의적인 근무환경(a hostile work environment)은… 동료 종업
> 원들 사이의 진한 성적 농담이나 음담패설, 외모나 옷에 대해
> 상대방이 원치 않는 얘기를 하는 경우… 또한 호텔이나 레스토
> 랑을 찾는 손님들이 원인이 되기도 한다. 어떤 손님이 계속적으
> 로 종업원들에게 무례하거나 진한 성적 농담을 한다면 이는 비
> 호의적인 근무환경을 만들게 되는 것이다. 이러한 환경 속에서
> 회사에서 발생한 성희롱의 책임은 회사가 주의를 기울여 성희롱
> 문제를 알았어야만 하거나 또는 알고 있는 경우 즉각적인 시정
> 조치를 취하지 않았을 때에만 사용자는 책임을 지게 된다. 왜냐
> 하면 이 경우는 상급자가 회사를 대표하지 않기 때문이다(차석
> 빈 외, 1995:226~227).

그런데 이때 중요하게 제기되는 것은 제3자에 대한 사용자의 통
제력이 어느 정도인가에 대한 부분이다. 현실적으로 고용상 아무런
명시적 관계가 없는 사람에 의한 성희롱을 예방하는 데에는 한계가
있을 수밖에 없기 때문이다. 이 점을 고려하여 이행지침은 가해자
가 피고용인이 아닌 사람(non-employee)인 경우 그러한 개인에 대해
사용자가 어떤 통제력을 가질 수 있는가를 고려해야 한다(EEOC,
1999d)고 보고 있다. 다시 말해, 그 통제력에 따라 사용자 책임의 경
중이 따져질 수는 있지만 사용자 책임 자체가 성립하지 않는 것은
아니라는 것이다.


## 6. 성적 위험 요소, 사용자가 '알아서' 제거해야

성희롱을 예방하고 시정할 사용자의 의무는 공식적인 절차에 한
정되지 않는다. 성희롱 금지 정책과 고충제기절차를 마련하고 이의

실효성을 보장하며, 관리 직원에 대한 관리·감독의무를 철저히 하여 성희롱 예방을 도모하는 것은 기본적인 의무에 속한다. 실제 작업장에는 공식적으로 정해진 절차를 통해 성희롱 피해 사실이 접수되지 않더라도, 또는 직원들을 아무리 잘 교육시킨다고 하더라도 사용자가 '알아서' 시정해야 할 성희롱'들'이 산재해 있다. 우리가 쉽게 인식하지 못하는 성적인 위험 요소들이 도처에 깔려 있다는 것이다. 성희롱 없는 노동환경을 조성할 사용자의 의무는 피고용인들의 신고, 피해자들의 문제제기를 필요조건으로 하지 않는다. 사용자는 이러한 성적 위험 요소들을 '알아서' 제거해야 할 의무를 갖는다.

예컨대 '롯데호텔 성희롱' 판례의 다음 사례를 보자. 이 사례의 원고는 호텔수영장에서 수영강사로 근무하고 있었는데, 당시 수영장 내에 있는 사무실에는 주류 회사에서 나오는 비키니 차림의 여자사진이 실린 달력이 1년 이상 게시되어 있었다. 그리고 사우나에는 성행위 장면이 자주 나오는 에로비디오물이 거의 매일 상영되었다. 법원은 그곳의 지배인(3급)이었던 조○○가 이러한 환경을 방치하다가 원고의 문제제기 이후 달력을 치웠고, 원고 등 여직원들이 함께 있는 자리에서 아르바이트생들에게 "쌍방울만 딸랑딸랑 울리지 말고 열심히 일해라"라는 말을 한 사실, 바지 위로 성기 부분을 자주 만진 사실 등에 대해 "달리 반증이 없"다고 판단했다. 그러나 성희롱 자체는 성립되지 않는다고 보았으며, 따라서 사용자 책임도 인정되지 않았다. 다음의 판시 내용을 보자.

위 달력은 조○○가 아닌 다른 직원이 걸어 두었던 것이고…

비디오는 남자 사우나 손님들을 위하여 영업상 상영하는 것으로
캡틴(4급)들이 피고 회사 소비조합에서 빌려온 것인데 그중 일부
가 심의를 거친 에로물이었던 사실, 조○○가 아르바이트생들에
게 한 이야기는 특별히 성적인 의도가 담긴 것이 아니라 단순히
열심히 일하라는 취지의 것이었고, 바지 위로 성기 부분을 만지
는 행위는 무의식 중의 행위였으며… 본 언동이 같은 부서에 근
무하는 위 원고를 성희롱하기 위한 행위에 해당한다고 할 수 없
으므로 위 원고의 피고 회사에 대한 청구는 더 살필 필요없이
이유없다.27)

여기서 중요하게 고려되어야 할 것은 '성희롱하기 위한 피고의
의도 여부'가 아니다. 또한 에로비디오물이 "피고 회사 소비조합에
서 빌려온 것"이라는 사실은, 그런 비디오물이 직원들 사이에서 은
밀히 돌아다니는 것이 아니라 호텔의 소비조합 차원에서 공식적으
로 대여를 하고 있다는 것을 의미한다. "심의를 거친" 것이기 때문
에 용인된다는 것도 문제가 많지만, "심의를 거친 일부"에도 해당되
지 않는 비디오물을 회사 내에서 대여하고 있는 행위를 발견하고도
사용자 책임을 인정하지 않은 것은 여성들이 일상적으로 모욕감을
느끼는 노동환경에 대한 이해가 결여되어 있음을 드러내는 것이다.
이러한 판단은 회사의 과실을 방관하는 것일 뿐 아니라 그러한 노
동환경을 조장할 가능성까지 내포하고 있다.

EEOC의 이행지침에서는 사용자가 '알아서' 시정해야 하는 예를
들고 있다. "성적 언급을 한 낙서가 직장 내에 있다면 사용자측은
신고가 들어오기를 기다리지 말고 그 낙서를 제거해야 한다(EEOC,

---

27) 서울지방법원 2002. 11. 26. 선고, 2000가합57462 손해배상(기) 판결.

1999d)"는 것이다. 이는 롯데호텔의 사례와 비교했을 때 아주 '사소하고 경미한' 경우이다. EEOC의 지침을 적용한다면 관리자인 조○○, 달력을 가져온 직원, 비디오를 대여하는 소비조합, 이를 허용해 준 관리자 모두의 행위에 대해 롯데호텔의 사용자 책임은 인정될 것이다. 또한 일상적이고 장기적으로 그런 일이 발생하여 여직원들에게 모욕적인 노동환경을 조성했음에도 불구하고, 사용자가 이에 대해 어떤 조치도 취한 적이 없다는 사실은 어마어마한 액수의 손해배상액을 부과할 수 있는 근거가 될 것이다.

결국 원고가 패소하고 종결된 콘 대 바슈롬사(社)(Corne v. Bausch & Lomb, Inc.) 판례를 보자. 가해자인 상사 프라이스(Price)는 이 소송의 원고인 콘에게만이 아니라 다른 여직원들에게도 일상적으로 성희롱을 해왔다. 게다가 프라이스의 성적 제의에 응한 여성은 고용상 혜택을 받았고, 콘처럼 거절한 경우는 불이익을 받게 되었다. 콘은 프라이스의 제의를 거절했다는 이유로 자신에게 사직이 강요되었다고 생각했고 회사를 상대로 소송을 제기했다.[28]

만약 이 사건에 EEOC의 이행지침이 적용될 수 있다면, 경제적 손익을 야기하는 고용 조치는 사용자의 묵인 하에 가능하다는 점, 그리고 프라이스의 행위가 매우 일상적이었다는 점을 고려할 때, 사용자는 어떤 '신고'를 기다리기 이전에 조치를 취했어야 옳았던 것이다. 이러한 지침 내용은 성희롱의 피해자에게 '왜 그때 말하지 않았는가', '공식적으로 절차를 밟았는가'를 추궁할 수 없게 하여 피해자의 부담을 상당히 완화시키는 조치이다. 또한 사용자가 직장에서 일어날 수 있는 불법행위를 늘 경계하고 또 관리자들에게도

---

28) 390 F. Supp. 161(D. Ariz.), 1975.

이를 강제하도록 하는 의미를 갖는다.

## 7. 무거운 벌금과 사용자 책임의 관계

미국에서 직장 내 성희롱이 위법한 고용 관행(unlawful employment practice)인지 여부를 판단하는 법적 근거는 앞서 언급했듯이 공민권법 7편이다. 이 법의 이행 규정(enforcement provisions)에서는 성별 등을 이유로 한 차별이 발생한 경우 사용자가 피해자의 침해된 권리에 대해 어떤 방법으로 구제해야 하는지를 명시하고 있다. 이를 '구제 명령'이라고 하는데, 이것은 법원이 사용자에게 내리는 것이다. 구체적인 내용은 다음과 같다.

> 피고(사용자)가 원고(고소인)에 대한 위법한 고용 관행에 관여되어 있음이 밝혀지면 법원은 복직, 복직 명령 이전까지 지급받지 못한 임금(back-pay)의 지급, 채용, 그외 법원이 적절하다고 간주하는 구제를 명할 수 있다. 이때 back-pay의 경우는 소송 이전 시점으로부터 2년 이내의 범위에서 인정된다. 금액의 산정은 차별을 당한 사람이 합리적으로 근면하게 일했을 경우 받을 수 있었던 정도에 상응하도록 결정한다… 그리고 변호사 비용, 전문가 증인 채택에서 발생하는 비용 등 소송에 소요된 비용을 명할 수 있다(SEC. 2000e- 5. 〔706〕 (8)).

이때 구제 명령이 견지해야 할 원칙이 있다. 비록 피해자의 침해된 권리를 최대한 복원하기 위한 내용을 확보해야 한다는 점이다. 또한 1991년의 공민권법 개정(The Civil Rights Act of 1991)에서는 의도적이거나 악의적인 인종차별·민족차별에만 인정되던 보상적 손해배상(compensatory damages)과 징벌적 손해배상(punitive damages)이 성차별과 직장 내 성희롱에 대해서도 인정되게 된다. 이로써 사용자의 의무 이행을 강제하는 한층 강도 높은 방안을 마련하게 된 것이다. 손해배상은 공민권법 7편에 규정된 복직, back-pay 지급 등의 구제 조치와는 별도로 부과될 수 있다(SEC. 1977 (b)(2)).

손해배상에 대해 구체적으로 살펴보자. 먼저 보상적 손해배상은 과거에 발생한 금전적 손실과 장래에 발생할 손실에 대한 보상, 그리고 정신적 고통 등과 같은 비금전적 손실에 대한 보상을 포함한다. 금전적 손실에 대한 보상은 차별적인 행위로 인해 피해자가 겪은 손해를 말하는 것이다. 예컨대 구직 활동 비용, 건강진단 비용, 정신적 치료 비용, 그 외 수량화가 가능한 비용 등이 속한다. 여기서 '과거에 발생한 금전적 손실'은 영수증, 기록, 수표, 다른 사람의 확인 등에 의해 금액이 결정된다. 그리고 '장래에 발생할 손실'은 조정, 합의 또는 소송 진행 및 그 결과에 따라 발생하는 비용으로 그 내역은 과거에 발생한 금전적 손실과 동일할 수 있다.

그런데 이때 피해자(원고)에게는 손해배상을 경감시키기 위한 의무가 부과된다. 그녀가 합리적인 노력에 의해 회피하거나 최소화할 수 있는 피해가 있었다면, 이는 배상액을 산정할 때 고려가 되어 그 부분에 대한 보상은 받을 수 없다. 여기서 피해자가 합리적인 노력에 의해 손해를 줄일 수 있었음에도 불구하고 그러한 노력을 하지 않았다는 것은 가해자/사용자가 입증해야 하는 부분이다.

비금전적 손실에 대한 보상은 정신적 고통, 상처, 불편함(inconvenience), 고뇌, 직장 생활 상실에서 오는 감정적 손상 등과 같이 실체가 없는(intangible) 손해에 대해 청구가 가능하다. 여기에는 인격이나 명성, 직업적 입지 등에 타격을 입은 것도 포함된다(EEOC, 1992).

한편 징벌적 손해배상은 2장에서 보았듯이 피고에게 벌을 가하고 장래에 그러한 차별 행위를 예방하고자 하는 목적을 갖는다. 특히 사용자가 악의적이거나 또는 피고용인의 보호받아야 할 권리에 대해 부주의하게 무신경하여(with malice or with reckless indifference) 차별이 발생한 경우에 원고는 사용자를 상대로 징벌적 손해배상을 받아낼 수 있다(Player, 1999:292). 현재 이 제도가 적용되는 유형은 인종이나 성별 등을 이유로 한 차별, 폭행이나 감금, 유괴 등 신체에 대한 권리 침해, 언어나 문서에 의한 명예훼손 내지 모욕 등 인격권에 대한 침해, 언론 등에 의한 사생활 침해, 언론의 잘못된 보도 등이다. 그리고 제조물에 대한 책임, 횡령과 같은 고의에 의한 수탁의무 위반, 사기 등과 같은 기망적 거래 행위, 음주운전으로 인한 침해, 합병 관련 불법행위, 금융거래 관련 불법행위, 의사나 변호사 등 전문가의 부적당한 자문 제공 등도 징벌적 손해배상 제도의 적용범위에 해당된다. 또한 고용 기간의 만료 전에 갑자기 강압적으로 피고용인을 해고하거나 사기로 제품 구입 계약을 체결하여 이익을 취하는 등의 경우는 계약 위반으로 보아 징벌적 손해배상을 부과한다(유제광, 2001:31~32).

그런데 손해배상에는 상한액이 주어진다. 공민권법에서는 손해배상액 산정과 관련하여 피고용인의 수를 기준으로 한 상한선을 제시하고 있다. 15인 이상 100인 이하의 피고용인을 두고 있는 사업장에 대하여는 5만 달러를 최고액으로 제시하고 있고, 101인 이상 200

인 이하는 10만 달러, 201인 이상 500인 이하는 20만 달러, 501인 이상은 30만 달러로 정하고 있어(SEC. 1977 (b)(3)) 15인 미만의 피고용인을 두고 있는 사업장은 손해배상 제도의 적용을 받지 않는 것으로 해석되기도 한다. 그러나 EEOC는 100인 이하의 사업장 모두 5만 달러 상한액의 적용을 받는 것으로 이해할 것을 명시하고 있으며, 피고용인의 수를 산정할 때에는 시간제 노동자도 포함하도록 하고 있다(EEOC, 1992).

하지만 공민권법이나 EEOC 가이드라인에 제시되어 있는 징벌적 손해배상의 상한액은 사실상 거의 무의미하다고 할 수 있다. 의료 과오소송에서 1,850만 달러의 손해배상 지급명령이 내려진 Tierney v. Community Memorial General Hospital 사건(1992), Alaska해안 기름 유출 사고로 인하여 50억 달러의 징벌적 손해배상을 결정한 Exxon Valdez 사건(1995), 담배소송 평결에서 내려진 1,448억 7,000만 달러 (약 164조원)의 배상금(2000년) 등 배상액이 보통 100만 달러 이상 부과되어 미국에서는 오히려 과다한 배상 명령에 대한 문제점이 지적되고 있을 정도이다(유제광, 2001:14~15). 별도로 제정된 모범 징벌적 손해배상법(Model Punitive Damages Act, 이하 '모범법')[29] 제7조 (a)항에 제시된 산정 기준은 다음과 같다.

---

[29] 1994년 미국의 통일주법위원전국회의(The National Conference of Commissioners on Uniform State Laws)는 각주의 제도 통일을 꾀하기 위해 징벌적 손해배상법의 제정을 위한 초안위원회를 구성하였다. 이 위원회에서 3년에 걸쳐 초안을 수정하여 1996년 11월 작성한 것이 이 법이다. 모범법은 징벌적 손해배상에 관한 재판 절차, 입증 방법, 심리 과정 등의 개선을 도모할 뿐 강제력을 갖지는 않는다(오문완, 2002:426).

① 피고의 불법행위의 성격이 청구인이나 다른 사람에게 미치게 되는
효과
② 보상적 손해배상의 총액
③ 피고가 불법행위로 지불하였든지 지불되어야 할 벌금, 과태료, 손해
배상액, 원상회복
④ 피고의 현재와 장래의 수입 정도 및 손해배상이 수입에 미치게 되
는 효과
⑤ 피고가 불법행위로부터 얻게 되는 이익 또는 수입에서 그 불법행위
로 지불하게 되는 손해배상이나 원상 회복 비용을 공제한 금액
⑥ 죄없는 사람들에게 미치게 되는 손해배상에 따른 반대 효과
⑦ 피고가 불법행위를 범하고 난 이후 취한 피해 구제 노력의 정도
⑧ 정부 기타 관련 공공기관에서 설정한 적절한 기준의 준수 여부
⑨ 기타 손해배상액의 가감 요소 등(오문완, 2002:427).


또한 가해 행위에 대한 비난가능성의 정도, 가해자가 의도한 이
익, 가해자의 재산 상태, 보상적 손해배상의 액수, 소송 비용, 형사
책임의 가능성, 동일한 소송의 반복 가능성, 그 행위에 어느 정도의
책임있는 관리자가 관련되어 있는지 여부, 특히 최고 경영자가 이
에 적극적으로 개입하였는가 혹은 알면서도 묵인 내지 조장하였는
가, 소송에 있어서의 행위 자체를 부인하는 등의 태도 등을 들 수
있다(유제광, 2001:14~32). 2장에서 보았던 합의 사례들에서는 남자 직
원들의 성희롱을 제지하지 못하거나, 성희롱이 발생했을 때 적절한
조치를 취하지 않았거나, 피해자에게 보복성의 고용 조치를 취한
것 등이 징벌적 손해배상 명령의 충분한 근거가 되며, 이를 회피하
기 위해 사용자들이 합의에 나서는 것을 볼 수 있었다.
　‘롯데호텔 성희롱’ 사건의 경우 성희롱 가해자에게 사과를 요구

했다가 부당한 전보 조치를 받거나 사직할 수밖에 없는 입장에 처하거나, 또 회사를 고소한 270명의 피해여성 중 230명이 회사의 소취하 압력에 시달리다가 결국 소를 취하했다는 사실은, 회사측의 그러한 비정상적인 태도가 강력한 법적 처벌의 대상이 되지 못하는 우리 사회에서 가능한 일이다. 결국 끝까지 소송을 유지한 40명의 피해여성 중 21명의 청구는 기각 당했으며, 그나마 손해배상을 인정받은 19명에게 돌아간 배상액은 각각 100만원에서 300만원의 위자료이다. 게다가 법원은 소송 비용을 원고와 피고 각자가 부담하라고 판결했다. 이들이 2000년에 소송을 시작해서 1심 판결을 받기까지 입은 유·무형의 피해에 대해 실질적인 보상이 가능한 금액이라고는 전혀 인정할 수 없는 판결이다. '서울대 신교수 성희롱' 사건도 6년여에 이른 재판 끝에 결국 원고에게 인정된 손해배상 금액은 500만원이며, "소송 총 비용은 5분하여 그 4를 원고가, 나머지를 피고가 부담하도록 한다"[30]는 판결이 내려진 바 있다.

앞서 보았던 미국 뉴욕의 루터란 의료센터 성희롱 사건에서 의사로부터 성희롱을 당한 여성 중 8명이 병원측의 '조치없음'을 이유로 EEOC에 제소를 하고 결국 합의에 이른 금액은 약 5백4십만 달러(약 70억)이다. 법원이 가해자/사용자에게 징벌적 손해배상을 명할 수 있으려면 "차별이 악의적이거나 피고용인의 보호받아야 할 권리에 대해 부주의하게 무신경한" 경우라는 조건을 충족시켜야 하는데, 이것이 실상 예방 조치를 다하지 않았거나 성희롱 발생시 즉각적이고 적절한 조치를 취하지 않은 경우, 성희롱 피해를 고발한 피해 당사자 또는 목격자에게 불리한 고용 조치를 취한 것이면 충

---

30) 서울고등법원 1999. 6. 25. 선고, 98나12180 판결.

분히 성립되어 왔다. '롯데호텔 성희롱' 사건이나 '서울대 신교수 성희롱' 사건, KBS노동조합 전 부위원장 강○○ 사건, 피해자를 오히려 명예훼손으로 고소하는 사건'들' 모두 가해자/사용자에게 엄청난 경제적 부담을 가져오는 손해배상 명령이 가능하다.

미국의 이러한 손해배상 제도가 사용자에게 소액의 벌금이나 과태료를 부과하도록 되어 있는 우리 사회에 시사하는 바는 매우 크다. 직장 내 성희롱은 그 발생 사실 자체가 이미 100% 권리 구제를 불가능하게 하는 범죄이며 노동권에 심각한 위협을 가하는 고용상의 성차별이다. 예방의 중요성과 함께 성희롱 발생시 '즉각적이고 적절한' 조치를 취할 것이 강조되는 것은 "피해자가 성희롱 피해를 입지 않았어야 할 상황", "그러한 고용상의 성차별을 당하지 않았어야 할 상황"을 조성할 수 있을 만큼의 회복을 목표로 해야 한다는 것을 의미한다. 이는 피해자에게 불리한 조치는 그것이 무엇이든 절대 용납될 수 없다는 원칙이 있기에, 그와 관련한 모든 책임을 사용자의 의무로 규정하고 있기에 가능한 것이다. 그리고 이를 어길 경우 그 범죄로 인한 손해를 충분히 회복시킬 수 있는 손해배상액뿐 아니라 제3자에게 경종을 울리기 위한 추가적인 배상액도 부과할 수 있는 근거법이 있기에 가능하다.


우리 나라와 미국의 법적 규제 내용, 그리고 이것이 직장 내 성희롱의 현실에 어떠한 영향을 미치며 현실 개선에 어떤 유용성을 갖는지 살펴본 결과 분명한 차이를 발견하게 된다. 법적 규제의 차이가 성희롱을 바라보는 인식의 차이, 문제 해결 과정을 통해 드러나는 결과의 차이, 피해자의 권리 구제에 대한 접근 방식의 차이를 만들어내고 있는 것이다. 이는 구체적인 현실 개선에 있어서도 다른 양상을 나타낼 수밖에 없다.

성희롱 피해에 대한 기본적인 이해가 부족하고 남성중심적인 조직문화와 성문화에 의해 피해 사실을 드러내기 어려운 상황이 조성되어 있다는 것을 고려하지 않는 우리 사회에서, '사실 확인'이 될 때까지 피해자가 온갖 불이익에 노출되는 현실은 문제화되지 않는다. 또한 가해 행위가 사실임이 드러난다 하더라도 강도 높은 제재 조치가 취해지지 않고 오히려 피해 사실을 공개한 피해자가 부끄러워해야 하는 현실에서 우리의 현행법은 노동환경을 개선시키기 위한 어떠한 강제력도 갖지 못한다.

성희롱 피해 주장이 제기된 경우 사용자의 '조치없음'이 '피해자에 대한 불이익'으로 직결되는 현실은 한국과 미국이 동일하다. 그러나 아무런 조치도 취하지 않은 사용자에게 부과하는 책임의 내용은 전혀 다르며, 이것이 바로 법적 규제의 차이에서 비롯되는 현실에 대한 영향력의 차이인 것이다. 사실 "공민권법 7편의 목적은 교정이 아니라 예방"[31]이라는 명제 하나로도 미국에서 성희롱의 사용자 책임을 엄중하게 묻는 이유는 분명하게 드러난다. 그리고 이러한 예방 의무를 상세하게 규정하는 것은 사용자들의 의무 이행을 실질적으로 도울 뿐 아니라 피고용인들에게도 자신의 권리를 분명하게 인지할 수 있게 함으로써, 궁극적으로는 성희롱에 대해 직장 내 모든 구성원이 경계할 것을 강제하는 효과를 낳게 된다.

법적 규제 그 자체가 갖는 유의미성은 분명히 있다. 그러나 그것이 지켜져야 할 법으로서 존중받고 개선되어야 할 현실을 변화시키

---

31) 524 U.S. 775, 1998

는 기능을 하기 위해서는 법으로 규제한 의미에서 다시 출발할 필
요가 있다. 직장 내 성희롱이 고용상의 성차별 문제이며 여성의 노
동권을 위협하는 심각한 범죄라는 인식을 배경으로 한 법제화의 의
미와, 위법을 해도 별다른 제재를 가하지 않는 현행법, 그리고 오히
려 성희롱 피해여성이 재차 삼차 불이익을 당하고 고통을 겪게 되
는 현실간의 불일치는 개선되어야 한다. 그리고 이의 개선은 노동
환경 제공의 주체이며 고용상의 차별을 시정할 주체인 사용자의 책
임에 주목함으로써 시작되어야 한다.

# 5장 한국의 사용자 책임 판단 기준

이 장에서는 직장 내 성희롱의 사용자 책임에 대한 판단 기준이 무엇인지를 살펴보고자 한다. 특히 우리 나라와 미국 법원 모두 주요한 판단 기준으로 '직무 행위 관련성' 및 '피해 사실을 사용자가 알고 있었는지 여부'를 들고 있는데, 먼저 우리 나라 법원의 판단 내용을 살펴보았다.

사회적으로 새롭게 제기된 문제에 대한 법원의 판단은 향후 유사한 문제에 관한 판결 태도를 결정짓는 상당한 구속력을 갖는다. 또한 사회적으로 미치는 파장도 매우 크다. '서울대 신교수 성희롱' 판례의 1심 법원이 피고 교수의 불법행위를 인정하여 "원고에게 3천만원을 지급하라"는 판결을 내렸던 1994년 당시 그해 최대 유행어 중 하나는 "3천만원 있어?!"였고, 1심 판결을 내렸던 재판부는 "흔히 있을 수 있는 일에 대해 재판부가 우리 풍토를 무시하고 너무 많은 위자료를 선고했다", "머리채 좀 쓰다듬고 손등 좀 만진 것 가지고 무슨 3천만원이냐" 등 남성들의 빗발친 항의 전화로 몸살을 앓아야 했다.[1]

---

1) 「성희롱」 재판부 항의 전화 빗발(난류한류)." 『세계일보』 1994년 4월 24일자,

법원조직법 제8조는 "상급 법원의 재판에 있어서의 판단은 당해 사건에 관하여 하급심을 기속한다"라고 하고 있어 상급 법원의 판단이 영향력을 갖는 범위를 한정하고 있다. 즉 선례의 구속력이 제도적으로 보장되어 있지는 않은 것이다. 하지만 대법원의 판결이 있는 경우 하급심에서는 가능하면 그 범위를 벗어나는 판단을 하지 않으려고 하기 때문에 사실상 선례의 구속력은 매우 강하다.

'서울대 신교수 성희롱' 판례가 우리 사회에서 중요한 위치를 갖는 이유는 법제화의 근간을 마련했다는 의의에 한정되지 않는다. 직장 내 성희롱과 그에 대한 사용자 책임을 판단한 첫 판례로서 향후 관련 소송에 대한 판단의 범위를 지정하기 때문이다. '롯데호텔 성희롱' 사건의 1심 판결을 내린 재판부의 태도가 '서울대 신교수 성희롱' 판례에서의 대법원의 그것과 비교해 볼 때, 사용자 책임을 일부 일정했다는 점에서 긍정적인 것은 사실이다. 하지만 사용자 책임을 인정하지 않은 근거의 대부분을 '서울대 신교수 성희롱' 사건에 대한 대법원 판결을 참고했다는 점에서, 바로 상급 법원의 결정이 갖는 실질적인 구속력을 보여준다고 할 수 있다.

이 장에서는 직장 내 성희롱의 사용자 책임에 대한 판단 기준이 무엇인지를 살펴보고자 한다. 특히 우리 나라와 미국 법원 모두 주요한 판단 기준으로 '직무 행위 관련성' 및 '피해 사실을 사용자가 알고 있었는지 여부'를 들고 있는데, 먼저 우리 나라 법원의 판단 내용을 살펴보도록 하겠다.

---

종합뉴스데이터베이스

# 1. '서울대 신교수 성희롱' 사건의 전개 및 결과

이 사건은 1993년 10월 18일 제기된 민사소송 사건으로 약 6년여에 걸쳐 재판이 진행되어 1999년 6월 25일 환송심에서 결국 원고 일부승소 판결이 내려졌다. 2심을 제외한 모든 판결에서 피고 교수의 성적 행위가 불법행위임이 인정되었지만, 피고 서울대총장과 대한민국의 사용자 책임은 전혀 인정되지 않았다. 이 판례는 우리 나라 최초의 성희롱 소송으로 이후 직장 내 성희롱의 법제화를 위한 근간을 마련했다는 역사적인 의의를 갖는다.

이 사건의 원고인 조교는 자신의 업무에 대해 관리 책임을 갖는 남자교수로부터 업무상 불필요하거나 난처한 신체 접촉, 성적 언동을 지속적으로 받아오다가 이러한 성적 접근에 대해 거부 의사를 밝힌 후 업무상 불이익을 당했으며 결국 조교 재임용에서 탈락했다고 주장했다. 또한 피고 교수에 대한 감독 의무를 소홀히 하여 원고에게 손해를 입힌 서울대총장과, 원고와의 근로계약상 성차별 없이 일하기 좋은 근무환경을 조성할 의무를 위반한 대한민국의 책임을 주장했다. 이에 피고 교수와 서울대 총장, 대한민국을 상대로 5천만원의 손해배상 소송을 제기했다.

1심 법원은 성희롱이라는 용어 대신 '성적 접근 및 언동'이라는 표현을 사용하여 원고가 주장하는 사실관계를 인정했고, 피고 교수로 하여금 3천만원을 손해배상 할 것을 명령했다. 하지만 피고 서울대 총장에 대해서는 피고 교수의 개인적인 성향이나 연구 과정에서 발생한 행동에 대해 책임을 지지 않는다고 판결했고, 피고 대한민국에 대해서는 원고의 고용환경 조성에 관한 특별한 의무를 약정하지 않았고, 소송 제기에 앞서 국가배상법의 배상심의절차[2]를 거치지 않았다는 이유로 사용자 책임을 인정하지 않았다.[3]

원고와 피고 모두 1심의 결정에 불복하여 항소를 제기했는데, 2심 법원에서는 이 사안을 판단함에 있어 '성적 괴롭힘'이라는 용어를 사용했다. 2심은 피고 교수의 불법행위성과 피고 서울대 총장 및 대한민국의 사용자 책임에 관한 원고의 주장을 모두 기각했고, 이에 원고는 대법원에 상고하기에 이르렀다.[4]

대법원은 피고 교수의 행위가 성적인 동기와 의도를 가진 것이라고 인정하여 이 부분에 대한 2심의 판결을 파기하고 사건을 환송했다. 그러나 피고 교수의 행위에 대한 사용자 책임은 인정하지 않았다. 그 이유로는 '피고 교수의 행위에 대해 사용자가 알 수 없었고 그 행위가 직무와 무관하게 이루어진 상황에서 사용자가 원고에 대해 고용계약상의 보호 의무를 다하지 않았다고 볼 수 없'다는 것이 제시되었다.[5]

마지막으로 환송심 법원은 피고 교수의 행위가 불법행위를 구성하는 성희롱이라는 점을 인정하여 정신적 손해에 대해 5백만원의 손해배상 지급을 명령했다.[6] 피고 서울대총장과 피고 대한민국의

---

2) 이 소송 당시 국가배상법 제9조에는 "이 법에 의한 손해배상의 소송은 배상심의회의 배상금지급 또는 기각의 결정을 거친 후에 한하여 이의를 제기할 수 있다"라고 규정되어 있었다. 그러나 국민의 신속한 권리 구제를 도모할 목적으로 2000년 12월 "이 법에 의한 손해배상의 소송은 배상심의회에 배상 신청을 하지 아니하고도 이를 제기할 수 있다"고 개정되었다(손희권, 2002:126).

3) 서울지방법원 1994. 4. 18. 선고, 93가합77840 판결.

4) 서울고등법원 1995. 7. 25. 선고, 94나15358 판결.

5) 대법원 1998. 2. 10. 선고, 95다39533 판결.

6) 서울고등법원 1999. 6. 25. 선고, 98나12180 판결.

사용자 책임에 대해서는 대법원이 이 부분에 대한 원심의 결정을 파기하지 않아 별도로 언급하지 않았다.

이 판례는 우리 나라 최초의 성희롱 소송인만큼 원고가 주장하는 행위를 무엇이라고 부를 것인가에 대해서도 판단 주체마다 해석을 달리하고 있다. 그런데 피고 교수의 행위가 불법행위를 구성하는지에 대해서는 상이한 관점과 기준을 드러내고 있는 반면, 피고 교수에 대해 감독 권한을 갖는 서울대총장과 원고의 사용자인 대한민국이 어떤 책임도 갖지 않는다는 동일한 결정을 내리고 있다.[7] 6년여에 걸친 재판 진행 일자와 주요 판결 내용은 다음 표와 같다.

---

[7] 당시 직장 내 성희롱을 규제하는 법적 근거가 없던 상황에서 이 사건에 대한 각 법원의 판단은 헌법(제10, 11, 17, 32, 37조), 근로기준법(제5, 17조), 남녀고용평등법(제2조의2) 및 성폭력범죄의처벌및피해자보호등에관한법률(제11조) 그리고 민법(제390, 655, 750, 751, 756조)을 근거로 하여 이루어졌다.

<표 3> '서울대 신교수 성희롱' 사건 재판의 전개 과정

| 날짜 | 진행 및 판결 내용 | 사용자 책임 |
|---|---|---|
| 93. 9. 16. | ・신교수가 조교를 명예훼손으로 고소 | − |
| 93. 10. 18. | ・조교는 가해 교수와 서울대총장, 대한민국을 상대로 5천만원의 손해배상 소송 제기 | − |
| 94. 4. 18.(지법) 원고 일부승소 | ・피고 교수는 원고에게 3천만원을 지급할 것<br>・원고와 피고 교수 모두 항소 제기 | 책임 없음 |
| 95. 7. 25.(고법) 원고 패소 | ・피고 교수의 불법행위성 불인정<br>・원고가 대법원에 상고 제기<br>・원고는 피고 교수의 제자 강모 교수를 위증죄로 고발(1996. 12. 강모 교수의 위증죄 인정됨) | 책임 없음 |
| 98. 2. 10.(대법) 사건 환송 | ・피고 교수의 성희롱 행위 인정<br>・이 부분을 고법에 환송함 | 책임 없음 |
| 99. 6. 25.(고법) 원고 일부승소 | ・피고 교수는 원고에게 5백만원을 지급할 것 | 검토하지 않음 |

<표 4> '서울대 신교수 성희롱' 사건의 사용자 책임 판단 근거

| 날짜 | 판단 근거 |
|---|---|
| 94. 4. 18.(지법) 원고 일부승소 | ・피고 서울대총장은 피고 교수의 개인적 성향 또는 연구과정에 대해 감독할 권한이 없음.<br>・피고 대한민국은 원고와의 고용계약에 있어서 근로환경과 관련한 특별한 약정을 한 바 없음. |
| 95. 7. 25.(고법) 원고 패소 | ・사용자 책임은 불법행위 성립을 전제로 함. 따라서 피고 교수의 불법행위가 인정되지 않기 때문에 사용자 책임을 따질 이유 없음. |
| 98. 2. 10.(대법) 사건 환송 | ・피고 교수의 행위가 직무와 무관하고 사용자가 알 수 없었던 행위이므로 사용자에 대한 청구는 이유없음. |
| 99. 6. 25.(고법) 원고 일부승소 | ・별도로 언급하지 않음. |

## 2. '롯데호텔 성희롱' 사건의 1심 판결

2000년 8월 원고측인 롯데호텔 여직원 40명은 "회사 임직원에게 상습적으로 성희롱을 당했다"며 회사와 대표이사, 가해 임직원을 상대로 2억2천2백만원의 손해배상 청구소송을 제기했고, 이에 대해 2002년 11월 26일 서울지방법원은 "피고들은 원고 19명에게 각각 100~300만원씩 모두 2900만원을 지급하라"는 원고 일부승소 판결을 내렸다. 나머지 21명의 청구는 기각했다.[8] 이 판결은 성희롱 방지를 근로계약에 내재된 의무로 보아 회사의 손해배상 책임을 인정한 첫 판례라는 점에서 큰 의의를 갖는다.

이 소송에서 원고들은 성희롱 행위자인 남자 직원들의 행위는 불법행위를 구성하므로 민법 제750조에 따라 배상금을 지급할 의무가 있고, 피고 회사는 이들의 사용자로서 민법 제756조나 제390조에 따라, 피고 대표이사 2인은 피고 회사에 갈음하여 행위자들의 사무를 감독하는 자로서 민법 제756조 제2항에 따라 배상금 지급의 의무가 있다고 주장했다. 원고의 이러한 주장을 판단하기에 앞서 1심 판결[9]은 다음과 같은 <사실관계>를 밝혔다.

---

8) 이 소송은 애초에 270명의 피해여성이 회사측을 상대로 17억6000만원의 손해배상을 청구하는 것으로 시작되었으나 중간에 230명은 소를 취하했다. "직장 성희롱 회사도 책임 : 롯데호텔 여직원 19명 일부 승소 판결." 『동아일보』 2002년 11월 27일자, 종합뉴스데이터베이스 이에 대해 장혜자(2002)는 270명이라는 피해여성의 수가 롯데호텔에서 성희롱이 얼마나 일상적으로 발생했는지를 알 수 있게 한다고 지적하는 한편, 우리 나라 정서상 이의를 제기하지 못한 피해여성들의 수도 상당할 것이라고 분석했다. 또한 270명 중 회사의 압력에 시달려 230명에 달하는 여성이 중간에 소를 취하했다고 밝히고 있다. www.womenlink.or.kr.

9) 서울지방법원 2002. 11. 26. 선고, 2000가합57462 손해배상(기) 판결.

⑴ 피고 회사는 관광호텔업 등을 목적으로 하는 상시근로자 3,000여명
인 회사로, 소공동(본점)과 잠실에 사업장을 두고 있으며 각 사업장
에는 면세점이 개설되어 있다.

⑵ 직위 체계는 임원급(대표이사, 부사장, 전무, 상무, 이사)—1급(차장,
부장)—2급(과장, 과장대리)—3급(지배인, 계장)—4급(주임, 캡틴)—5
급(사원)—계약직으로 구성되어 있다.

⑶ 각 사업장의 식음·조리·객실·객실관리 부분은 총지배인(전무급
이 담당)이 총괄하고 면세 부분은 각 사업장의 영업담당이사가, 각
부서는 1급 직원이 총괄한다.

⑷ 피고는 대표이사 2인 및 관리직 남자 직원들이며, 원고들은 이들
남자 직원의 관리·감독을 받고 있는 4, 5급 또는 계약직 여자 직원
들이다.

⑸ 피고 회사는 업무의 성격상 다른 사업장에 비해 여성근로자들이 많
지만 직제상 과장 이상은 대부분 남자 직원들이 맡고 있는데,[10] 이
소송을 제기한 호텔·면세 부분의 경우 더욱 그러하여 남자 직원들
이 다수의 나이어린 미혼의 (또는 결혼한지 얼마 지나지 않은) 여자
직원들을 관리·감독하는 피라미드 구조를 이루고 있다.

⑹ 피고 회사는 부서별 야유회(연1회)와 망년회의 경우 1인당 12,000원
가량을 지원한다. 그밖에 부서차원의 회식인 경우는 부서 자체적으
로 부서운영비, 거래처에서 지원하는 돈, 팁을 모은 돈 또는 갹출한
돈으로 비용을 충당해왔다.

⑺ 원고들을 비롯한 하위직 여자 직원들은 회식 등의 모임에 불참할
경우 인사고과, 근무스케줄 편성, 재계약(계약직의 경우) 등에서의
불이익을 염려하여 빠짐없이 참석했다.

⑻ 원고들을 비롯한 하위직 여자 직원들은 성희롱에 대해 문제제기를

---

10) 1급은 남자가 34명인데 비해 여자는 한명도 없고, 2급 역시 남자는 123명인데
여자는 단 1명에 불과하며, 3급의 경우도 남자가 302명인데 비해 여자는 12명
에 지나지 않는다.

할 경우 비난과 불이익을 받을 것이라 생각했고 고충을 처리할만한 마땅한 기관도 없어 대개의 경우 공식적으로 문제삼지 못했음은 물론 거부 의사도 제대로 표명하지 못해왔다.

⑼ 고객 또는 직원들에 의한 성희롱이 문제화되었던 경우 결국은 피해자인 여자 직원들이 사직하는 것으로 마무리되어 왔다.

⑽ 피고 회사는 공인노무사를 통해 1999년 3월 23일~26일까지 호텔·면세 부분 1, 2, 3급 직원들을 대상으로, 1999년 7월 1일~8일까지 호텔 부분 4급 이하 직원들을 대상으로 남녀고용평등법에 따른 성희롱 예방 교육을 실시한 이래 매년 성희롱 예방 교육을 실시하고 있다. 다만 면세 부분 4급 이하 직원들에 대한 교육은 신규점포 개점 준비 등 사정으로 실시하지 않았다.

⑾ 이 사건의 피고로 되어 있는 6인(대표이사 2인 이외의 관리직인 남자 직원)을 제외한 나머지 가해 직원들에 대해서는 노동부의 요청에 따라 징계 및 전보조치를 마쳤다.

이러한 사실관계 하에 1심 법원은 이 소송의 전제가 되는 쟁점으로 첫째, 직장 내 성희롱의 의미, 둘째, 사용자의 고용계약상의 보호 의무가 미치는 범위, 셋째, 피고 회사가 부담하는 주의의무의 수준을 제기했다.

이 판례는 성희롱 방지를 고용계약에 내재된 의무로 보아 피고 회사가 고용계약상 보호 의무를 다하지 못했다는 것을 이유로 사용자 책임을 부과했다는 점에서 매우 긍정적이다. 그러나 ㉠ 피해여성이 상해를 입는 등 실질적인 손해를 입증할 수 있거나 ㉡ 회사에서 공식적으로 비용을 지원했고 ㉢ 총지배인(전무급)이나 영업이사 등의 임원급이 주재한 자리였으며 ㉣ 공개적으로 이루어져 피고 회사가 알았거나 알 수 있었던 경우로 한정하여 사용자 책임을 인정함으로써 '직장 내' '성희롱'을 판단함에 있어 중대한 한계를 내포하고 있다. 또한 이 소송은 직장 내 성희롱에 대한 법적 규제가 남녀고용평등법과 남녀차별금지및구제에관한법률에 명시되어 있음에도 불구하고 민법에 근거하여 소송을 제기함으로써, 직장 내 성희롱 관련 규정을 통해서는 피해자의 구제가 불충분함을 함축하는 것으로 보여진다. 재판 이전 과정 및 법원의 판단 근거는 다음 표[11]와 같다.

<표 5> '롯데호텔 성희롱' 사건의 재판 전(前) 과정 및 진행 과정

| 날짜 | 재판 전(前) 진행 과정 및 판결 내용 |
|---|---|
| 2000. 6. 21, 26. | ·노동조합이 성희롱 실태 조사를 전문 리서치 회사에 의뢰 |
| 2000. 7. 12. | ·여성조합원 300여명, 노동부에 진정서 제출 |
| 2000. 8. 9. | ·피해여성들, 피고 롯데호텔 외 16명에 대해 손해배상 청구소송 제기. 청구액 17억 6천만원<br>(2000. 10. 20~2002. 11. 18까지 소 취하 이루어짐) |
| 2000. 10. 14. | ·노동부, 롯데호텔 성희롱 가해자 30명 징계, 2명 주의 촉구 조치를 호텔에 통보<br>·노동부, 호텔측이 성희롱 예방 교육을 실시하지 않은 것을 이유로 과태료 300만원 부과 |
| 2000. 11. 30. | ·롯데호텔, 노동부의 징계 조치에 응하지 않음<br>·호텔 자체적으로 징계 보류 10명, 견책 8명, 근신 1개월 7명, 근신 2개월 2명, 근신 3개월 1명, 감봉 2개월 2명, 면직 2명 등의 조치를 취함 |

---

11) 대법원 사건 검색 사이트, www.scourt.go.kr/kg_p_case.html., "호텔롯데 성희롱 관련자, 피해여성 맞고소."『동아일보』 2001년 2월 6일자, 한국여성민우회 (2001:27~32) 참고하여 재구성.

| 2001. 1. 31. | ·계약직 22명에 대한 재계약 과정에서 성희롱 사건으로 소송을 제기한 4명을 사실상 해고<br>·노동부, 롯데호텔이 재판에 영향을 줄 수 있다는 이유로 10명을 징계하지 않은 것에 대하여 3000만원의 과태료 부과 |
|---|---|
| 2001. 2. 3. | ·회사 임직원 12명이 손해배상 청구소송을 제기한 피해 여직원 21명에 대해 명예훼손 및 무고 혐의로 고소 |
| 2002. 11. 26.<br>원고일부승소 | ·피고 롯데호텔과 피고들은 원고 19명에게 각각 100만원~300만원씩 모두 2900만원을 지급할 것, 21명의 청구는 기각 |
| 2002. 12. 14. | ·피고 최○○ 항소장 제출 |
| 2002. 12. 16. | ·피고 주식회사 호텔롯데 항소장 제출 |

<표 6> '롯데호텔 성희롱' 사건의 사용자 책임 판단 근거

| 판단 근거 | |
|---|---|
| 소송의 전제가<br>되는 쟁점 | ·직장 내 성희롱의 의미<br>·사용자의 고용계약상의 보호 의무가 미치는 범위<br>·피고 회사가 부담하는 주의의무의 수준 |
| 사용자 책임<br>인정 근거 | ·피해여성이 상해를 입는 등 실질적인 손해 입증 가능<br>·회사에서 공식적으로 비용을 지원<br>·총지배인(전무급)이나 영업이사 등의 임원급이 주재한 자리<br>·공개적으로 이루어져 피고 회사가 알았거나 알 수 있었던 경우 |

## 3. 직무 행위 관련성에 대한 편의적 해석

'서울대 신교수 성희롱' 판례는 민법 제756조에 의거하여 피고 서울대총장과 대한민국의 사용자 책임을 판단했다. 결심(結審) 판결에서는 사용자 책임의 요건으로 '사무집행에 관하여'라는 기준을 들어 "피용자의 본래 직무와 불법행위와의 관련 정도 및 사용자에게 손해 발생에 대한 위험 창출과 방지 조치 결여의 책임이 어느 정도 있는지를 고려하여 판단해야"[12] 한다고 하면서, "피고의 성희롱 행위는 그 직무 범위 내에 속하지 아니"하다고 보아 사용자 책임을 인정하지 않았다. 그렇다면 직무 범위는 어디까지를 포괄하는 것인가. 다음 판례를 살펴보자.

> 세무사 '갑'의 세무회계사무소 사무장인 '을'이 '병'으로부터 토지 양도와 관련한 상담을 받고 총비용이 3천만원 정도가 되니 그 금액이면 모든 것을 책임지고 종결시켜 주겠다고 하여 '병'으로부터 그 금액을 지급받은 후 '갑'에게 그 사실을 알리지 않은 채 관할세무서에 일부만을 납부하고 나머지 금액을 임의로 소비하였고, 이후 위 세액이 과소하게 납부되었음이 밝혀져 '병'이 가산세를 합하여 추가로 납부하게 되었다면, '을'의 행위는 외형상 객관적으로 사용자인 '갑'의 사무집행과 밀접하게 관련된 것이므로 '갑'은 을의 사용자로서 위 불법행위로 인하여 병이 입은 손해를 배상할 책임이 있다.[13]

위 판례에서는 '을'이 '갑'의 회계사무소에서의 사무장이라는 직위를 이용하여 의뢰인을 상담하고 그 일을 처리해주는 것을 명목으로 불법행위를 했기 때문에 사용자 책임이 인정되었다. 이 논리를 '서울대 신교수 성희롱' 판례에 적용해보면, "피고 교수는 사용자로부터 부여받은 조교에 대한 실질적인 권한을 이용하여 업무 관계를 핑계삼아 원고가 원하지 않는 성적접근을 하였으므로 사용자가 알

---

12) 대법원 1998. 2. 10. 선고, 95다39533 판결.
13) 대법원 1995. 2. 3. 선고, 94다43115 판결. 판결요지 참고. 법제처 사이트.

지 못했다고 하더라도 원고가 입은 손해에 대해 배상할 책임이 있다"는 결론이 도출된다.

가해자와 피해자가 이미 교수-조교라는 불평등한 권력 관계[14]를 전제로 하여 가해자가 피해자에 대한 지휘감독권 및 실질적인 임면권(任免權)을 가진 상태에서, 원고가 피고를 자연인인 한 남성으로 인식하고 그의 행위가 업무와는 전혀 무관한 별개의 것이라고 구분하여 자신도 자연인으로서 대응한다는 것은 위계적인 조직문화를 가진 우리 사회에서는 거의 불가능하다. 가해자가 가진 권한은 가해자가 자연인인 상태에서 발휘되는 것이 아니다. 그 권한이 사용자로부터 부여받은 것이라는 점을 고려할 때, 피해자에 대해 "전인격적인" 지배권한을 갖고 있는 자의 행위에 대해 사용자 책임이 인정되지 않는다는 것은 납득하기 어렵다.

이와 관련하여 '롯데호텔 성희롱' 판례는 "외형상 객관적으로 사용자의 사업 활동 내지 사무집행 행위뿐만 아니라 그 행위 과정이 사업주의 지배·관리하에 있다고 볼 수 있는 이상 그와 관련된 것에까지 미친다고 보아야 할 것"[15]이라고 판시하고 있다. 이에 비추어 볼 때 어떤 행위가 직무 범위 내에 속하는가 여부는 행위자가 피해자에 대해 직무 권한을 갖는가, 그 권한은 누구로부터 나온 것

---

14) 원고는 1심 소장에서 피고와 자신의 관계에 대해 다음과 같이 진술하고 있다. "원고와 피고 신○○의 관계를 요약해 보자면, 일반 직장에서 볼 수 있는 상사와 부하직원간의 종속 관계에 원고가 맡은 일의 성격과 대학이라는 특수성이 가미되고 또한 실질적으로 위 피고가 원고의 임면권을 행사하여 준사용자의 위치에 있게 됨으로 말미암아 위 피고는 아무도 감히 상상할 수 없는 강한 지배를 하게 되어 원고를 전인격적으로 종속시켜왔다고 할 수 있습니다(우○○, 1993b:7)".

15) 서울지방법원 2002. 11. 26. 선고, 2000가합57462 손해배상(기) 판결.

인가에 따라 판단하는 것이 합리적이라고 생각된다.

그런데 '롯데호텔 성희롱' 판례 역시 직무 범위를 지나치게 협소하게 해석했다는 비판에서 자유로울 수 없다. 이 판례에서 사용자 책임을 인정한 이유는 "성희롱 방지 의무는 근로계약에 내재된 의무"라는 전제에 의해서이다.

> '업무와 관련하여'라 함은… '사무집행에 관하여'와 같은 의미라 할 것이니, 여기서의 업무와 관련된 행위에는 근로자의 업무 그 자체 또는 이에 필요한 행위뿐만 아니라 이와 관련된 것이라고 일반적으로 보여지는 행위는 설사 그것이 근로자의 이익을 도모하기 위한 경우라도 이에 포함된다고 보아야 할 것이다.[16]

그렇다면, 과장(2급)이 여직원을 따로 불러 이야기를 하던 도중 무릎을 만지고, 항의하며 자리를 피하려는 그녀에게 "보는 사람도 없는데 왜 그러냐", "과장이 앉으라고 하는데 말을 안 듣는다", "내 말을 잘 들으면 네 앞길은 탄탄대로야"라고 언급하면서 밖에서 따로 만날 것을 요구하고, 그녀가 거절한 이후 늦게 귀가시키거나 필요 이상으로 그녀에게 소리를 지르는 등의 행동을 했다는 사실은 위의 전제에 비추어 볼 때 어떻게 판단되어야 하는가. 업무에 대해 할 이야기가 있다며 원고를 사무실로 불러 성희롱을 한 것은 업무와 전혀 무관한 행위인가. 이 고소 내용에 대해 재판부는 성희롱임은 분명하지만 사용자 책임은 없다고 판결했다. 각각의 이유가 무엇인지 살펴보자.

---

16) 서울지방법원 2002. 11. 26. 선고, 2000가합57462 손해배상(기) 판결.

·성희롱 인정 이유

"…피고의 언동은 남녀고용평등법 등에서 정한 '직장 내의 지위를 이용한' 성희롱에 해당한다 할 것이고 위 원고가 그로 인하여 정신적인 고통을 받았을 것임은 경험칙상 명백하므로, 위 피고는 불법행위자로서 위 원고가 입은 정신적 손해를 금전으로나마 위자할 의무가 있다고 할 것인바…"

·사용자 책임 부인 이유

"…피고의 언동이 그의 직무 범위 내에 속하지 아니함은 물론 외관상으로 보더라도 그의 직무 권한 내의 행위와 밀접하여 직무 행위로 보여지는 경우라 하기 어려울 뿐 아니라…"17)

'앞길'에 대한 보장을 빌미로 직장 이외의 공간에서 만날 것을 요구할 수 있고, 이에 응하지 않으면 귀가를 늦게 시키는 등의 조치를 취할 수 있는 권한은 어디에서 나오는가. '직장 내의 지위를 이용한' 것과 '직무 범위 내에 속하지 아니함'은 도대체 법적으로 어떤 차이가 있는 것인가. 위 사례에서 피고가 원고에게 그러한 성적 접근과 위협을 할 수 있었던 것은 원고의 근무조건에 어떤 식으로든 영향을 미칠 수 있는 권한을 가졌기 때문이다. 그리고 그 권한은 사용자로부터 부여받은 것이다. 이 판례에서 성희롱의 불법행위성은 인정했지만 사용자 책임은 인정하지 않은 대부분의 사례에는 이와 동일한 이유가 제시되어 있다.

또한 직장 생활의 일부로 볼 수 있는 회식, 야유회 등에 대해서도 재판부는 ㉠ 회사에서 공식적으로 비용을 지원했고 ㉡ 총지배인(전무급)이나 영업이사 등의 임원급이 주재한 자리였고 ㉢ 공개적으

---

17) 서울지방법원 2002. 11. 26. 선고, 2000가합57462 손해배상(기) 판결.

로 이루어져 피고 회사가 알았거나 알 수 있었던 성희롱에 대해서만 '고용계약상 보호 의무를 게을리 한 것'으로 인정하여 사용자 책임을 부과했다. 그러나 일반적인 상식으로 부서 차원의 회식 비용은 부서장이 부담하거나 부서원들이 갹출하여 충당하고 그보다 규모가 큰 회식의 경우는 회사 차원에서 지원이 되는데, 롯데호텔의 경우는 부서운영비[18]라는 명목이 따로 있어 이를 회식 비용으로 융통하는 것이 가능했다. 이러한 상황에서 "회사 차원의 공식적인 비용 지원"을 연 2회(부서별 야유회와 망년회)로 한정하여 해석하는 것은 매우 편협한 것으로 보인다. 이러한 해석은 자칫 사용자로 하여금 공식적으로 비용을 지원하지 않는 자리에서의 성희롱 따위에는 신경 쓸 이유가 없게 할 것이고, 아예 비용 지원 자체를 안해 버리면 그만인 것이 되게 할 것이다. 또한 롯데호텔처럼 규모가 큰 회사에서 임원급이 평사원들과 회식자리를 갖는 경우는 손가락으로 꼽을 만큼 매우 드문 일이다. 그런데도 회사의 규모와 전혀 관계없이 이런 결정을 내린다면, 부서 차원의 회식 자리에서 부서의 장(長)이 아무리 성희롱을 해도 회사는 어떤 책임도 갖지 않게 되는 것이다.

사용자 책임에 관한 기존 판례의 태도를 보면, 사용자 책임을 묻기 위해서는 사용자와 피용자 사이에 사무감독 관계가 있어야 한다. 그런데 이때의 사무 관계는 고용계약에 기초한 고용 관계 또는 근로계약 관계보다 넓은 개념이라고 보며, 사실상 지휘·감독 아래

---

18) <사실관계> (6)에 의하면 피고 회사는 부서별 야유회(연1회)와 망년회의 경우 1인당 12,000원 가량을 지원한다. 그밖에 부서 차원의 회식인 경우는 부서 자체적으로 부서운영비, 거래처에서 지원하는 돈, 팁을 모은 돈 또는 갹출한 돈으로 비용을 충당해왔다.

사무를 집행하는 관계에 있으면 족하다고 한다.[19] 또한 '사무집행 관련성'에 대한 통설과 판례는 이미 다음과 같은 태도를 확립하고 있다.

> 피용자의 불법행위가 외형상 객관적으로 사용자의 사업활동 내지 사무집행 행위 또는 그와 관련된 것이라고 보여질 때에는 행위자의 주관적 사정을 고려함이 없이 이를 사무집행에 관하여 한 행위로 본다는 것으로, 피용자가 고의에 기하여 다른 사람에게 가해 행위를 한 경우 그 행위가 피용자의 사무집행 그 자체는 아니더라도 사용자의 사업과 시간적·장소적으로 근접하고, 피용자의 사무의 전부 또는 일부를 수행하는 과정에서 이루어지거나 가해 행위의 동기가 업무 처리와 관련된 것일 경우에는 외형적·객관적으로 사용자의 사무집행 행위와 관련된 것이라고 보아 사용자 책임이 성립한다고 할 것이고, 이 경우 사용자가 위험 발생 및 방지 조치를 결여하였는지의 여부도 손해의 공평한 부담을 위하여 부가적으로 고려할 수 있다.[20]

이러한 확립된 판례 태도가 왜 성희롱의 사용자 책임을 판단할

---

19) 이와 관련한 판례를 살펴보면, ①사용 관계는 비단 고용 관계가 있는 경우에 한하는 것이 아니므로, 동업 관계라 하더라도 업무 집행에 관하여 지휘·감독 밑에서 집행하는 관계가 있으면 사용 관계는 인정된다(대법원 판결 1979. 7. 10. 79다644). 또한 ②이삿짐센터와 고용 관계에 있지는 않았으나, 오랫동안 이삿짐 센터의 이삿짐 운반에 종사해 온 작업원들은 사용자의 손해배상 책임을 인정하는 데에 있어서 피용자라고 볼 수 있다(대법원 판결 1996. 10. 11. 96다30182). 또한 ③타인에게 위탁하여 계속적으로 사무를 처리하여 온 경우에도 객관적으로 보아 그 타인의 행위가 위탁자의 지휘·감독의 범위 내에 속한다고 보이는 경우에는 그 타인은 민법 제756조에 규정된 피용자에 해당한다(대법원 판결 1998. 8. 21. 97다13702)(김형배, 2001:1232).

20) 대법원 2000. 2. 11. 선고, 99다47297 판결. 판결 요지 참고. 인터넷종합법률서비스 넷로.

때에는 적용되지 않는 것인가. 직장 내 성희롱이 대부분 업무상 필요성을 명목으로 행해지기 때문에 저항하기 곤란하며, 수직적인 위계의 특성상 낮은 지위의 여성들이 이를 문제삼기 어렵다는 점을 고려해 볼 때, 사용자 책임의 요건인 '사무집행과의 관련성, 직무행위와의 관련성'은 다른 범죄보다 더 포괄적으로 해석되어져야 한다. 그럼에도 오히려 다른 범죄에 비해 지나치게 협소한 법해석이 이루어지고 있어 사용자 책임 부과를 어렵게 하고 있는 것이다. 게다가 성희롱의 특성과 그 피해에 대한 이해 부족은 사용자가 피해 사실을 알 수 있었던 상황에 한해서만 그 책임을 인정하는 또다른 편협한 기준을 적용하고 있다.

## 4. 성희롱 피해에 대한 성맹적(gender-blind) 태도

'롯데호텔 성희롱' 판례에서 사용자 책임이 인정된 드문 경우 그 기준은 '회사가 성희롱 사실을 알았거나 알 수 있었'던 사례이다. 여기에서 그 '앎'의 주체는 "직원들을 지휘감독하며 일상 업무에 관해 부분적으로 대표하는 자"를 포함한다고 하고 있는데, 재판부는 이것의 예시로 '이사' 이상의 임원 등(상무, 전무, 부사장, 대표이사)이나 부장의 지위를 들고 있다. 그러나 이러한 직위의 인사들은 직원들을 직접 지휘감독하지 않으며 일상 업무를 부분적으로 대표한다고 인식되지 않는다. 대부분 5급 또는 계약직인 여성들에게 이들은 회사 그 자체이다. '이사' 이상의 임원이나 부장의 입장은 곧 회사의 입장으로 인식되는 것이다. 그럼에도 불구하고 그 '앎'을 피해자의 피해 공개 여부와 연관지어 판단한 법원의 관점은 성희롱이 발생 가능한 맥락과 성희롱 피해에 대한 몰이해에서 비롯되는 것으로 보인다.

> 회사가 보호 의무를 부담하는 것은 일반적인 예측가능성을 전제로 하는 것이니만큼 어느 피용자의 다른 피용자에 대한 성희롱 행위가 그의 사무집행과는 아무런 관련이 없을 뿐만 아니라, 가해자의 성희롱 행위가 은밀하고 개인적으로 이루어지고 피해자로서도 이를 공개하지 아니하여 사용자로서는 이를 알거나 알 수 있었다고 보여지지도 아니하다면, 이러한 경우까지 사용자가 피해자에 대하여 고용계약상의 보호 의무를 다하지 아니하였다고 할 수는 없을 것…[21]

이 관점에 의하면 가해자가 누구이든, 어떤 피해를 야기했든 '은밀하게' 발생했고 피해자가 '입밖에 내지 않은' 성희롱에 대해서는 사용자 책임을 물을 수 없다. 위 내용은 '서울대 신교수 성희롱' 판례에서도 사용자 책임을 부인한 근거였는데, 두 판례 모두 이러한 근거를 제시하고 있는 것은 직장 내 성희롱에 대한 인식이 성희롱의 특성과 남성중심적인 조직문화·성문화를 전혀 고려하지 않은 채 구성되어 있음을 드러내는 것으로밖에 볼 수 없다. 성희롱 피해를 공개하는 것이 왜 어려운지를 고려하지 않는 것이다. 그러나 모순적이게도 재판부는 판결문에서 다음의 사실을 이미 전제했다.

> 원고들을 비롯한 하위직 여자 직원들은… 문제제기로 오히려 품행이 오죽 방정하지 못하였으면 그랬겠느냐는 등의 비난을 받을 소지가 다분히 있고 드러내는 것 자체가 여자로서는 수치스

---

21) 서울지방법원 2002. 11. 26. 선고, 2000가합57462 손해배상(기) 판결.

러운 일인데다가 (실제 집단소송인 이 사건에 있어서도 음부를
만졌다거나 하는 등 치욕적인 부분은 문제삼지 않는 경우가 더
러 눈에 띈다) 성희롱에 관한 고충을 처리하여 줄만한 마땅한
기관도 없으며 연배도 위이고 상사인 남자 직원들을 상대로 문
제제기를 하여보아야 무시당하거나 결국 하위직인 자신들만이
불이익을 당할 뿐이라는 생각에… 성희롱 행위 등을 당하더라도
대개의 경우 공식적으로 문제삼지 못하였음을 물론 그에 대하여
거부 의사도 제대로 표명하지 못하여 왔다.[22]

성희롱·성폭력 등 여성에 대한 범죄가 근절되기 어려운 요인 중
하나는 다른 범죄와 달리 실제 피해가 쉽게 드러나지 않는다는 점
이다. 한국여성민우회에서 남녀 직장인(여성 673명, 남성 613명)을
대상으로 실시한 설문조사에 따르면, 직장 내 성폭력의 발생 원인
에 대해 '여성'의 40.7%, 33.4%가 "위계적이고 권위적인 직장문화"
와 "여성을 성적인 존재로만 인식"하기 때문인 것으로 응답하고 있
는 반면 '남성'의 42.9%, 40.3%는 "남성들의 성적인 충동, 욕망"과
"여성의 과다 신체 노출" 때문인 것으로 응답하고 있다(한국여성민우
회, 1998:50~51). 결국 성희롱의 원인을 '자제할 수 없는 개인적인 충
동'과 '헤픈 행실을 가진 여성' 때문이라고 보는 우리 사회의 남성
중심적인 성문화[23]가 피해여성들을 침묵하게 하는 결정적인 역할

---

22) 서울지방법원 2002. 11. 26. 선고, 2000가합57462 손해배상(기) 판결.
23) 위 조사에서 심층 면접에 응한 한 남성은 "성폭력이 발생하는 것은 남성의 성
    적 충동이 지나칠 경우이다. 좋아하는 표현의 방식이 잘못된 상황, 한마디로
    도가 지나칠 경우 성폭력이 되는 것이다. 또 한가지는 여성의 행실이 헤프게
    보일 때 성폭력이 일어난다. 이런 여성은 만만하게 보이니까 성폭력의 원인이
    되는 것이다. 여성의 노출이 아주 심해서 충동을 자극시킨다(한국여성민우회,
    1998:51~52)"라고 응답하고 있다. 이 남성의 응답과 설문 조사 결과 모두 성폭
    력을 가해자의 잘못이라고 보기에 앞서 피해자에게 책임을 돌리는 잘못된 통

을 해온 것이다. 이러한 인식은 성희롱 피해가 직접적으로 가시화됐을 때 피해여성에게 가해지는 의혹과 2차 가해를 통해 여실히 나타난다.

'서울대 신교수 성희롱' 사건이 서울대에서 공개됐을 때 당시 서울대의 구성원들이 나타냈던 반응은 우리 사회의 이러한 인식 차이를 그대로 드러내는 축소판과 같다. 당시 서울대의 분위기를 전하고 있는 이숙경(1993:86~89)의 글은 이를 잘 보여준다. 성희롱 사건에 대해 서울대에 꾸려진 진상조사단에서는 "학내의 고질적인 문제"이며 "내막을 보면 교수와 학생간의 권위적 관계, 학교 행정당국의 구태의연한 관행, 관료주의적인 행태들이 가져온 결과"라는 입장을 밝혔다. 반면 가해자로 지목된 신교수의 지도하에 있는 대학원생들의 입장은 전혀 달랐다. "전혀 근거없는 이야기"이고 "치졸한 복수극"일 뿐 아니라 "강간을 당한 것도 아니고 심한 성추행을 당한 것도 아닌데 교수의 친절한 배려와 자상함으로 해석할 수도 있는 언행을 성희롱이라고 이름 붙이고 나선 것을 이해할 수 없"다는 것이었다.[24] 원고는 소장에서 이 소송의 의미에 대해 다음의 입장을 밝히고 있다.

> 적지 않은 사람들이 원고가 당한 정도의 성희롱 행위는 많은
> 직장에서 자주 일어나고 있는 일이며 매우 사소한 일로 치부해

---

넘을 그대로 반영하고 있다.

24) 이에 대해 이숙경은 신교수의 제자들이 피해 조교를 맹렬히 비난하고 전임 조교들을 찾아다니며 성희롱 피해에 대한 증언을 취소하라고 설득한 행위에 대해 "우리 나라의 학문적 풍토는 교수와 제자가 마치 운명공동체와 같아 제자의 앞길을 터주고 막는 것은 모두 교수의 손아귀에 달려있"다는 의미심장한 코멘트를 하고 있다.

버리려 할지도 모릅니다. 그리하여 이를 문제삼는 원고를 조직이나 사회 생활에 적응하지 못하는 철부지로 치부하려고 할지도 모릅니다. 이러한 태도는 그동안 우리 사회에서 은연 중에 퍼져 있는 성적 희롱에 대한 일반화된 태도일지도 모릅니다(우○○, 1993b:27~28).

직장 내 성희롱 문제를 판단함에 있어 "피해자로서도 이를 공개하지 않아"라는 단서를 붙여 사용자 책임을 면제하는 것은, 피해여성을 침묵하게 하는 우리 사회의 성문화와 대부분의 여성들은 권력을 갖지 못한 남성중심적 조직문화를 고려하지 않은 것이다. 바로 성희롱이 발생가능한 맥락, 성희롱 피해가 갖는 성별성을 전혀 인지하지 못하고 있는 것이다. 지금은 미약하게나마 법적 규제가 이루어졌지만, '서울대 신교수 성희롱' 사건의 피해자인 조교가 피해사실을 밝히지 않았다면 아직도 법제화의 필요성이 제기되지 못한 채 여전히 "사소한 일", "직장 생활을 하려면 감당해야 할 일"로 인식되고 있을지도 모른다.

# 6장 미국의 사용자 책임 판단 기준

직장 내 성희롱의 사용자 책임에 대한 주요한 판단 기준으로 우리 나라 법원과 미국 법원은 '직무 행위 관련성', '피해 사실을 피해자가 공개했는지, 사용자가 알고 있었는지 여부'를 들고 있다. 그러나 외형상 같은 이 기준은 성희롱 문제에 대한 '다른' 이해와 '다른' 논리를 통해 전혀 다른 결과를 만들어내고 있다. 이 장에서는 이 글의 분석대상인 판례들을 검토함으로써 미국 법원이 어떤 과정과 어떤 논리를 통해 사용자 책임에 대한 판단을 구체화해왔는지 살펴보았다.

미국에서 공민권법 7편에 근거하여 '성별을 이유로 한 불법한 고용 관행'임을 인정한 경우는 "회사의 정책에서 비롯되는 차별적 행동"에 국한되었었다. 예를 들면 결혼 또는 임신 등을 이유로 해서 기혼 여성의 고용을 금지하는 조치를 취한다면, 이는 사용자가 고안하거나 지향하는 바에 의해 사용자의 이익을 추구하는 과정에서 비롯되는 것으로 보아 고용상의 성차별로 판단했던 것이다. 이러한 선례는 성희롱 사건을 판단할 때에도 영향을 미치게 된다. 성희롱으로 인해 사용자에게 이익이 발생하지 않는다면 사용자 책임은 인정되지 않았던 것이다. 1975년의 콘 대 바슈롬사(社) 판례의 1심 법원은 "가해 상사의 행동이 여성의 고용 기회를 박탈하고자 하는 회사의 정책으로 이해될 수 있는 것은 아무 것도 없다"[1]는 이유를 들어 사용자 책임을 인정하지 않았던 것이다.

앞서 언급했듯이 직장 내 성희롱의 사용자 책임에 대한 주요한 판단 기준으로 우리 나라 법원과 미국 법원은 '직무 행위 관련성', '피해 사실을 피해자가 공개했는지, 사용자가 알고 있었는지 여부'를 들고 있다. 그러나 외형상 같은 이 기준은 성희롱 문제에 대한 '다른' 이해와 '다른' 논리를 통해 전혀 다른 결과를 만들어내고 있다. 이 장에서는 이 글의 분석대상인 판례들을 검토함으로써 미국 법원이 어떤 과정과 어떤 논리를 통해 사용자 책임에 대한 판단을 구체화해왔는지 살펴보도록 하겠다.

## 1. 사용자 책임에 대한 법적 판단의 변화 과정

반즈 대 코슬 소송이 1심에서 패소한 이후 75년에 제기된 콘 대 바슈롬사(社) 판례와 76년의 탐킨스 대 전기가스공사[2] 판례에서도 성희롱이 불법한 행위일 경우 다른 법에 의해 구제될 수는 있지만 공민권법 7편의 위반은 아닌 것으로 판결되었다. 그러나 1976년 윌리엄스 대 색스비 판례에서 법원은 직장 내 성희롱을 공민권법 7편의 위반인 성차별로 보고 가해 당사자 뿐 아니라 사용자에게도 책임을 물었다. 이후 반즈 대 코슬 사건의 항소심과 탐킨스 대 전기가스공사 사건의 항소심 모두 원고승소 판결이 내려지게 되고, 76년 1심에서 패소했던 밀러 대 미국은행(Miller v. Bank of America) 소송도 항소심에서 결국은 원고승소 판결이 내려진다.

하지만 이들 판례에서 사용자 책임이 인정된 부분은 성적 요구에

---

1) 390 F. Supp. 161(D. Ariz.), 1975.
2) 항소심 판결문 참고. 568 F.2d 1044(3rd Circuit), 1977.

대해 거절한 것을 이유로 해고당하거나, 형식적으로는 자발적 사직이지만 실제로는 사직을 강요당하는 등의 '명백한 고용 조치'가 취해진 경우에 한정된다. 그러한 조치는 사용자의 암묵적인 승인 하에 가능하다고 보기 때문이다.

이러한 경향은 세 가지 문제점을 안고 있다. 첫째, '명백한 고용상 불이익'이 없는 한 성희롱의 불법행위성은 인정된다 해도 사용자 책임은 인정될 수 없게 한다. 둘째, 고용 조치를 취할 수 있는 권한을 갖지 않은 자가 가해자인 경우, 즉 동료나 거래처 직원 또는 고객 등에 의한 성희롱에 대해서는 사용자 책임을 물을 수 없다. 셋째, 그에 대한 입증의 1차적 책임이 피해자에게 있어 성희롱과 고용상 불이익의 인과 관계를 증명하기 애매한 경우 사용자에게 책임을 묻기 어렵다. 이처럼 피고용인의 고용조건을 변화시키고 고용 지위를 불안정하게 하는 조치가 취해진 경우에 한해서만 사용자의 책임을 인정하는 것은 매우 제한적인 의미를 가질 수밖에 없는 것이다.

그런데 1981년 직접적인 고용상 불이익이 없다 하더라도 정신적인 피해를 야기한 성희롱을 인정하는 판결이 나오게 된다. 이는 번디 대 잭슨(Bundy v. Jackson) 판례인데, 법원은 "소수인종에 대한 차별이 직접적인 차별 의도를 드러내지 않을 수는 있으나 불쾌한 고용환경을 조성할 경우 공민권법 7편을 위반한 것으로 인정된다. 그런데 왜 성희롱은 해당이 안 된단 말인가?"라고 하며, "성희롱이 피해자에게 적대적 환경을 조성하면 공민권법 7편을 위반하는 성차별이 된다(Stein, 1999:49~50)"고 판시했다. 그리고 헨슨 대 던디시(市) 사건의 항소심은 "실질적인 피해를 입힌 게 아니라면 공민권법 7편의 위반이 아니"라고 한 1심 판결을 파기하며 다음 이유를 제시했다.

> 공민권법 7편에서 언급하고 있는 '보수, 고용조건, 고용상 혜
> 택' 등의 어구는 심각한 민족적 또는 인종적 차별을 부과하는
> 노동환경 조성 관행도 보호 영역 내에 이르는 것으로 보는 확장
> 된 개념이다. 인종차별에 대한 판례들은 실질적인 직업적 손해
> 와 무관하게 인종 또는 민족성을 이유로 불리한 영향을 미치는
> 직장환경을 묵인 혹은 조성하는 것은 사용자가 7편을 위반하는
> 것이라고 판결해왔다.[3] 인종을 이유로 한 harassment가 인종평등
> 에 장벽이 되는 것처럼, 어느 한 성(性)의 구성원에게 적대적 또
> 는 모욕적인 환경을 조성하는 성희롱은 어느모로 보나 직장 내
> 성평등에 대한 인위적인 장벽이다.[4]

이러한 과정을 거쳐 1986년 연방대법원이 성희롱을 인정한 최초
의 판결이 나오게 된다. 이는 메리터저축은행 대 빈슨 판례로, 이
사건의 1심 법원은 "빈슨과 테일러가 친밀한 혹은 성적인 관계를

---

3) 항소심은 유사한 결론이 도출된 판례로 다음을 들고 있다.
- Calcote v. Texas Educational Foundation(1978): "백인 피용인의 인종적 괴롭힘
  은 차별적인 노동조건을 조성한다."
- Friend v. Leidinger(1978): "상사와 동료들이 흑인에 대해 수없이 많이 경멸적
  인 언급을 하는 것은 차별적인 노동조건을 조성한다."
- Firefighters Inst. for Racial Equality v. City of St. Louis(1977): "인종에 따라 직원
  들이 식사할 수 있는 클럽을 분리하는 것은 흑인 피용인에게 차별적인 노
  동환경을 조성한다."
- Lucero v. Beth Israel Hosp. & Geriatric Center(1979): "인종에 대한 비방은 흑인
  피용인에게 차별적인 노동환경을 조성한다"
- Gray v. Greyhound Lines, East(1976): "피용인은 차별적인 노동환경을 조성하
  는 고용주의 고용 정책에 이의를 제기할 수 있다."
4) 682 F.2d 897(11th Circuit), 1982.

맺고 있었다면 그 관계는 고용 보장 또는 승진 등과는 무관한 자발적인 것이다"라고 하여 빈슨의 주장을 모두 기각했었다. 그러나 항소심은 EEOC의 "성차별에 관한 지침"에서 "구체적인 고용 이익을 성관계의 조건으로 하는 경우와, 경제적인 이익에는 영향을 주지 않지만 적대적 또는 모욕적인 노동환경을 조성하는 경우(29 CFR 1604.11(a))" 모두 성희롱으로 규정하고 있다는 것을 근거로 들어 "빈슨이 당한 성희롱은 적대적 환경 유형"이라고 결정했다. 또 "사용자는 관리 권한을 가진 피고용인의 성희롱에 대해서는 그 사실을 알았는지 여부와 무관하게 무조건 책임을 져야 한다(29 CFR 1604.11 (c))5)"고 하여 은행의 사용자 책임을 주장했다. 이에 연방대법원은 성희롱 소송에서 가장 중요한 것은 '자발성' 여부가 아니라 성희롱이라고 주장된 성적 접근이 피해자가 '원치 않는' 것인가 여부라고 하면서, 성희롱을 판단하는 기준은 피해자의 입장에 근거해야 한다고 판시했다. 그러나 연방대법원은 사용자 책임에 대해 명확한 규칙을 결정해달라는 피고와 원고측 모두의 요청을 거절했다. 단지 다음의 입장만을 밝혔다.

> 공민권법 7편에서 '사용자'의 정의가 사용자의 '대리인'을 포함하고 있는 것은 사용자가 책임을 져야 하는 성희롱 행위에 대해 어떤 한정된 범위를 두고자 한 것이다. 이러한 이유로 본 법정은 관리 권한을 가진 직원의 성희롱에 대해 사용자가 자동적

---

5) 사용자의 '무과실책임'을 규정하고 있던 이 항목은 98년 있었던 벌링턴사(社) 대 엘러스 판례와 파라거 대 보카레이튼시(市) 판례 이후 폐지되었다. 이 두 판례에서 사용자가 관리 직원의 성희롱에 대해 무조건 책임을 지지 않을 수 있는 상황을 제시함으로써 이 조항이 더 이상 유효하지 않게 되었기 때문이다 (EEOC, 1999c).

으로 책임을 갖는다는 항소심의 결론을 잘못된 것이라고 판단한
다. 또한 같은 이유로 사용자가 피해 사실에 대해 보고받은 바
가 없다는 것이 사용자를 반드시 면책하는 것은 아니다.[6]

이 판결 이후 사용자 책임에 대한 법원의 판결은 첫째, 가해자가
피해자에 대해 갖는 직무상 권한이 무엇인가, 둘째, 가해자의 직위
는 사용자가 성희롱 사실을 알고 있었는지 여부와 어떤 관련을 갖
는가, 셋째, 사용자는 '어떤' 성희롱 예방 조치와 해결 절차를 마련
해왔는가, 피고용인들이 그러한 절차를 이용함에 있어 수반되는 어
려움은 없는가, 넷째, 피해자가 입증해야 하는 피해 사실의 범위는
어디까지인가 등을 중심으로 이루어진다.

스팍스 대 파일럿 화물운송회사(Sparks v. Pilot Freight Carriers, Inc.)
판례에서 이 사건의 피해자인 스팍스는 83년 5월부터 조지아 주(州)
트럭수송 기점인 Duluth 지점의 사무원으로 근무하다가 84년 2월
지점장으로 부임한 롱(Long)으로부터 성적인 언급과 신체 접촉 등의
성희롱을 당했다고 주장했다. 법원은 가해자가 피해자에 대해 고용
과 해고 등 실질적인 인사권을 가지고 있었고, 실제로 이 권한은 누
구에게도 구속되지 않는 재량권이었다는 사실, 그리고 사용자가 성
희롱을 예방하기 위한 어떤 조치도 하지 않았다는 사실에 의해 사
용자 책임을 인정했다.[7]

한편 해리스 대 포크리프트 시스템사(社)(Harris v. Forklift Systems,
Inc.) 사건에서는 가해자가 바로 사용자였다. 해리스가 주장한 하디

---

6) 477 U.S. 57, 1986.
7) 830 F.2d 1554(11th Circuit), 1987.

(Hardy)의 성희롱은, 해리스를 포함한 여직원들에게 자기의 바지주머니에 있는 동전을 꺼내도록 시키거나 옷차림에 대해 성적으로 빈정대는 것, 다른 직원들 앞에서 해리스에게 "여자인 네가 뭘 알아", "우리는 남자 관리자가 필요해" 등의 언급을 종종 한 것, 직원 뿐 아니라 고객이 있는 앞에서 자신과 해리스가 "임금 협상을 위해 홀리데이 인에 가야한다"고 말한 것, 해리스의 문제제기 이후 중지할 것을 약속했으나 한 달 뒤 또다시 해리스가 계약 성사를 위해 고객과 성관계를 약속했음을 암시하는 발언을 한 것 등이다. 이러한 내용은 해리스가 여성으로서 겪었던 모욕적인 언행과 여자 관리자로서 자신의 업무를 가치절하 당해온 일련의 과정을 보여준다.

　사용자가 성희롱 행위자라는 점은 사용자 책임에 대해 일면 이론의 여지가 없는 듯 보이게 한다. 하지만 이 사건은 성희롱 자체를 인정받는 것부터가 쉽지 않았다. 1심 법원이 해리스가 자신의 심리적 피해의 '심각함'을 입증하지 못했다며 성희롱 성립을 인정하지 않은 것이다. 이 소송의 주요 논점은 "모욕적인 노동환경이 성희롱임을 주장하기 위해 피해자는 '심각한' 심리적 손상을 입증해야 하는가"로 모아진다. 이에 대해 연방대법원은 다음과 같이 판시했다.

　　'합리적 인간'이 노동환경을 적대적이고 모욕적인 것으로 느끼고 피해자도 주관적으로 그렇게 지각하는 한, 객관적으로 적대적이고 모욕적인 노동환경은 조성된다. 따라서 피고용인의 심리적 상태에 심각한 영향은 미치지 않더라도 업무 수행과 성취에 영향을 미칠 수 있다(예를 들면, 업무의 가치를 떨어뜨리는 발언을 하여 피고용인을 좌절시키거나 직업 경력을 쌓지 못하도록 하는 것). 또한 적대적인 노동환경은 수학적으로 정확한 것이

아니기 때문에 '차별적인 행동의 빈도, 그것의 심각성, 위협적이
거나 굴욕적인 것인지 또는 단순히 불쾌한 것인지, 비합리적으
로 업무 수행을 방해하는지' 등을 포함, 그 환경을 전체적으로
고려해야 한다. 심리적 손상은 상대적인 것일 뿐 필수적인 요건
은 아니다.8)

이러한 과정을 거치면서 '명백한 고용상 불이익'이 있는 경우에
사용자 책임이 부과되는 것은 말할 것도 없고, 고용 조치와 무관하
지만 심리적 피해를 입힌 성희롱에 대해서도 그 피해의 심각성에
관계없이 사용자 책임을 인정받을 수 있게 된다. 그리고 1998년 연
방대법원이 판결한 사용자 책임에 대한 세 가지 판례는 EEOC가 이
듬해 발행한 이행지침의 주요 내용을 구성한다. 이 지침은 벌링턴
사(社) 대 엘러스 판례와 파라거 대 보카레이튼시(市) 판례를 중심으
로 직장 내 모든 harassment에 대한 사용자의 의무를 구체적으로 명
시하고 있다.9)

그런데 발생가능한 모든 harassment의 사용자 책임을 판단할 때
고려해야 할 기준의 내용이 직장 내 성희롱 판례를 주된 근거로 하
여 구성되었다는 점은 매우 흥미롭다. 앞서 번디 대 잭슨 판례와 헨
슨 대 던디시(市) 판례에서 언급했듯이, 80년대까지만 해도 직장 내

---

8) 510 U.S. 17, 1993.

9) 또다른 판례인 온케일 대 썬다우너 오프쇼어서비스사(社) 판례는 '동성(同性)'인
   상사와 동료에 의한 성희롱에 대해 사용자 책임을 주장한 소송인데, 연방대법
   원은 "가해자와 피해자가 같은 성별이기 때문에 '성별을 이유로 한 차별'을 주
   장할 수 없다"는 하급심의 판결을 파기했다. 그리고 다음과 같이 판시하였다.
   "공민권법 7편은 여성 뿐 아니라 남성도 보호한다… 물론 동성(同性)에 의한 성
   희롱은 공민권법 7편을 제정할 때 고려했던 주된 해악은 아니다. 그러나 주된
   해악을 넘어 합리적으로 유사한 해악에도 적용될 수 있다". 523 U.S. 75, 1998.

성희롱이 공민권법 7편을 위반하는 불법한 고용 관행임을 정당화하기 위해서는 대부분 인종차별 판례를 인용해야만 했다. 그런데 사용자 책임의 결정판과 같은 이 지침서가 성희롱 판례를 중심으로 작성되었다는 것은 미국 사회에서 공민권법 7편의 위법으로 인정되는 성희롱 소송이 그만큼 증가했다는 사실을 보여주는 것이며, 사용자들이 성희롱 예방에 더욱 경계를 기울여야 하는 상황에 직면해 온 현상으로 읽힌다.

## 2. 고용 범위 해석에 따른 직무 행위 관련성 판단

벌링턴사(社)의 영업사원으로 근무하던 엘러스는 상사 중 1명인 슬로윅(Slowik)의 지속적인 성희롱 때문에 사직할 수밖에 없었다며 슬로윅의 행동에 대한 회사의 책임을 주장, 소송을 제기했다. 이에 대해 회사는 "슬로윅은 고위급 임원진으로 간주되지 않으며 실제로 의사 결정 또는 정책 결정을 하는 층에 속하지 않는다. 게다가 그는 엘러스의 직속상사도 아니고 실제로 그녀에게 어떤 고용상 조치도 취하지 않았다"며 사용자 책임을 부인했다. 이에 대해 엘러스는 슬로윅이 자신의 직속상사가 아니기는 하지만, 불리한 고용 조치를 하겠다고 위협한 것에 대해서는 회사의 책임을 묻기에 충분하다고 주장했다.

엘러스는 슬로윅의 언급이 불리한 조치를 취하겠다는 위협으로 이해될 수 있는 세 가지 사건을 강조했다. 첫 번째는 출장지에서 호텔 라운지로 불러내어 "마음을 편하게 가져라. 당신도 알다시피, 나는 당신의 직장 생활을 아주 쉽게 만들 수도 있고 아주 어렵게 만들 수도 있다"라고 경고한 것이다. 두 번째는 엘러스가 승진을 위한 면접을 받는 과정에서 면접관이었던 슬로윅이 그녀의 무릎을 만지면서 "자세가 흐트러진 구석도 있어야 하는데"라며 승진 보류를 암시한 것이다. 하지만 엘러스는 승진했다. 세 번째는 엘러스가 업무상 문의할 것이 있어 두 차례에 걸쳐 슬로윅에게 전화를 걸었지만, "지금 뭘 입고 있는지 말하지 않으면 대답하지 않겠다", "스커트를 더 짧게 입으면 당신의 일이 더 쉬워질텐데"라는 말을 거듭 하며 엘러스의 문의에 대해서는 결국 대답하지 않았던 사건이다. 이 일이 있은 후 얼마 지나지 않아 엘러스의 직속상사는 그녀에게 전화 통화하는 예절에 대해 주의를 주었고, 이 일을 계기로 엘러스는 사직서를 냈다.10) 실제로 슬로윅의 위협은 한번도 실행된 적이 없으며, 벌링턴사(社)에서의 그의 직위는 고용과 해고 등의 권한을 가지고는 있었지만 자신의 상사로부터 승인을 받아야만 그 권한을 이행할 수 있는 중간급 관리자였다.

연방대법원은 이 소송에서 결정해야 할 주요 사항을 "관리자가 성별에 기반하여 하급자의 고용조건을 변경시킬 수 있는 명백한 위협을 함으로써 적대적 노동환경을 조성한 경우, 그러나 그 위협이 실행되지는 않았을 때 사용자 책임을 어떻게 판단할 것인가 여부"라고 제시했다. 그리고 이를 판단하는 주된 원칙으로 〈Restatement(Second) of Agency(이하 'Restatement') Section 219(2)(d)〉11)를 가져오는데, 이는

---

10) 524 U.S. 742, 1998.

11) 미국은 각 주(州)가 독립적인 법역(法域)을 이루고 법률 내용도 매우 복잡한데, Restatement는 미국법률협회(American Law Institute)의 주업무로써 미국법의 각 분야를 간단한 조문 형식으로 체계적으로 재표현하려고 한 것이다. 주로 현행법 중 유력하고 타당한 것을 채용하고 얼마간의 학설적 견지에서 수정을 가한

공민권법 7편에서의 '사용자' 정의가 '대리인'을 포함하고 있다는 것에 근거한다(SEC. 2000e 〔701〕 (b)).

일반적으로 성희롱은 고용 범위 '안'에서의 행위가 아니라고 인식된다. Restatement Section 219(1)은 "주인(master)은 자신의 고용 범위 내에서 하인(servant)이 저지른 불법행위에 대해 책임을 진다"고 규정하고 있고, Restatement Section 228(1)(c)에서는 "고의적인 행동이 부분적으로라도 주인(master)에게 이득을 주기 위한 목적으로 행해졌을 때는 고용 범위 이내"로 판단한다고 명시하고 있다. 즉 사용자의 이득을 위한 행위가 아니거나 심지어 사용자의 정책과 상반되는 행위는 고용 범위 '밖'의 행위로 보는 것이다. 이 사건에서도 벌링턴사(社)는 성희롱 금지 정책을 마련하고 있었고, 슬로윅의 행위는 순전히 개인적인 동기에 의한 것으로 사용자의 정책과는 상반되는 것이었기 때문에 고용 범위 '밖'의 행위가 되어 사용자 책임이 면제될 수 있다.

그러나 고용 범위 '안'과 '밖'의 경계는 상황에 따라 유동적으로 해석된다. 특히 이 판례에서 연방대법원은 Restatement 219(2)(d)에 주목하여 슬로윅의 행위가 엄격한 의미에서는 고용 범위 '밖'의 행위이지만 고용 범위 '안'으로 해석된다는 것을 보여주고 있다. Restatement 219(2)(d)는 "외견상 권한에 의한 불법행위('외견상 권한 기준') 또는 대리 관계의 존재에 의해 불법행위가 가능했던 경우('대리 관계 기준')는 고용 범위 '밖'의 행위에 대해서도 사용자가

---

다. 계약, 불법행위, 신탁 등의 제분야에 대해 10개부문은 이미 완성·간행되었다. 물론 법적 효력을 갖지는 않으나 실제상 권위를 갖는 동시에 새로운 미국법의 성격까지도 나타내는 사업이다(법률영한사전, 2002:504).

책임을 진다”고 규정하고 있다. 연방대법원은 “외견상 권한 기준은 실제로 갖지 않은 권력을 이용할 취지로 불법행위를 하는 경우와 관련되는 것으로 이 사건의 맥락에는 적합하지 않다”고 판단하고, ‘대리 관계 기준’을 중심으로 이 사건을 분석한다. ‘대리 관계 기준’은 사용자로부터 위임된 권한을 오용(misuse)한 것을 근거로 하여 사용자 책임을 부과하고자 할 때 적합한 분석틀이다.

이 사건에서 슬로윅의 위협은 실행되지 않았다.[12] 이 경우 고용 범위를 어떻게 설정하는가에 따라 사용자 책임은 달라지는데, 이를 판단함에 있어 연방대법원은 파라거 대 보카레이튼시(市) 판례를 언급했다. 이 판례에서 연방대법원은 주장된 행위가 ‘업무상 수반되는 일반적인 위험’으로 간주될 수 있는가, 그 위험이 ‘예상가능한 행위’인가에 대해 고려했다. 이의 근거로 직장 내 성희롱 사안이 아닌 강간이나 폭행 등의 소송에서 고용 범위를 넓게 해석해 온 판례들을 예시하고 있다. 경찰이 수감되어 있는 여성 운전자를 강간한 Mary M. v. Los Angeles(1991) 판례, 취업알선기관의 직원이 모의 신체검사 지원자를 성적으로 폭행한 Turner v. State(1986) 판례, 간호조무사가 환자를 강간한 Samuels v. Southern Baptist Hospital(1992) 판례 등은 ‘예상가능한 행위’ 혹은 기본적인 업무와 관련한 행위라는 이유로 사용자 책임이 인정되었다. 특히 Samuels v. Southern Baptist Hospital(1992) 판례의 경우 법원은 “‘분리된(locked)’ 환경에서 ‘무기

---

12) 고용조건 변경에 대한 위협이 실제로 실행되는 경우는 앞서 지적했듯이 대리 관계의 존재 없이는 불가능하다. 일반적으로 그러한 조치는 공식적인 자료로 남게 되고 가해자보다 더 높은 직위의 관리자에 의해 검토되기 때문에 이는 기업 내부의 절차를 이용하여 승인을 얻은 것으로 간주된다. 따라서 사용자 책임은 당연히 부과된다. 524 U.S. 742, 1998.

력한' 환자를 돌보는 간호조무사의 업무 수행 중 '흔히 있을 수 있는 일'"이라고 언급했다.

이 판례들에서 주목할 점은 가해자와 피해자 사이에는 실제로 어떤 고용 관계도 없다는 것이다. 성희롱은 가해자의 업무 수행을 명목으로 혹은 그 과정에서 발생했지만, 그는 피해자의 상사도 아니었고 거래처 직원도 아니었다. 단지─그 내용이 무엇이든─피해자를 보호하거나 관리할 수 있는 권한을 가졌을 뿐이다. 그럼에도 이들 사건에서 사용자 책임이 인정됐다는 것은, 가해자와 피해자의 고용 관계가 고용 범위를 구성하는 것이 아니라, 가해자 또는 피해자가 사용자의 고용 범위 내에 있는가, 가해자 또는 피해자가 사용자가 관리·보호해야 할 범위에 속하는가가 관건이 된다는 것을 보여준다. 고용 범위를 이와 같이 해석하는 것은 사용자에게 요구되는 조치 수준을 매우 강도 높게 한다.

이렇게 예상 가능한 사회적 행위에 대해 사용자 책임을 부과하는 것이 공정하다면 이는 동료에 의한 성희롱에도 마찬가지로 적용될 수 있다. 이때 고려해야 할 것은 일반적으로 동료보다는 관리자의 행위가 노동환경을 변화시킬 더 많은 권력을 가지고 있고, 대리 관계에 의해 불법행위가 가능하거나 '용이'할 수 있다는 점이다. 그들은 자신의 권한 내에서 어떤 요구를 할 때마다 응하지 않을 경우에 대한 처벌을 매번 직접 말로 하지는 않지만, 하급자들은 처벌이 있다는 걸 알고 있다.[13] 결국 벌링턴사(社) 대 엘러스 판례에서 연방대법원은 이러한 대리원칙에 입각할 때 슬로윅의 행위는 사용자 책임을 구성하기에 충분하다고 보았다. 단 벌링턴사(社)가 성희롱 금지

---

13) 524 U.S. 775, 1998.

정책을 마련하고 있었고 엘러스가 이러한 정책을 전혀 이용하지 않았다는 점을 고려하여 각자에게 변호할 기회가 더 필요하다고 판시했다.14) 사용자가 성희롱 금지 정책을 확립해 두었을 경우에 한정하여 변호할 기회를 주겠다는 것은 성희롱 예방의 중요성을 강조하면서 그 의무 이행을 강제하는 의미를 갖는다.

## 3. 피해 사실 공개 어려운 현실 고려

사용자가 자신의 책임을 면제받기 위해 충족시켜야 할 두 번째 전제는 "피고용인이 예방 또는 시정의 기회를 합리적인 이유없이 이용하지 못했음을 입증하는 것"이다. 이는 사용자가 성희롱 금지 정책과 고충제기절차를 마련해두었고 그 실효성을 보장했음에도 불구하고 피해자가 그것을 전혀 이용하지 않은 경우, "위법으로 인해 결과되는 피해를 최소화 또는 회피할 수 있는 상황에서는 합리적이라 간주되는 수단을 사용해야 할 의무가 피해자에게도 있다"는 일반이론에 의한다(EEOC, 1999d). 특히 사용자들은 '피해자들이 회사에 알리지 않았다'는 것을 가장 강력한 근거로 제시한다. 어떤 신고도 없었기 때문에 알 수 없었고, 따라서 시정할 기회도 갖지 못했다는 것이다.

---

14) 524 U.S. 742, 1998. 그러나 반대의견을 제출한 판사 토마스(Thomas)는 슬로윅의 행동이 '위협'으로 나타난 것은 대리 관계에 의한 것이 아니라고 주장했다. 그것은 슬로윅의 언급이 대리인으로서의 외견상 권한 범위 내에서 또는 정상적인 업무 과정 중에 행해진 것이라는 엘러스의 잘못된 믿음에 의한 것이라며, 연방대법원이 벌링턴사(社)에게도 변호할 기회를 주긴 했지만 실제로는 어떤 지침도 제공하지 않고 '구차스러운 짐'을 하급심에 떠넘겼다고 비판했다.

흑인여성인 밀러는 우수한 직무 능력을 인정받는 은행원이었다. 그런데 직무 능력에 대한 포상으로 임금 인상까지 받은 지 얼마 지나지 않아 해고되었다. 밀러는 자신을 "black chick"이라고 부르며 성관계를 요구했던 관리자의 보복 해고라고 판단하여 은행을 상대로 소송을 제기했다. 은행측은 준비서면을 통해 "은행은 밀러의 상사가 한 행위를 금지하는 정책을 마련하고 있었고 내부 절차를 통해 시정할 수 있는 방법을 그녀에게 제공했다. 그런데 밀러가 이를 이용하지 않았으므로 그녀의 주장은 그 자체로 권리가 박탈된다"고 주장했다. 일반적으로 은행의 정책이 합리적인 것이었다면 피해자가 직장 내의 구제 절차를 사용하지 않은 이유에 대해 따져보게 된다. 그런데 이 사건의 항소심은 다음의 이유로 은행측의 주장을 기각했다.

> 회사의 구제 절차를 반드시 사용해야 한다는 요건을 공민권법 7편이 제시하는 내용으로 해석할 수는 없다… 예를 들어 차별을 이유로 노동조합을 신고하고자 할 때, 소송의 전제 조건으로서 노동조합의 구제 절차를 사용해야 할 필요는 없다.[15]

이러한 판단은 밀러가 결국 해고되기에 이르는 명백한 고용상의

---

15) Miller v. Bank of America(1979), 600 F.2d 211(9th Circuit). 또한 불법행위에 대해 사용자 책임이 관례적으로 적용되어 왔음을 언급하며 다음 사례를 제시하고 있다. "택시 기사의 부주의로 인해 보행자에게 상해를 입힌 것에 대해 택시 회사가 안전교육프로그램을 마련하고 있고 부주의한 운전을 엄격히 금지했다는 이유로 회사는 책임이 없다고 법원이 판결한다면, 그것은 매우 충격적인 일이다. 심지어 택시 기사가 교통 신호를 무시하고 길을 건너는 보행자에게 화가 나서 일부러 그를 쳤다고 해도 택시 회사는 책임을 면제받을 수 없다".

조치를 당했기 때문에 가능했던 것이다. 그러나 이러한 경제적인 손실을 야기하는 고용 조치가 없는 경우 피해자에게도 성희롱 피해를 신고할 의무가 요구된다.

메리터저축은행 대 빈슨 판례에서는 사용자 책임에 대해 입장에 따라 각기 상반된 견해가 제시되었다. 우선 피해자인 빈슨은 공민권법 7편의 사용자 정의가 그 대리인을 포함하고 있다는 점에 주목하여 "그 환경이 직무와 관련된 것(work-related)인 한, 관리자는 사용자이고 사용자는 관리자이다"라는 입장을 견지한다. 따라서 테일러에게 직접 "그러한 행위가 부적절하다"는 것을 이야기한 적이 있기 때문에 이는 곧 은행에 알린 것과 마찬가지라고 주장했다. 그러나 은행은 "빈슨이 고충제기절차를 이용하지 않았고 피해 사실을 신고하지 않았기 때문에" 은행의 책임은 면제되어야 한다고 주장했다. 특히 실제적인 고용 조치가 취해지지 않은 경우 고용주는 그러한 사실을 알 수 있는 근거가 없고 시정할 기회도 갖기 어렵다는 것이다. 그리고 EEOC는 준비서면을 통해 전통적인 대리 원칙상 피해자에게 고용상 조치가 취해진 경우는 사용자에 의해 위임된 권한을 이용하여 피고용인의 지위에 변화를 야기한 것이기 때문에 사용자 책임은 당연하다는 것을 전제했다. 그러나 '적대적 환경을 조성한 경우'에 한해서는 다른 기준을 적용하는 것이 필요하다고 보았다.

> 피해자가 성희롱과 관련하여 합리적으로 이용가능한 신고 방법을 알고 있었는지, 이용가능하고 유용한 방법이 있다면 그 절차가 피해자의 신고에 합리적으로 대응했는지가 고려되어야 한다. 만약 사용자가 성희롱 금지를 명시한 정책을 마련하고 있었고 성희롱을 해결할 수 있도록 설계된 절차를 이행해왔음에도

불구하고 피해자가 그러한 절차를 이용하지 않았을 경우에는 사용자는 성적으로 적대적인 환경에 대해 실질적으로 알 수가 없으므로 책임으로부터 면제되어야 한다.16)

빈슨도 자신에게 은행에 알려야 할 의무를 지우는 것 자체가 부당하다고 주장한 것이 아니라 테일러에게 알린 것을 은행에 알린 것으로 인정해야 한다고 주장하고 있는 것이다.

그런데 이렇게 신고 여부를 중심으로 사용자 책임을 판단하는 것은 피해자의 입장에서 볼 때 불리할 수밖에 없는 기준이다. 신고 자체를 하기가 어렵기 때문이다. 그리고 아무리 정교하게 만들어진 절차라 하더라도 막상 유사한 피해를 당하고 공식적으로 문제제기를 하려고 하면 객관적인 입장에서 거리를 두고 보았던 '합리적인 그 절차'가 온통 허점투성이로 여겨질 수도 있다. 실제 많은 여성들이 그것의 부당함을 알면서도 말하지 못하고 그저 성희롱이 '중지되기를' 바라고 기다리는 현실에서, 법적 소송에 이르게 됐을 때 피해자가 신고했는지 여부를 판단하는 것은 매우 어려운 문제이다. 빈슨도 테일러에게 그러한 행위의 '부적절함'에 대해 이야기했었고 테일러가 성희롱을 중지할 것이라고 합리적으로 믿었기 때문에 공식적으로 은행에 신고하지 않은 것일 수 있다.

미국 메사스추세츠주 소재 클라인 연합회(Klein Associates)는 1987년부터 1991년까지 직장 내 성희롱에 대한 피고용인들의 인식과 성차별 실태를 파악하기 위한 조사를 실시했다. 그런데 그 결과 피고용인들이 성희롱 피해 사실을 회사에 보고하지 않는 경향이 있는

---

16) 477 U.S. 57, 1986.

것으로 나타났다. 그 이유로는 직장 내의 고충제기절차가 충분히
비밀을 보장하지 못하고 상사의 보복조치로부터 자신들을 보호하지
못한다고 생각하기 때문인 것으로 나타났다(차석빈 외, 1995:230). 이
조사의 결과가 함의하듯이, 피해자의 신고 의무에 대한 판단은 성
희롱 피해 사실을 공식적으로 문제제기하기 어렵게 하는 요인들에
대한 검토를 통해 매우 제한적이고 엄격하게 해석되어야 한다.
EEOC의 이행지침은 신고하는 것 자체가 피해를 회피하기 위한 피
해자의 노력으로 간주된다는 것을 강조하면서도, '왜 알리지 않았
는가'에 대해 피해자의 입장을 고려해야 한다는 것 또한 명백히 하
고 있다(EEOC, 1999d).

그렇다면 피해자 또는 목격자가 왜 피해 사실을 드러내지 못하는
가. 직장 내에 그러한 절차가 있음에도 이용할 수 없었던 데에는 그
럴만한 장벽이 있는 것은 아닌가. EEOC의 이행지침은 바로 이러한
점을 고려해야 한다고 강조하면서 피해자가 신고하지 않은 것이 정
당화될 수 있는 세 가지 이유를 제시하고 있다.

첫 번째는 보복이 따를 것이라는 생각이다. 실제로 대부분의 여
성들이 성희롱을 당할 경우 자책하거나 얘기를 해도 다른 사람들이
믿어주지 않을 것이라는 심리적 고립감을 경험한다. 특히 특별한
'위협'을 받았거나 불리한 대우를 겪은 것은 아닌 경우, 무어라 명
쾌하게 설명되지 않는 노동환경의 그 불쾌함과 모욕감은 적극적으
로 문제제기하는 태도를 갖게 하기보다는 그저 회피하거나 무시하
거나 또는 맞대응을 하는 방식으로 피해자 개인이 감수해야 할 몫
으로만 남는다. 헨슨 대 던디시(市) 판례의 항소심은 적대적이고 모
욕적인 노동환경 주장에 대해 "사용자 책임을 묻기 이전에, (가해자

보다) 높은 직위의 관리자가 그 사실을 알고 있었는지 또는 알았어야 했는데 몰랐는지를 원고가 입증해야 한다"며, "노동환경은 관리자, 동료, 심지어는 직장과 무관한 사람의 행동에 의해 동일한 정도로 모욕적일 수 있다. 사용자가 개인에게 부여한 권한의 정도에 의해 반드시 강화하거나 감소되는 것은 아니"라고 판단했다. 그러나 판사 클락(Clark)은 이 부분에 대해 다음의 반대의견을 제시했다.

> 사용자가 관리자에게 어떤 책임을 위임했을 때 그 중 하나는 유쾌한 노동환경을 만드는 것이다. 만약 관리자가 자신의 지위를 이용하여 적대적이고 성적으로 모욕적인 노동환경을 조성했다면 사용자는 책임을 져야 한다… 분명한 것은 '경비(janitor)'와 비교할 때 관리자는 자신의 직위로 인해 모욕적인 환경을 조성할 수 있는 능력이 강화된다는 것이며 관리자가 그러한 환경을 조성할 때 여성피용인은 보복에 대한 두려움으로 불만을 제기하기 쉽지 않다는 점이다.[17]

그런데 피해자가 가졌던 이러한 두려움이 비합리적이라는 것을 주장하려는 사용자는 신고로 인해 보복 당하지 않을 것이라는 점, 어떤 보복으로부터도 보호할 것을 보장하는 정책을 분명하게 공표하고 이행했음을 입증해야 한다.

두 번째는 문제제기 자체를 어렵게 하는 불필요한 장벽이 있는 경우 피고용인이 피해 사실을 알리지 못한 것은 합리적이라고 본다. 이를테면 피해자 또는 목격자 등 성희롱 사실을 신고한 당사자가 과도한 비용을 부담하도록 만들어져 있다거나 신고 방법이 접근

---

17) 682 F.2d 897(11th Circuit), 1982.

하기 어렵다거나 신고를 받는 '그 사람'에게 연락을 취하기가 힘들다거나 원하지 않음에도 불구하고 가해자와 '함께' 문제 해결을 위해 노력할 것을 강요당하는 등 불필요하게 위협적이고 부담되는 요구들이 이 경우에 속한다.

세 번째는 그 절차가 효과적이지 않다는 믿음 때문이다. 앞서 살펴보았듯이 최초의 신고를 직속상사에게 하도록 설계된 절차는 가해자가 '그'인 경우 전혀 유용하지 않다. 또한 이전에 다른 동료가 성희롱을 신고했었지만 중지되지 않았던 사실을 알고 있는 경우에 '지금도' 효과적이지 않을 것이라는 믿음은 합리적인 것으로 해석된다(EEOC, 1999d).

따라서 피해자의 이런 믿음이 비합리적이라는 것을 입증하기 위해 사용자는 시정 조치와 징계 조치의 일반적인 내용을 공개하고, 실제 성희롱 사건의 처리 결과를 직장 내 모든 구성원에게 알려내는 것이 필요하다. 또한 그러한 절차가 피해자에게 부당한 부담을 지우는 방식으로 설계되지 않았음을 입증하기 위해 그 절차를 효과적으로 홍보하는 것도 중요하지만, 신고된 피해를 실제로 처리하는 과정에서 피해자의 입장이 배려되고 고려된다는 것을 충분히 '보이고 인식시키는' 방법이 최상이다. 사용자의 '합리적인 조치' 의무 이행이 이러한 부분을 고려하지 않는 이상 피해자가 신고하지 않은 것을 이유로 사용자 책임은 면제되지 않는다. 즉 피해자가 이행해야 할 피해 사실 신고 의무는 매우 제한적으로 인정되고 있으며, 피해자가 '합리적인 이유없이' 신고하지 못했다는 것을 증명하는 것 또한 사용자의 의무라는 것이 현재의 확립된 태도이다.

우리 나라와 미국 법원이 사용자 책임을 판단하는 외형상 같은
기준은 성희롱에 대한 '다른' 이해와 '다른' 논리를 배경으로 하여
전혀 다른 판단 결과를 만들어내고 있다. 다음 표를 통해 다시 한번
살펴보자.

<표 7> 한국과 미국 법원의 사용자 책임 판단 기준

| | | |
|---|---|---|
| 직무 행위 관련성 | 한국 | · '직무 범위 내에 속함'과 '직위를 이용함'을 별개의 문제로 파악<br>· 직무 범위 내에 속하는 행위를 ㉠ 회사 차원의 공식적인 비용 지원에 의해 ㉡ 임원급이 주재한 자리에서 ㉢ 성희롱 행위가 공개적으로 이루어진 경우로 한정 |
| | 미국 | · 가해자가 피해자에 대해 직접적인 업무상 권한을 가진 경우 사용자 책임 부과<br>· 가해자와 피해자간에는 업무 관계가 없더라도 이들 각각이 사용자와 업무 관련 관계가 있다면 이는 고용 범위 '이내'의 행위로 판단하여 사용자 책임 부과<br>· 업무 수행상 발생 가능한 행위라고 인정될 경우 가해자가 피해자의 동료 또는 피고용인이 아닌 자(non-employee)인 경우에도 이들 제3자에 대한 사용자의 통제력을 인정, 사용자 책임 부과 |
| 사용자의 인지 여부 | 한국 | · 사용자의 보호 의무는 예측가능성을 전제<br>· 따라서 성희롱이 은밀하게 이루어졌고 피해자가 공개하지 않아 사용자가 알 수 없었다면 사용자는 책임없음 |
| | 미국 | · 피해자에게 성희롱 신고 의무 부여<br>· 그러나 신고하기 어려운 현실적인 조건으로 ㉠ 보복에 대한 두려움 ㉡ 불필요한 장애 요소 ㉢ 절차의 효과성에 대한 신뢰없음 등을 고려<br>· 피해자에게 어떤 제약도 없었다는 것을 주장하려면 그 입증 책임은 사용자가 부담함 |

이러한 차이는 직장 내 성희롱을 어떻게 인식하고 문제화하는가
와 연관된다. 직장 내 직위를 이용하여 저지른 성희롱이 직무 범위
내에 속하지 않기 때문에 사용자가 '고용계약상 보호 의무를 게을
리 한 것이 아니'라는 우리 나라 법원의 판단은 가해자의 직위와
그것에서 비롯되는 권한이 누구로부터 부여된 것인가를 중요하게
고려하지 않는 데서 비롯된 것이다. 반면 미국 법원은 사용자의 '고
용 범위' 이내에서 발생한 행위에 대해 사용자 책임을 인정하고 있
는데, 이때 가해자와 피해자가 직접적인 고용 관계를 갖지는 않는
다 하더라도 가해자 또는 피해자가 사용자의 고용 범위 내에 속할
경우, 가해자 또는 피해자가 사용자의 보호 범위 내에 속할 경우 그
관계에서 발생한 성희롱을 고용 범위 '이내'의 행위로 보고 있다.
이는 직장 내 성희롱의 본질이 권력의 문제라는 것을 인식하는가의
차이에서 비롯된다.

사용자가 알고 있었는가, 피해자가 피해 사실을 공개했는가의 문
제도 마찬가지이다. 미국 법원에서도 피해자에게 피해 사실 신고
의무를 부여하고는 있지만, 이는 신고하기 어려운 현실적인 조건과
함께 판단된다. 피해 사실의 공개를 어렵게 하는 문화적인 장치들
을 고려하는 것이다. 그러나 대부분의 성희롱 행위가 공개된 장소
보다는 은밀한 상황에서 이루어짐에도 불구하고, 우리의 경우는 그
에 대한 공개 의무를 피해자에게 부과하여 '사용자는 알지 못했다'
는 변명이 통용되게 하고 있다. 이는 또다른 피해 사실을 드러내도
록 독려하여 피해자로 하여금 문제 해결에 대한 의지를 갖게 하기
보다는 피해자임이 드러나는 순간부터 비난과 의혹의 대상이 되어
보호받지 못하는 현실에서 주저앉고 말도록 하는 결과를 가져올 수

있다. 피해자의 공개 의무를 주요한 판단 기준으로 삼는 것은 피해 사실을 드러냄에 있어 어떤 제약도 없도록 하는 장치의 마련을 전제로 이루어져야 한다.

# 7장 사용자 책임 판단, 전제해야 할 원칙

사회적인 권력을 소유한 집단에게는 보다 더 큰 무게의 사회적 책임이 부여되어야 한다. 이를 가능하게 하기 위한 방안으로는 노동부나 여성부 또는 교육부가 기업 또는 학교 등의 기관에 대해 정례적으로 실시하는 평가에 성희롱과 관련한 항목을 추가하여, 성희롱이 발생한 적이 있거나 재발한 적이 있는 직장 또는 학교에 대해 낮은 평가를 하여 불이익을 주는 것이 현실적일 것으로 본다.

직무 행위 관련성과 피해 사실을 사용자가 알고 있었는지 여부는 우리 나라와 미국 법원의 판결에서 공통적으로 볼 수 있는 판단 기준이다. 그러나 5장과 6장에서 살펴보았듯이 외형상 같은 기준이 어떤 근거를 기반으로 어떤 논리를 구성하는가에 따라 사용자 책임에 대한 판단 내용은 매우 다른 결과를 만들어내고 있다.

직장 내에서 피해자에 대한 권리 구제가 충분히 이루어질 수 있다면, 성희롱·성폭력 피해자에게 근거없는 혐의의 시선을 던지는 우리 사회에서 소송은 피해자가 회피하고 싶은 마지막 단계일 수 있다. 그러나 일단 소송이 제기된 경우 직장 내 성희롱을 둘러싼 다양한 문제에 대해 법원이 어떤 태도를 갖고 어떤 기준을 중심으로 판단하는가의 문제는 중요하게 고려되어야 한다. 특히 직장 내 성희롱의 사용자 책임에 대한 판례가 축적되어 있지 않은 우리 사회에서 법원의 판결이 갖는 효과와 그에 대한 사회적 관심을 상기할 때 사용자 책임을 판단하는 합리적인 기준을 마련할 필요가 있다. 이 장에서는 사용자 책임을 판단함에 있어 전제되어야 할 세 가지 원칙을 제시하고자 한다.

## 1. '예측가능성'에 대한 적극적 해석

'서울대 신교수 성희롱' 사건의 사용자 책임에 대한 결심(結審) 공판인 대법원 판결에서는 고용 관계에서 사용자가 갖는 의무를 "피용자에 대한 보수지급 의무 외에도 피용자의 인격을 존중하고 보호하며 피용자가 그의 의무를 이행하는 데 있어서 손해를 받지 아니하도록 필요한 조치를 강구"해야 하는 것으로 보고 있다. 그리고 '롯데호텔 성희롱' 판례에서는 위 대법원 판결을 그대로 인용하면서 피고용인에 대한 사용자의 고용계약상 보호 의무는 "일반적인 예측가능성"을 전제로 한다고 덧붙이고 있다. 그리고 이 "예측가능성"은 바로 피해 사실의 '공개'를 조건으로 하여 직무 행위와의 관련성 속에서 파악되고 있다.

미국에서도 성희롱 피해자에게 '신고' 의무를 부과한다. 그러나 앞서 보았듯이 피해자의 신고 의무는 피해 사실을 공개하기 어렵게 하는 조건들에 대한 고려를 통해 매우 제한적으로 적용되고 있다. 만약 신고하기 어렵게 하는 장벽이 없었음에도 피해자가 자신의 피해를 구제받을 수 있는 기회를 적절히 이용하지 못했다면 그에 대한 입증 책임은 사용자가 부담하도록 하고 있다. 미국의 연방대법원에서도 원고(피해자)가 주장하는 행위가 '업무상 수반되는 일반적인 위험'으로 간주될 수 있는지, 그리고 그 위험이 "예상가능한 행위"인지를 고려한다.

이처럼 우리 나라와 미국 법원 모두 불법행위의 "예측가능성"을 전제로 하고 있지만 그 결과는 판이하게 다르다. '예측가능'이라는 모호한 용어에 대한 해석이 전혀 다른 방식으로 이루어지고 있기 때문이다. 다음의 판례를 보자.

> 선원(sailor)이 밤에 술을 마시고 배로 돌아와 영문은 알 수 없지만 밸브를 열어 건독(drydock-말리는 독)에 물이 흘러들게 하였고 배를 파손시킨 사건에 대해 판사인 프렌들리(Friendly)는 "예상못할만큼 부당한 행위가 아니"라고 하여 사용자 책임을 부과하였다(Bushey & Sons, Inc. v. United States(1968)).

> 직원이 다른 직원에게 사과를 던져서 눈에 상처를 입힌 행위에 대해 사용자는 노동자 보상규정에 의거하여 책임을 져야 한다고 판시했다. 이유는 그러한 "야단법석"이 고용 과정 중에 충분히 발생가능한 사고이기 때문이라고 하였다(Leonbruno v. Champlain Silk Mills(1920)).[1]

즉 업무 과정 중에 흔히 발생할 수 있는 일, 직장 생활을 하다보면 겪을 수 있는 일을 예상 가능한 행위로 보고 있는 것이다. 우리의 경우 직장 내에서 성희롱을 문제 삼으면 "직장 생활 하다보면 으레 그럴 수도 있지"라는 비난을 듣게 마련이지만, '그럴 수도 있다'는 바로 그 사실이 미국에서는 사용자 책임을 부과할 수 있게

---

1) 524 U.S. 775, 1998.

하는 "예측가능한 행위" 요소를 충족시키고 있는 것이다. 이러한 판례에서 피해자의 '신고' 의무는 중요하게 부각되지 않는다. 특히 미국의 연방대법원은 "같은 직장에서 정기적으로 만나고 근접한 관계를 맺는 것은 잠재적인 피해자의 전속 집단을 제공하는 것"이라고 언급했다. 이는 성희롱이 발생할 가능성이 그만큼 높기 때문에 사용자는 예상 가능한 위험을 사전에 제거할 수 있도록 예방 조치 의무를 다해야 하고, 그 의무를 다하지 못했을 때 피해자의 '신고' 의무는 따질 이유조차 없다는 것을 의미한다. "가해자의 성희롱 행위가 은밀하고 개인적으로 이루어지고 피해자로서도 이를 공개하지 않아 사용자로서는 이를 알거나 알 수 있었다고 보여지지 않는다"는 사용자 책임 면제의 근거는 사용자에게 고용계약상 보호 의무를 다하지 못한 책임을 묻지 않겠다는 것과 다를 바 없다. '공개'의 조건을 충족시키지 못한 피해자의 책임을 묻기 위해서는 피해 사실을 공개하지 못하게 하는 요인들을 제거하는 작업이 선행되어야 한다.

직장 내 성희롱 문제를 해결하기 위한 첫 단계는 피해 사실이 드러나는 일이다. 그러나 우리 사회에서 성희롱 피해를 드러낸다는 것은 이미 자신에게 쏟아질 비난과 대부분의 경우 직장을 그만둘 각오를 전제로 해야 하는 것이기 때문에 지금까지 사회적으로 알려져 온 성희롱 사건과는 비교도 되지 않을 만큼의 피해 사실들이 묻혀져 왔다. 특히 강간, 강간미수 및 심한 성추행 등 '심한 성폭력'의 경우 신고율은 6.1%에 지나지 않는다. 미국에서의 1983년 신고율이 50% 이상(조순경, 2002:98)이라는 것과 비교해 볼 때 "예측가능성"에 대한 해석은 피해자의 공개 여부를 두고 판단할 문제가 아니다. 피해 사실을 드러내기 어려운 현실에 대한 고려, 이러한 현실을 개선하기 위한 법적·사회적·문화적 장치의 필요성을 전제로 하여 보다 적극적인 해석이 이루어져야 한다.

## 2. '직무' 아닌 '위계' 중심의 조직 문화 고려

우리 사회에서 직장 내 성희롱 문제의 해결이 어려운 배경에는 이 문제를 단순한 호감이나 '직장 생활의 윤활유' 또는 개인적인 성적 욕망의 문제로 바라보는 성문화와 이를 공고하게 하는 남성중심적이고 위계적인 직장문화가 자리하고 있다.

'위계를 중심으로 한 관계형성'이 지배적인 조직구성 원리로 작동하는 현실에서 '직무 행위 관련성'이라는 판단 기준은 아직 우리의 조직문화에 적합하지 않다. 성희롱이라고 주장된 행위가 직무 범위 내에서 이루어진 것인지 여부를 판단하기 위해서는 우선 철저한 직무 분석이 되어 있어야 하고, 다음으로 가해자와 피해자가 직무 역할을 중심으로 직장 내에서 어떤 관계에 놓여 있는지를 판단해야 한다. 그런데 직무 분석 자체가 제대로 이루어지지 않기 때문에 직무 역할을 중심으로 한 관계를 명확하게 파악하기 어려운 것이 사실이다.

미국의 경우 고용에서의 차별을 금지하기 위한 가장 기본적이고 강력한 기준의 하나가 바로 진정직업자격(bona fide occupational qualification)이다. 이는 "종교, 성별 또는 국적이 특정 사업 또는 기업의 정상적 운영을 위해서 합리적으로 필요한 경우(SEC. 2000e-2. 〔703〕 (e)(1))"에 한하여 위법한 고용 관행으로 인정하지 않는 예외 규정이다. 그리고 이러한 예외 규정을 적용하기 위한 일차적인 근

거는 본질적 업무와 부수적 업무를 구분하여 본질적 업무의 수행을
위해서는 그러한 차별이 불가피하다는 점을 사용자가 입증하는 것
이다(정금나, 1999:16~21).

이러한 규정이 직장 내 성희롱의 직무 관련성을 판단할 때 중요
하게 고려되어야 하는 이유는 우리 사회와 미국이 다른 식의 조직
특성을 갖는다는 것을 보여주기 때문이다. 미국 사회는 철저한 직
무 분석(job analysis)을 통해 차별이 판단되지만, 우리의 경우는 '서
울대 신교수 성희롱' 판례와 '롯데호텔 성희롱' 판례에서 기준이 되
었던 "업무와 관련하여(또는 사무집행에 관하여)"라는 것을 판단할
만한 일관된 무엇이 없다. 즉 '직무 관계'를 중심으로 고려한다고
할 때 미국의 경우는 '"직무" 관계'지만 우리 사회는 '직무 "관계"'
의 조직특성을 갖는다는 것이다. 직무 분석이 제대로 이행되지 않
아 직무 관련성을 규명할만한 기준이 없는 현실에서, 업무상 필요
성을 명목으로 가해져 저항하기도 힘든 직장 내 성희롱 문제를 직
무 행위와의 관련성을 기준으로 판단한다는 것 자체가 성립할 수
없는 것이다.

'직무 행위와의 관련성'이 우리 사회에서 현실성 있는 기준이 되
기 위해서는 '위계를 중심으로 한 관계 형성'이 지배적인 특성을 보
이는 조직문화를 고려하여 '직장 내 지위'를 이용한 성희롱의 경우
직무 행위 관련성을 인정, 이에 대한 사용자 책임을 엄중하게 부과
할 수 있도록 해야 한다. '서울대 신교수 성희롱' 판례의 1심은 서
울대총장과 대한민국의 사용자 책임을 인정할 수 없다는 이유로 특
히 '교수'라는 지위의 직무가 갖는 특성을 제시했는데, 이러한 근거
가 합리적인 것이라면 대학교수가 행한 어떤 성희롱에 대해서도 사

용자 책임은 결코 인정될 수 없다.

- 피고 서울대 총장에 대하여 : 대학교수라는 지위는 연구 및 강의활동 등에 있어서 전적으로 자율성이 보장되어 있으며 그 임용권자인 사용자 또는 그 대리감독자라 하더라도 행정적인 업무나 형식적 사항이 아닌 교수의 연구 활동이나 기타 사생활에 대하여 구체적으로 이를 지시, 감독할 수 있는 입장에 있는 것은 아니라고 할 것이고… 피고 신○○의 일련의 행위들은 위 피고의 개인적인 성향에서 비롯된 것 또는 위 피고의 연구 활동의 과정에서 발생한 것으로서 피고 김○○이 비록 서울대학교 총장의 지위에 있다 하더라도 피고 신○○의 위와 같은 행위들에 대해서까지 감독할 수 있는 권한이 있다고 볼 수는 없으므로…

- 피고 대한민국에 대하여 : 피고 신○○의 원고에 대한 행위들은 피고 대한민국의 원고에 대한 사용자로서의 의무 이행과는 무관한 별도의 피고 신○○의 개인적인 성향이나 연구 과정에서 파생된 행위라고 볼 것이며, 피고 대한민국과 원고 사이의 고용계약에 있어서 피고 대한민국과 다른 유급 조교들과의 고용계약과는 달리 피고 대한민국에게 근로환경 조성과 관련한 어떤 특별한 의무의 약정이 있었다는 점을 인정할 증거 없고…2)

'롯데호텔 성희롱' 판례에서도 '직장 내 지위를 이용하여' '업무상 의논'을 목적으로 피해자를 분리된 공간으로 유인했던 사례에서, 법원은 그 행위가 '직무 범위 내에 속하지 아니'하고 피해자가 공개

---

2) 서울지방법원 1994. 4. 18. 선고, 93가합77840 판결.

하지 않아 사용자가 알 수 없었다는 이유를 들어 사용자 책임을 인정하지 않았다. 또한 공개적인 회식이나 야유회 자리에서 구성원 모두의 묵인 하에 성희롱이 자행되었지만 사용자 책임은 인정되지 않았다. 회사에서 비용을 지원하지 않았고 임원급이 주재한 자리가 아니기 때문이다.3)

미국의 판례에서는 직속상사이거나 직·간접적으로 관리 권한을 가진 상사 또는 실제로는 피해자에 대해 어떤 권한도 갖지 않지만 피해자가 합리적인 이유에 의해 가해자의 권한을 확신한 경우 사용자 책임을 부과한다. 그리고 가해자와 피해자 사이에 직접적인 고용 관계가 없다 하더라도 가해자와 피해자 모두가 사용자의 사업상 범위 이내에 있는 경우, 예를 들면 간호사와 환자, 경찰관과 수감자, 직업소개소 직원과 구직자 등의 관계에서 발생한 성희롱에 대해서도 사용자 책임이 인정되는 것을 볼 수 있었다.

'직장 내' 성희롱을 단순히 욕망의 문제가 아니라 권력의 문제로 봐야 하는 이유는 직장에서의 지위를 이용하여 더욱 쉽게 그리고 오랫동안 자행될 가능성이 높고, 대부분 업무상 필요성이라는 명목을 내세워 저항하기 어렵도록 하기 때문이다. 간호사가 치료를 이유로 성희롱을 할 경우 신체적으로 무기력하고 의학 지식을 잘 알지 못하는 환자는 이것이 성희롱인지를 확신하기까지 많은 갈등을 겪는다. '서울대 신교수 성희롱' 사건에서 피고 교수는 기기 교육을 명목으로 성적 접촉을 일삼았지만 원고가 성희롱임을 확신할 수 있었던 가장 큰 이유는 전임 조교들의 유사한 '경험담' 때문이었다. 교육을 위한 불가피한 과정이 아니라 다분히 의도적이고 상습적인

---

3) 서울지방법원 2002. 11. 26. 선고, 2000가합57462 손해배상(기) 판결.

행위라는 점을 간파한 것이다. 그리고 교수의 이러한 행동에 대해 거부의사를 밝힌 이후 피고 교수의 보복적 행동 뿐 아니라 다른 대학원생들의 업무간섭 등에 시달렸고 결국은 피고 교수가 '지위를 이용하여' 해고했다.

이렇게 '직장 내 지위'와 그에 따른 '권력'이 성희롱을 더욱 가능하게 하는 현실에서 '직장 내 지위를 이용한' 것은 인정되지만 '직무 범위 내에 속하지 않'는다는 판단은 매우 상충되는 것이다. 직장 내 지위를 이용하는 것 자체는 이미 직무 범위 내에서 이루어지는 것이기 때문이다.

## 3. 성희롱 유형 및 행위자 특성에 따른 적용

그런데 사용자의 의무를 더욱 구체적으로 규정하고 엄중한 책임을 부과한다고 할 때, 모든 성희롱 사건에 일괄적으로 동일하게 적용하는 것은 합리적이지 않다고 본다. 가해자와 피해자의 권력 관계, 가해 행위가 우리 사회에 미치는 파급력, 성희롱에 수반되는 유·무형의 불이익 등을 고려하여 현실적인 방안을 모색할 필요가 있다. 물론 성희롱으로 인해 피해자가 겪게 되는 고통의 크기를 객관적으로 따진다는 것은 상당히 어려운 문제이다. 성희롱 피해에 대해 어떤 구제 조치가 취해진다 하더라도 결국 그 피해를 고스란히 안고 살아가는 것은 피해자의 몫이기 때문에, '성희롱 당하지 않을 권리'의 완전한 구제는 성희롱이 발생한 그 순간부터 이미 불가능한 것이 된다. 그렇기 때문에 사후적 고통을 측정하여 피해에 대한 배상을 가늠한다는 것 역시 매우 어려운 문제이다. 그럼에도 불구하고 '법적인' 책임을 묻는 것은 엄격한 요건을 필요로 한다. 사용자 책임을 부과하기 위해서는 이것이 통용되고 공유될 수 있는 기준을 마련할 필요가 있다.

성희롱 유형에 대한 가장 기본적이고 일반적인 분류는 '고용상 가시적인 결과를 수반하는지 여부'에 따라 나뉜다. 미국의 EEOC와 연방대법원은 이 분류를 채택하고 있으며 그에 따라 사용자 책임을 판단하는 기준을 달리하고 있다. 4장에서 보았듯이 관리 권한을 가진 직원에 대해서는 사용자가 특별한 관리·감독을 하도록 하고 있는데, 이는 업무와 관련하여 사용자로부터 위임된 권한을 갖는 자에 의한 성희롱은 피해자의 고용조건에 변화를 야기하는 고용 조치로 연결될 가능성이 높기 때문이다.

이를테면 '서울대 신교수 성희롱' 사건에서 조교에 대해 직접적인 임면권과 관리 권한을 가진 가해 교수가 자신의 제의에 대한 거절을 이유로 조교를 해임한 경우나, '롯데호텔 성희롱' 사건에서 원고를 직접 관리하는 직위에 있는 3급 계장이 성희롱 피해를 부장(1급)에게 알리겠다는 원고에게 "일주일만 말미를 달라"고 요청해놓고 그 사이 과장(2급)이 원고에게 부당하게 전보 조치를 한 경우는 피해여성에 대해 갖는 업무상 권한을 보복 조치에 이용한 것이다. EEOC 지침에 의하면 바로 이러한 경우에 대해 사용자는 더욱 엄중하게 책임을 져야 한다. '롯데호텔 성희롱' 사건의 위 사례에 대해 법원은 사용자 책임을 인정했는데, 그 이유는 다음과 같다.

사용자가 피용자에 대하여 고용계약상의 보호 의무를 부담하며… 피해 근로자에게 고용상 불이익한 조치를 하여서는 아니될 법령상의 주의의무가 있음은 앞서 본 바와 같은 바, 사용자인 피고 회사가 위 원고의 문제제기에 따라 직장 내 성희롱 행위의 발생 사실을 알았거나 알 수 있는 상황에서 이에 대해 위 법령의 취지에 부합하는 신속하고도 적절한 개선책을 실시하지 아니한 채 오히려 이를 방치하고 위 원고의 전보를 통한 사직의 유도라는 부적절하고 불공평한 방법으로 직장 질서를 유지하려고 하였으므로, 피고 회사는 그에 대한 손해배상 책임을 면할 수 없다.[4]

이 사례에서 법원은 "피고들이 원고에게 배상할 위자료는 300만 원으로 정함이 상당하다"고 판결했고 그 액수가 미비함은 앞서 논한 바 있지만, 그나마 이 경우 사용자 책임이 인정될 수 있었던 것은 명백하게 인지할 수 있는 고용 조치가 있었기 때문이고 원고가 2주간의 치료를 요하는 상해를 입었기 때문이다. 직장 내 직위를 이용하여 성희롱을 하고 피해자의 거부 행위에 대해 불리한 고용 조치를 취하는 것은 사용자가 부여한 권한에 의해 가능하다. 따라서 '고용상 가시적인 결과를 수반'하여 피해자의 고용 지위에 불리한 영향을 미친 성희롱의 경우는 피해자의 원래의 고용 지위 회복과 회복 시기까지의 경제적인 피해에 대한 보상, 그리고 의료비, 변호사 비용 등 법정 비용에 대한 부과가 명시되어야 한다. 그리고 사용자가 가해자에게 어떤 조치도 취하지 않은 채 가해자의 고용을 계속 보장하는 것은, 직장 내에서 성희롱이 용인되지 않는다는 강력한 의지를 표명하지 않는 것이기 때문에 불법행위를 추인한 것으로 인정해야 한다. 이 경우 징벌적 손해배상 명령도 가능해진다.

그런데 '고용상 가시적인 결과는 없으나 모욕적이고 적대적인 노

---

4) 서울지방법원 2002. 11. 26. 선고, 2000가합57462 손해배상(기) 판결.

동환경을 조성하여 노동환경의 질을 떨어뜨리고 여성의 근로 의욕을 저하시키는 경우'는 어떻게 할 것인가. 이 경우는 피해자에 대해 업무상 권한을 갖는 상사 뿐 아니라 동료나 고객 등도 주도적인 가해자가 될 수 있는데, 이러한 유형의 성희롱에 대하여 EEOC는 '사용자가 알 수 있었던' 경우에 한정하여 사용자 책임을 부과할 것을 제시하고 있다.

그러나 여기서 중요한 것은 고용상 가시적인 결과가 없었다 하더라도 사용자가 성희롱 금지 정책을 마련하지 않았거나 피해를 구제할 수 있는 합리적인 절차를 이행해오지 않았다면 성희롱 유형과 무관하게 사용자 책임은 부과된다는 점이다.5) 실제로 근로 의욕을 저하시키고 여성을 성적으로 비하하는 노동환경에서 대부분의 피해 여성은 '자발적 사직'이라는 형태를 띠고 직장을 그만둔다. 실질적으로는 사직을 방치한 방식으로 이루어진 해고인 것이다. 이 경우는 특히 성희롱과 실질적인 해고 등 고용상 조치의 관계를 입증하기 어렵다는 점 때문에 "사용자가 알지 못했다"는 이유가 제기되기 쉽다. 하지만 이는 근무환경에 대한 정기적인 모니터링과 성희롱으로 의심받을만한 언행을 하는 자에 대한 무기명 조사 등을 통해 예방하고 시정할 수 있는 문제이다.6) 따라서 자발적 형식을 띤 사직

---

5) 477 U.S. 57, 1986.

6) 이러한 노력이 개별 기업 차원에서 이루어지고 있다는 소식은 시사하는 바가 크다. 소망화장품(주)은 2002년 12월 직무 평가와 인성 평가 시험을 실시하면서 "누가 잠재적 성희롱 위험인물인지를 적어내라"고 하였으며, 지적되는 사람이 있는 경우 본인에게 그 결과를 통보하고 인사 평가에 반영한다는 방침을 밝혔다. www.somangcos.co.kr. 이러한 입장의 표명은 직장 내 구성원들이 일상적인 언행에 있어서 주의하도록 촉구하는 것이며 성희롱 예방에 대한 사용자의 적극적인 의지를 나타내는 것으로, 성차별적인 노동환경을 개선하는 데 있어

을 방치하여 피해자의 권리 구제를 더욱 어렵게 한 것이 발견되는 경우에는 악의적인 고의로 해석하여 징벌적 손해배상을 부과하고, '고용상 가시적인 결과를 수반'한 경우와 마찬가지로 피해자의 원래의 고용 지위 회복과 이에 해당하는 피해에 대한 보상, 그리고 성차별적인 노동환경에서 겪어야 했던 정신적 고통에 대한 배상이 이루어져야 할 것이다. 또한 사직에까지 이르지 않았더라도 근무환경이 현저하게 여성비하적이었음이 객관적으로 인정될 수 있는 경우 마찬가지로 정신적 피해에 대한 배상이 이루어져야 한다. 이 때 피해자가 느끼는 피해의 정도와 가해 행위의 심각성에 따라 성희롱 행위자에 대해 적절하고 합당한 고용상 조치를 취하는 것은 기본적으로 준수해야 할 사항이다. 피해 사실이 알려진 그 순간부터 일차적으로 피해자와 가해자의 잠정적 분리가 선행되어야 함은 사용자에게 요구되는 즉각적인 대응방법이다.

그런데 성희롱의 유형과 함께 고려되어야 할 것은 가해자의 사회적인 지위, 가해자가 갖는 사회적 권력이다. '서울대 신교수 성희롱' 사건에 대한 법원의 판결에서 보았듯이, 대학교수라는 지위는 학문적 자율성이 보장되기 때문에 연구 활동에서 발생한 행위에 대해 학교측이 감독할 수 있는 권한이 없다고 하고 있다. 그러나 여기서 중요하게 제기되어야 할 것은 연구 활동을 일일이 감독할 수 없다는 점이 아니라, 우리 사회에서 대학교수라는 직업에 부여되는 높은 도덕성과 그 직업에 부수되는 권력을 고려하여 더욱 엄중하게 그 책임을 물어야 한다는 점이다. 이 판결에 따르면 대학교수가 가해자인 경우는 학교측의 책임이 전혀 제기될 수 없다는 결론이 정

유의미한 결과를 가져올 것으로 기대된다.

당화된다. 하지만 대학교수라는 직업에 수반되는 사회적 책임을 상기한다면, 고용 보장을 조건으로 조교를 성희롱하고 학위 취득을 조건으로 학생을 성적 대상화하는 행위 등에 대해서는 일반 직장에서의 그것보다 오히려 더 가중되는 책임을 물어야 한다.

이것이 대학교수라는 특정 직업에만 요구되는 것은 아니다. 남성중심적인 보험들기식 조직문화와 온정주의, 이를 배경으로 형성되는 가해 행위에 대한 잠재적인 공모는 피해 사실을 은폐시키고 오히려 피해자를 사회적으로 고립시킬 수 있는 사회적 자원을 동원할 수 있기에 가능한 것이다. 정치인, 법조인, 언론인, 의사 등 그 권력 자체가 이론의 여지없이 인정되는 직업과 학습뿐 아니라 인성 교육의 장으로도 그 중요성이 부여되는 학교 현장에서 교육자로서의 위치를 갖는 집단도 다르지 않다. 그리고 대부분의 성희롱이 권력 불평등을 기반으로 행해진다는 점을 상기할 때, 가해자는 피해자보다 훨씬 더 많은 정보를 가질 기회가 있으며 사회적인 권력망을 이용할 가능성이 훨씬 높다. 그러한 인간관계를 동원할 수 있는 자원 자체가 이미 가해자에게 있기 때문이다.

서강대 교수 성희롱 사건의 경우 가해 교수에 대한 징계를 논하는 자리에 자신의 아들이 바로 그 가해 교수에게 논문지도를 받는 교수가 포함되어 있다거나[7] '동국대 김모 교수 구명에 뜻을 같이

---

[7] 이 사건의 피해자는 인터넷사이트에 자신이 당한 성희롱과 그것이 처리되는 과정, 그리고 그에 따른 자신의 심리 상태와 고민 등을 지속적으로 올리고 있다. 위 내용은 가해 교수의 2차 가해 문제를 논의하기 위해 학내에서 열리는 마지막 대책위원회를 앞두고 징계위원회 구성원 명단을 피해 당사자에게 알려 줄 것을 학교측에 요구한 상태임을 밝히면 쓴 글이다. www.unninet.co.kr/column/room.asp?idx=1062&textnum=60.

하는 사회학자들' 모임이 결성되어 탄원서를 제출하는(조순경, 2002:91) 행위 등은 성희롱 피해에는 무관심한 채 가해자를 비호하고자 하는 적극적인 태도이다. 의사가 의료행위 과정에서 환자에게 성희롱을 했다는 사실이 안정될 경우 미국의사협회(American Medical Association)가 그 의사의 회원 자격을 박탈하고 의사 면허증을 취소하며 이후 면허증을 재교부하지 않는다는 사실과 매우 대조적이다.[8] 권력을 가진 집단의 구성원은 자신이 행한 범죄를 반성하고 그것이 미칠 사회적 파급력을 고려하기에 앞서 이를 무마시키기 위해 관계망을 작동시키고 권력을 악용하기 쉽다. 따라서 이러한 집단의 구성원이 성희롱 가해자인 경우는 그것을 예방하고 시정하지 못한 사용자의 책임을 더욱 중하게 물어야 한다. 서강대에서는 K교수, B교수의 성희롱 및 2차 가해가 발생하고 K교수는 징계위원회에 회부되는 것으로 결정이 났던 그 시기에 또다른 교수가 학과 차원의 답사에서 학부여학생을 성추행을 한 사실이 밝혀졌다. 이에 대해 K교수 성희롱 사건의 피해자인 여성은 다음 글에서 학교측의 '조치없음'이 또다른 성희롱의 발생을 가능하게 한 것임을 비판하고 있다.

> 학교가 2001년 발생한 K교수 사건을 제대로 해결했더라면 이런 일이 발생하지 않았겠지요. 2003년 K교수에게 다시 2번째로 징계위원회가 열리게 되었다는 사실을 공식적으로 교수들에게 공지만 했더라도 이런 일이 발생하지 않았겠지요. 2002년 사학과 홍교수가 원조교제를 하고는 당당히 "나는 천재라서 그렇게 스트레

---

8) "병원은 성희롱 사각지대?." 여성주의 저널 『일다』 2002년 6월 25일, www.ildaro.com.

스를 풀어야 한다"고 했던 사건이 알려졌을 때 그 사람이 자진 사
퇴를 했더라도 학교 내에서 그 사건에 대해 입장 정리를 하고 이후
유사 사건이 발생했을 때 학교의 처벌 수위를 결정해서 공지해야
추후에 다시 사건이 발생하지 않게 되는 것입니다.[9]

결국 직장 혹은 학교에서 공식적인 방법으로 해결을 시도하지 않
을 경우 또다른 피해자는 속출하게 마련이며, 사건을 무화시켰던
전례와 가해자들이 동원하는 자신의 권력망은 성희롱 사건의 해결
을 요원하게 한다.

사회적인 권력을 소유한 집단에게는 보다 더 큰 무게의 사회적
책임이 부여되어야 한다. 이를 가능하게 하기 위한 방안으로는 노
동부나 여성부 또는 교육부가 기업 또는 학교 등의 기관에 대해 정
례적으로 실시하는 평가에 성희롱과 관련한 항목을 추가하여, 성희
롱이 발생한 적이 있거나 재발한 적이 있는 직장 또는 학교에 대해
낮은 평가를 하여 불이익을 주는 것이 현실적일 것으로 본다. 또한
성희롱 발생 사실을 은폐하려고 하거나 피해자를 보호하지 않은 사
용자의 대응은 악의적인 것으로 판단하여 더욱 가중되는 처벌을 해
야 한다. 결국 직장 또는 학교의 정상적인 운영을 위해서는 성희롱
예방 및 시정에 적극적인 태도를 가져야 한다는 인식이 형성되도록
강제적인 대책을 마련하고 시행하지 않는 한, 현재와 같이 같은 현
장에서 유사한 범죄가 반복적으로 발생하고 그럼에도 어떤 타격도
받지 않는 상황은 개선되지 않을 것이다.

---

9)  www.unninet.co.kr/column/room.asp?idx=1062&textnum=59.

# 8장 사용자 책임, 어떻게 강화할 것인가

우리의 현실은 직장 내에서의 낮은 지위로 인해 성희롱을 문제화하기도 어렵고 문제화할 경우 피해자로서 감수해야 할 관문이 너무나 많다. 피해 사실의 공개가 독려되고 구성원 각자가 성희롱을 경계하는 태도를 갖도록 하는 문화를 형성하는 것은 성희롱을 근절하기 위한 가장 기본적인 전제이다. 그리고 이를 가능하게 하는 방안을 마련하기 위해서는 현실을 변화시킬 수 있는 힘이 무엇인가에 주목할 필요가 있다.

그렇다면 직장 내 성희롱의 사용자 책임을 강화하기 위해 우리 사회에서 고려해야 할 것은 무엇인지 살펴보도록 하자. 미국의 경우 공민권법 7편을 통해 성희롱이 불법한 고용 관행이며 사용자는 이를 예방하고 시정할 의무를 갖는다고 판단해왔다. 그리고 EEOC의 지침을 통해 사용자의 의무를 구체적으로 규정하고 있다. 이러한 과정을 거치면서 현재 직장 내 성희롱의 예방을 비롯하여 문제화된 성희롱에 대해 사용자가 어떻게 대응해왔는가에 대해 '합리적인 조치' 의무를 제시하고, 이러한 의무를 전혀 이행하지 않거나 '제대로' 이행하지 않은 사용자에게는 그에 대한 책임을 엄중하게 묻는 것이 연방대법원의 확립된 태도이다. 법체계와 직장문화, 성문화 등이 우리와는 다른 미국 사회의 경험이 우리 사회에 유의미성을 갖기 위해서는 다시 우리의 현실에 주목할 필요가 있다. 이 장에

서는 우리 사회의 현재의 법적 규제 수준과 노동 현실의 맥락을 고
려하여 사용자 책임을 강화하기 위해 어떠한 법적·제도적 방안이
마련되어야 하는지를 제시하고자 한다.

## 1. 징벌적 손해배상 제도의 도입

사용자에게 고용상의 성차별에 대한 시정 의지를 갖게 하고 적극
적인 예방 조치를 취하도록 하는 가장 효과적인 방법은 차별을 조
장 또는 방치한 경우에 대해 엄청난 액수의 비용을 부담하게 하는
것이다. 노동시장에서의 성차별에 대한 비판과 연구, 국제 사회의
권고[1] 등이 지속적으로 제기되어 왔음에도 불구하고 실제로 성차
별이 시정되지 않는 이유 중 하나는 이윤 추구 논리 때문이다. 고용
에서의 성차별 판단 기준에 관한 정금나의 연구에서는 바로 이 논
리에 대한 입장을 다음과 같이 보여주고 있다.

> 기업은 성과 조직으로서 이익사회를 대표하고 있다. 따라서
> 기업의 성과와 관련된 의사 결정이 존중되어야 한다… 기업으로
> 서는 남녀고용평등법의 시행에도 불구하고 기업의 성과 논리를
> 지키지 않을 수 없고, 효과 측면에서 일반인이 이해하는 남녀차
> 별이 쉽게 해소될 수 없는 것이다. 다시 말하면 기업이 인식하

---

[1] 2001년 5월 UN의 경제·사회·문화적 권리위원회는 직장 내 성폭력과 성희
롱의 만연, 비정규직 여성노동자의 저임금과 고용불안 심화 등 한국 여성의 불
평등한 지위에 대한 우려를 표명하고 한국 정부에 이를 시정할 것을 권고하는
보고서를 채택한 바 있다. "유엔 한국 호주제 폐지를 / 여성 불평등 시정 위한
예산배정 등 권고." 『한겨레신문』 2001년 5월 30일자, 종합뉴스데이터베이스
사이트.

고 있는 남녀차별과 남녀고용평등법의 내용 사이에 상당한 정도
의 차이가 있어서 걸림돌이 되고 있다(정연앙, 1995:3; 정금나,
1999:80에서 재인용).

우리 사회에서 직장 내 성희롱의 예방을 위한 조치가 '예방 교육'
만으로 규정되어 온 것은 아니다. 예방 교육 의무 이외에도 사용자
가 취해야 할 성희롱 예방 조치를 마련하고자 하는 노력은 부단히
있어왔다. 일부 기업에서는 성희롱을 법으로 규제하기 이전부터 자
체 규정을 만들어왔고,2) 노동부와 여성부는 「직장 내 성희롱 예방
지도 지침」, 「관리자를 위한 성희롱 예방 가이드」, 「성희롱 예방 업
무 편람」 등을 제작하여 배포하고 <공공기관의성희롱예방지침>을
제정하는 등 직장 내 성희롱에 대한 경각심을 일깨우려는 노력이
정부 차원에서도 지속적으로 이루어지고 있다.

그런데 문제는 이것을 하지 않는다고 해서 어떤 제재가 수반되는
것은 아니라는 사실이다. 그렇기 때문에 아무리 구체적인 내용을
제공하고 이행을 권장한다고 해도 실효성 없는 예방 교육'만' 그것
도 1년에 한번'만' 하면 되는 것이다. 사용자가 성희롱 예방 필요성
에 대해 어떤 수준의 인식을 가졌는가의 문제는 차치하고, 사용자
에게는 이러한 조치를 마련하는 것이 일단 비용의 문제로 환원되어
버린다. 여성부가 만든 지침에는 고충 처리 전담 기구를 마련하고
담당자를 지정하여 교육 훈련을 지원하도록 하고 있으며, 그 운영

---

2) 대표적으로 1995년 우리 나라에서는 처음으로 금호그룹이 「성희롱 방지 지침
서」를 만들어 전 계열사에 배포했고 뒤이어 현대전자, 씨티은행, 대한항공, 근
로복지공단, 휴렛팩커드 한국지사 등이 성희롱 예방 지침을 만들었다(김천수,
2002:68~69).

을 정기적으로 점검하도록 하고 있다. 이러한 조치는 모두 기업 활동을 위해 소요되던 기존의 비용에 인력과 예산이 추가되어야 가능한 일이다. 실제로 한국경영자총협회의 한 임원은 "성희롱 등 지나친 여성보호 조항들은 오히려 기업들로 하여금 여성 고용을 꺼리게 하는 요인이 된다"고 직접적으로 언급했다(한국여성민우회, 2000:240). 직장 내 성희롱에 대한 법적 규제의 필요성이 제기되던 시기, 이를 저지하면서 사용자단체가 내세웠던 '성립 여부 판단의 어려움'이라는 이유의 이면에는 기업의 경제 논리가 숨어있다. 성희롱 예방 교육을 실시하는 경우, 교육에 드는 제반 비용과 교육시간동안 근무하지 않음으로 인한 생산성 손실을 감수하는 이유는 그것이 법으로 강제된 것이기 때문이다. 그러니 법에서 명시한 수준만 지키면 되는 것이다.

그렇다면 사용자로 하여금 실효성 있는 성희롱 예방 조치를 실시하도록 하기 위해서는 '예방하지 않았을 때 드는 비용'을 '예방에 필요한 비용'보다 더 높게 부과하는 방식으로 강제할 필요가 있다. 징벌적 손해배상 제도는 바로 의무 이행을 강제할 수 있는 매우 적절한 방법이다. 2장에서 언급했듯이 이 제도는 "피고를 징벌하여 타인에게 보여주고자 하는" 의도를 가지고 행해지는데, 제도 자체의 정당성과 지나치게 과다한 배상액 판결로 인한 문제점 등에 관한 논란은 지금도 진행 중이다. 그러나 중요한 것은 제도에 대한 찬반론이 거듭되고 있음에도 불구하고 징벌적 손해배상이 미국 법원에서 계속 받아들여지고 있다는 사실이다. 그 이유는 일정한 행위를 사회가 용인할 수 없다고 하는 의견 표명과 함께 어떠한 구제수단보다 징벌적 손해배상이 그와 같은 행위의 재발을 막는 데 있어서 효과적인 역할을 수행하고 있기 때문이다(유제광, 2001:21).

징벌적 손해배상 제도와 관련한 우리 나라의 기존 연구는 주로 제도에 대한 소개와 미국 법원의 판결에 대한 승인·집행이라는 차원에서 검토되고 있는 수준이다(오문완, 2002: 421). 김철수는 미국 법원이 내린 고액의 손해배상 판결에 대해 우리 나라 법원이 '집행' 판결을 한 판례를 제시하며, "외국 법원의 판단은 가능한 한 존중하되… 우리의 법관념에 비추어 참기 어려운 정도로 고액인 징벌적 손해배상은 공서(公序)에 반(反)하는 것으로 판단해야" 한다고 언급한다. 판례를 간략하게 보면, 재미교포인 원고는 미국 미네소타주(州) 법원에 자신을 폭행·강간한 한국인 유학생을 상대로 손해배상 청구소송을 제기했고, 법원으로부터 "피고는 원고에게 50만 달러(약 6억 5천만원)의 배상액을 지급하라"는 판결을 선고받았다. 원고가 소송을 제기한 이후 피고는 한국으로 귀국했고 법원의 판결에 항소하지 않고 있던 상황에서 원고는 배상액의 집행을 구하기 위해 서울지법 동부지원에 소송을 제기했다. 그리고 법원으로부터 25만 달러 범위 내에서만 집행을 허용한다는 판결을 받았다. 이러한 판결의 근거로 법원은 다음을 제시했다.

> 원고와 피고가 모두 한국민인 점을 감안, 미국 판결에서 인용된 지나치게 고액이라고 보이는 손해배상액 전부에 대한 집행을 승인할 경우 피고의 한국에서의 생활 기반이 파탄에 이를 우려가 있다는 점 등에 비추어 볼 때 사건의 내국 관련성의 정도가 상대적으로 강하며… 우리 손해배상법의 기준에 비추어 볼 때 비정상적으로 고액이라고 보이는 부분 전부를 승인하지 아니하고 우리 나라에서 인정될만한 상당한 금액을 현저히 초과하는

부분에 한하여는 우리 나라의 공서양속(公序良俗)[3]에 반(反)한다
고 보아 승인을 제한할 수 있다(김철수, 1998:807~809).

이에 대해 김철수는 "불법행위의 효과로서 어떠한 법적 효과를
부여하는가는 그 나라의 법률 사상 내지 전통에 기인하는 사법 정
책의 문제이기 때문에 우리 나라의 법제상 징벌적 배상이 인정되지
않는다고 하여 혹은 징벌적 손해배상이 형사적인 목적을 갖기 때문
에 이것을 명한 외국판결을 일체 승인하지 않는다고 하는 것은 상
당하지 않을 것"이라고 단서를 붙이고 있다. 그럼에도 이 제도의 도
입 가능성에 대해서는 우리의 법체계를 근거로 다음의 의견을 피력
하고 있다.

> 징벌적 손해배상은 (민사적 구제 성격의) 손해배상에 제재적
> 기능을 인정하는 점에서 특징적이다. 우리 나라에서는 손해배상
> 의 기능은 기본적으로 보상에 있는 것으로 파악한다… 징벌적
> 손해배상 제도는 영미법계의 특유한 제도로서… 특히 대륙법계
> 의 국가로부터 거의 지지를 받지 못하고 있다. 그리고 징벌적
> 손해배상이 담당하는 제재적인 기능은 위자료를 고액으로 정하
> 는 방법에 의해 충분히 달성될 수 있을 것이다. 따라서 현 단계
> 에서 징벌적 손해배상 제도의 도입은 이론적으로나 실제적으로
> 불필요한 것으로 생각된다(김철수, 1998:810~812).

---

3) 공서양속(公序良俗)이라 함은, '공공의 질서와 선량한 풍속'이라는 말의 준말
   로 구(舊)민법에서 쓰였던 말이다. 현행 민법은 제103조에서 "선량한 풍속 기
   타 사회질서에 위반한 사항을 내용으로 하는 법률 행위는 무효로 한다(민법
   제103조)"고 하여 공서양속이라는 말 대신 '선량한 풍속 기타 사회질서'라는
   말을 사용하고 있다. www.yeslaw.com.

그러나 '고액의 위자료'와 '징벌적 손해배상'은 그 의미가 전혀 다르다. 일반적으로 '위자료'는 불법행위로 인해 피해자가 입은 고통·충격·절망 등의 정신적 손해를 금전으로 보상해주는 손해배상금을 말하며, 최근 위자료의 고액화 현상은 가해자에 대한 제재적 의미를 갖는 것으로 평가되기도 한다(최문기, 1999:326~327). 하지만 그 본질은 여전히 "손실을 보상하는(compensatory)" 것에 있다. 반면 징벌적 손해배상은 손해의 보상을 목적으로 하는 것이라기보다는 피고에 대한 징벌을 타인에게 보여주어 그와 유사한 행위를 억제하고자 하는 데에 의의를 둔다. 제도의 취지가 엄연히 다르며, 그 효과 역시 매우 다른 결과를 가져오는 것이다.

이와 관련하여 유제광은 민법상 불법행위 책임이 이미 발생한 손해에 대한 전보(塡補)가 중요시될 뿐 행위자의 고의·과실을 구별하지 않아, 만약의 경우 피해자의 권익 침해를 예견하면서도 가해 행위를 저지르는 상황이 있더라도 그것이 형사적 문제가 아니라면 발생된 손해 이외에는 어떠한 제재도 받지 않는다는 문제점을 들고 있다(유제광, 2001:1~2). 또한 김재국도 민법에 규정되어 있는 손해배상이 가해자의 고의와 과실을 구분하지 않고 동일 가치로 평가하여 피해자에 대한 손해의 전보(compensatory)만을 실현하고 있고 "불법 행위의 종류에 따라서는… 피해자의 구제에 충분하지 못한 경우가 있다"고 지적하며,[4] "그러한 문제점의 보완을 위해 징벌적 손해배

---

4) 이러한 예로는 "공권력의 남용에 의한 개인의 신체 자유나 프라이버시 침해의 경우, 영리 추구를 위하여 제품의 안정성을 기만하는 경우, 공해(公害)의 원인인 폐수 등을 불법 방출함으로써 피해를 입힌 경우, 불법행위에 의해서 얻을 수 있는 이익이 그로 인해 피해자에게 발생한 손해보다 더욱 많은 경우 또는 손해배상이 책임보험과 결부되는 경우"를 들고 있다(김재국, 1995:531).

상의 법리와 적용을 우리의 법현실에 도입하는 것이 효과적일 것"
이라고 제언하고 있다. 또한 민사책임에 보상적 기능 이외에 제재
적 기능을 추가하는 것이 법체계상 문제될 것이 없다는 의견을 제
시하고 있다.

> 대부분의 논자(論者)들은 민사책임에서는 형사책임과는 달리
> 손해의 전보가 주목적이므로 제재적 기능을 강조하는 것에 반대
> 한다. 그런데 근대법에 있어서 민·형사책임의 분화는 민사책임
> 의 성립 범위를 확대하여 피해자 구제를 확대하는 데에 그 목적
> 이 있었던 것이지, 가해자의 책임 추급을 약화하자는 데에 목적
> 이 있었던 것은 아니다. 결국 민·형사책임의 분리는 민사책임
> 의 제재적 기능의 강조와 모순되는 것은 아니라고 하겠다. 또한
> 반사회적 비행을 제재하는 방법으로서 오로지 형사적 체계만이
> 존재해야 하는 것은 아니다. 형사적 요소를 포함하고 있는 문제
> 에 관한 적합한 형사적 제재방법이 없는 경우에는 민사적 방법
> 을 통해서라도 무언가의 제재를 가하여 다시는 그러한 비행(非
> 行)이 발생되지 않도록 할 필요가 있다(김재국, 1995:531).

징벌적 손해배상이 고의적인 행위에 대해 과중한 처벌을 부과함
으로써 그와 유사한 행위의 발생을 방지하고자 하는 취지를 갖는다
는 점을 고려할 때, 성희롱 예방 의무를 소홀히 하고 성희롱 발생시
적절한 시정 조치를 취하지 않은 사용자의 행위를 직장 내 성희롱
의 발생을 방치한 악의적 고의로 해석하여 징벌적 손해배상을 부과
할 근거는 충분하다고 본다. 특히 사용자로부터 권한을 부여받은
자에 의해 불법행위가 행해지거나 사용자가 그 행위에 관여한 경우
또는 불법행위를 자행한 가해자를 계속 고용하는 것과 같이 불법행

위에 대해 적대적 행위를 나타내지 않은 경우에는 불법행위를 추인한 것으로 보아 징벌적 손해배상의 책임을 지게 된다(이점인, 1998:72~73).

성희롱 가해자에 대해 즉각적인 조치를 취하기보다 방관자적인 태도를 갖거나 오히려 문제를 제기한 피해자에게 유·무형의 불이익이 가해지도록 묵인하는 우리 사회에서 가해자를 계속 고용하는 사용자에게 징벌적 손해배상을 부과할 수 있게 된다면 성희롱 문제에 접근하는 사용자의 태도는 매우 획기적으로 변화하게 될 것이다. 또한 김재국의 글에 의하면 법체계상 딱히 불가능한 것도 아니며, 설령 징벌적 손해배상 제도가 우리의 현행 법체계에 들어맞지 않는다 하더라도 그 필요성에 대한 인식이 있다면 '법체계가 맞지 않는다'는 의견은 핑계에 다름 아니다.5) 성희롱이 이미 발생했다는 사실 자체에서 '성희롱 당하지 않을 권리'의 완전한 구제가 불가능 불가능한 점을 상기할 때, 징벌적 손해배상 제도는 가장 강력한 예방 정책이며 사용자의 예방 의무를 강제하는 가장 효과적인 방법이다.

오문완은 징벌적 손해배상 제도의 도입 필요성을 노동법에서부

---

5) 윤정환의 연구는 징벌적 손해배상 제도가 우리의 법체계에서도 충분히 가능할 수 있음을 해석론의 입장에서 설명하고 있다. 민법 제393조는 채무불이행에 관한 고려 방법으로 '예견가능성', 즉 "특별한 사정으로 인한 손해는 채무자가 그 사정을 알았거나 알 수 있었을 때"에 한하여 배상의 책임이 있다(제2항)고 규정하고 있다. 그리고 민법 제763조에서는 제393조의 규정이 불법행위로 인한 손해배상에 준용한다고 하고 있는데, 윤정환은 이러한 조항을 해석함에 있어 "가해자의 주관적 사정인 비난가능성이 판단 기준으로 되어야 할 것"이라고 제안한다. 이에 고의적인 불법행위에 대해서는 손해배상의 산정으로 징벌적 손해배상을 부과할 수 있다는 것이다(윤정환, 1992:145~146).

터 시작할 것을 제안한다. 제도의 실효성을 높이기 위해 오히려 형벌을 더 높게 책정하자는 주장은 이미 여러 노동법학자들에 의해 제기되어 왔음을 언급하며, "현재 노동법상의 형사상 제재라는 게 돈 많은 자산가의 입장에서는 높은 수준이 아니기 때문에 그다지 억제 효과가 없다(오문완, 2002:417)"고 지적한다. 법체계가 맞지 않아 도입할 수 없다는 주장이나 위자료의 고액화 등으로 징벌적 손해배상의 제재적 기능을 보장할 수 있다는 주장은, 현재의 법이 차별없는 노동환경 조성을 위한 본래의 역할을 하지 못하고 있음을 고려하지 않는 것이며, 결국 사용자의 논리를 그 배경에 깔고 있는 것이다. 오랜 관행이 법으로 정착되기보다는 법을 제정함으로써 비로소 관행을 바꾸는 경향이 농후한 우리 사회에서는 법의 중요성이 그만큼 크다(박선영, 2002:44). 직장 내 성희롱의 실질적인 예방을 위해 징벌적 손해배상 제도의 도입은 시급히 이루어져야 한다.

## 2. 예방 조치 내실화

현재의 성희롱 예방 교육 의무 규정 자체가 얼마나 허술하고 형식적인지, 그럼에도 불구하고 예방 조치가 얼마나 중요한지에 대해서는 지금까지 반복적으로 지적한 바 있다. 법은 법적 규제를 통해 지켜져야 할 필요가 있는 사항을 명시하는 것이다. 그렇다면 이를 제대로 지키게 하기 위해서는 구체적인 정보를 제공하여 '어떻게 하면' 법을 위반하지 않은 게 되는지를 알려줄 필요가 있다. 특히 성희롱과 같이 이전에는 위법한 행위로 전혀 인식되지 않던 사안의 경우, 그리고 위법으로 규정이 된 이후에도 '직장 내' '권력'의 문제

로 파악되기보다는 오히려 개인의 성적 취향 또는 단순한 농담 등
으로 사소화되는 인식이 우선하는 현실에서 이에 대한 경계심을 높
이기 위해서는 구체적이고 강도높은 기준의 제시가 필요하다고 본
다.

한정자 외(2001:59~60)의 연구를 보면 '예방 교육을 받은 후'에도
'성희롱이 무엇인지 잘 모르겠다'라는 응답이 97.7%에 이른다. 예방
교육이 그 내용적 차원에서 전혀 실효성이 확보되고 있지 못함을
보여주는 것이다. 따라서 성희롱 예방 교육의 효과를 높이기 위해
서는 실제로 예방 교육을 어떻게 하고 있는지, 교육 내용과 교육 방
법은 무엇인지, 전문가가 참여하는지, 교육의 효과는 나타나는지 등
에 관한 지속적인 점검이 필요하다. 그리고 예방 교육 의무를 이행
하지 않거나 그것의 효과에는 관심없이 형식적으로만 실시하는 경
우에 대해 엄중한 책임을 물을 있도록 하는 처벌 조항이 반드시 마
련되어야 한다.

구체적으로 살펴보면 우선 현재 규정되어 있는 예방 교육 의무를
좀더 내실 있게 보강할 필요가 있다. 한정자 외(2001:198~199)는 성별
에 따른 예방 교육 프로그램을 '남녀평등의식 교육, 성희롱에 대한
이해, 성희롱의 실태·사례 소개, 대처방안, 관련법 소개 및 처벌
규정·절차, 직장 예절, 의식 전환' 등의 교육 영역으로 구분하여
제시하고 있고, 한국여성민우회(2000:222~223)는 판례 소개, 접수된
고충의 조사와 처리 방식 등을 특징적으로 제안하고 있다. 무엇이
잘못인지 알면서도 성희롱을 하는 경우도 있지만, 우리의 문화에서
너무나 당연시되어 왔기 때문에 정말로 그게 성희롱인지도 모르고
하는 경우도 다반사이다. 그것을 알려주고 하지 못하도록 하는 것

이 예방 교육의 일차적인 목표라고 할 때, 예방 교육에서는 현행법에 규정된 위법 행위를 알리는 것과 함께 발생가능한 상황을 제시하고 그와 유사한 경우까지도 금지된다는 것, 성희롱은 그 맥락을 중시하여 판단된다는 것을 알리는 것이 필요하다.

또한 예방 교육 의무 이외에 좀더 다양하고 강도높은 조치가 마련되어야 한다. 일례로 여성부의 <공공기관의성희롱예방지침> 내용을 살펴보면, 공공기관의 장이 성희롱을 예방하기 위해 취해야 할 조치에 대해 ㉠ 성희롱 관련 상담·고충 처리 전담 창구 마련 ㉡ 담당자 지정 및 교육 훈련 지원 ㉢ 운영에 대한 정기 점검 ㉣ 예방 교육·홍보용 자료 게시 ㉤ 자체 예방 지침 마련 등을 명시하고 있다. 특히 예방 지침의 내용에는 (a) 성희롱의 정의 (b) 공공기관장의 예방 조치 의무 사항 (c) 고충 전담창구의 설치 및 운영 (d) 고충처리절차 (e) 성희롱 행위자에 대한 제재 조치 (f) 피해자에 대한 불이익 조치 금지 (g) 신청자 비밀보장 등에 관한 사항 등을 포함하도록 하고 있다. 또한 고충 접수 및 처리 대장을 작성하여 비치하도록 하고 있다.6) 이는 내용면에 있어서 상당히 구체화된 수준으로, 그 의무 주체를 공공기관의 장에 한정할 것이 아니라 민간 기업의 사용자에까지 확대해야 할 필요가 있으며, 이행을 강제할 수 있는 방안도 마련되어야 한다.

일본의 경우 1998년 3월 <사업주가 직장에 있어서 성적인 언동에 기인하는 문제에 관하여 고용관리상 배려해야 할 사항에 관한

---

6) 여성부고시 제2002－1호, 개정 2002. 10. 28. 이와 관련하여 남녀고용평등법에서는 앞서 언급했듯이 제25조와 시행령 제11조, 제12조에서 30인 이상의 근로자를 사용하는 사업주는 고충 처리 기관을 설치하도록 하고 있고 여성 위원을 위촉하도록 '노력'할 것을 명시하고 있다.

지침>을 마련했다. 그 내용을 살펴보면 ① 기업방침의 명확화와 그의 주지·계발을 내용으로 하는 일반적 방지책(팸플릿 등에 대한 계발, 취업 규칙에의 기재, 연수, 강습 등) ② 상담·고충에의 대응에 의한 미연 방지책(대응 창구의 명확화, 적절유연한 대응 등) ③ 재발을 방지하는 관점에서 사후의 신속·적절한 대응(사실관계의 신속·정확한 확인, 사안에 대한 배전, 징계 등의 고용관리상의 조치 등) ④ 당사자의 프라이버시 보호·불이익 취급 금지 등을 사업주의 고용관리상 배려의무로 규정하고 있다(김엘림, 2001:49~50). 이는 크게 성희롱 금지에 대해 사용자가 마련해야 할 정책과 피해를 입었을 때 활용가능한 정보를 제공해야 한다는 것, 그리고 이 모든 것은 피해자에게 불이익을 주지 않는 방식이어야 함을 주된 내용으로 하고 있다.

직장 내에서 효과적인 예방 조치가 이루어지는 것은 피해자가 자신의 피해를 드러냄에 있어 주저하지 않도록 하는 동기를 형성할 수 있다. 그리고 예방 의무를 위반한 사용자에게는 어떤 변호도 허용되지 않는다는 것 자체가 이미 성희롱 피해자에게 부착되는 이미지와 피해 고발시의 두려움을 상당부분 상쇄시키는 효과를 가져온다. 미국의 연방대법원은 사용자가 성희롱 예방과 재발 방지 조치를 취하지 않았을 경우에는 어떤 변론도 면책 사유가 되지 않는다고 판단한다. 또한 사용자가 예방 의무를 이행했다고 주장할 경우에도 그러한 조치의 실효성을 면밀히 따지는 것이 일반적이기 때문에 형식적인 의무 이행만으로는 책임으로부터 벗어날 수 없다. 98년의 벌링턴사(社) 대 엘러스 판례와 파라거 대 보카레이튼시(市) 판례에 대한 연방대법원의 판결 이후, 뉴욕타임스는 "식품업체인 나

비스코에서부터 군수업체인 록히드-마틴에 이르기까지 사내 성폭
력 근절 정책을 재검토 중"이라고 보도했다고 한다(한국여성민우회,
1998:60~61). 이는 법원의 판결 내용이 예방 조치의 필요성을 환기시
키고 이를 반복적으로 일깨우는 데 있어 매우 중요한 역할을 하고
있음을 보여준다. 성희롱 예방의 중요성은 아무리 강조해도 지나치
지 않는다.

## 3. 성희롱 행위자 범위 확대

현행 법률은 성희롱 행위자의 범위에 거래처 관계자나 고객 등을
포함하고 있지 않다. 그러나 이러한 규정으로 인해 고객 등에 의한
성희롱에 대해 사용자 책임을 물을 수 없고 따라서 피해자의 권리
가 구제되지 못하는 것은 현행 성희롱 관련법의 매우 중대한 문제
점이다. 이는 여성들이 종사하는 직업 분포와 노동 형태의 변화를
제대로 반영하지 못하는 것이며, 사용자에게 주의의무를 요구하지
못하게 함으로써 실제로 빈번히 발생하는 거래처 관계자, 고객 등
에 의한 성희롱을 규제할 현실적인 방법이 없게 한다.

성희롱 행위자의 범위를 확대해야 한다는 주장은 남녀고용평등
법 3차 개정을 앞둔 시점인 99년 이전부터 꾸준히 제기되어 왔다.
직장 내 성희롱을 규제하는 조항의 신설과 함께 고객이나 거래처
관계자 등 제3자에 의한 행위도 금지해야 한다는 내용이 당시 국민
회의와 평등법공대위의 개정안에 포함되어 있었고(김엘림, 1997:146~
147), 4차 개정을 앞둔 시점인 2000년 여성노동법개정연대회의(이하
'연대회의')에서도 그 필요성을 주장했으나 결국 반영되지 못했다.

특히 연대회의에서는 "기업환경이 급속도로 변하고 아웃소싱, 근로자 파견 등이 빈번해지면서 직장 내 성희롱은 근로자가 고용된 기업 외에도 그 기업과 관련이 있는 거래 회사, 고객, 제3자 등에 의해 발생하고 있다(연대회의, 2000:11)"는 현실적 필요성을 제기했다.

90년대 이후 전반적으로 비정규직이 증가하고 3차 산업 중심으로 전체 산업 구조가 변화하면서, 특히 판매·서비스 직업군에 종사하는 여성들이 공식적인 통계에 잡히기 시작했고 매우 높은 수치를 보이며 점차 증가해왔다. 한국노동연구원의 2002년 11월 현재 '직업별 취업자(여자)' 통계에서는 서비스직과 판매직 종사 비율이 38.8%로 나타나 취업여성 약 3명 중 1명 꼴로 판매·서비스직에 종사하고 있음을 알 수 있다.7)

이들 직군에서 고객에 의한 성희롱이 얼마나 빈번하게 일어나는지는 별도의 통계로 드러나는 것이 없어 정확히 알 수 없지만, 월간지인 《호텔 앤 레스토랑》이 서울시내 특급호텔에서 근무하는 여성들을 대상으로 조사한 결과 이들의 21.3%가 고객으로부터 성희롱을 당한 적이 있다고 응답하고 있다(서울여성노동조합, 2000:27). 또한 조민호는 특급호텔에 근무하는 서비스직 여성들에게 직장 내에서 성희롱을 당한 적이 있는 경우 가해자가 누구였는지를 질문했는데, 그 결과 고객이 33.2%, 동료 또는 후배가 37.2%, 상사가 29.6%(복수응답)로 나타났다(조민호, 1998:200). 서비스직 여성들의 경우 상사나 동료 등 직장 내 구성원에 의해 성희롱을 당하는 것과 고객에 의한 성희롱의 빈도가 그다지 유의미한 차이를 보이지 않는다.

이러한 결과는 이 여성들이 고객으로부터 성희롱을 당할 가능성

---

7) www.kli.re.kr/data/data5/2003－01/table－17.pdf.

이 매우 높다는 것, 고객에 의한 성희롱이 규제되지 않는 이상 이들 직업군의 여성들은 여전히 성희롱에 노출되어 있을 수밖에 없다는 것을 의미한다. 또한 거래처 관계자가 가해자인 경우는 사용자의 묵인 하에 성희롱이 방조되기도 한다. 이러한 행태는 거래처와 사업상 관계를 유지하기 위해 필요한 일로 강요되고 그러한 목적을 위해 여성노동자를 도구화하는 것이다.[8]

고객 또는 거래처 관계자에 의한 성희롱이 법제화되지 못하는 가장 큰 이유는 사용자의 통제력, 사용자의 주의의무가 현실적으로 미치기 어렵다는 점 때문이다. 하지만 그렇다고 해서 지금과 같은 상태로 방치하는 것은 '합리적인 수위'를 마련하려는 노력 자체를 하지 않는 또 하나의 의무 불이행이다. 그리고 우리 나라에서는 어려운 일이 미국에서만 가능할 리 없다. 직접적인 고용 관계를 갖지 않는 제3자에 의한 성희롱에 대해 동료직원에 의한 성희롱과 같은 정도의 사용자 책임을 부과하는 미국의 경우, EEOC의 가이드라인

---

8) 다음의 사례는 거래처와의 '거래 성사'를 위해 여성노동자를 어떻게 도구화하는지, 그것이 얼마나 '정상적인' 사업 관행으로 자행되고 있는지를 알게 한다. "어느 날 부장님이 오후에 미팅 있으니까 약속 있으면 다 취소하라고 하더군요. 거래처에서 이번 프로젝트를 맡게 될 팀원들을 사석에서 보고싶다고 했다는군요. 물론 그 자린 우리쪽 부장이 만든 자리였습니다… 거래처 쪽 간부들은 많이 취해 있었습니다. 처음엔 노랠 부르라고 하더군요. 화가 났지만 힘들게 잡은 거래처고 큰 회사이기 때문에 화를 낼 수가 없었습니다. 기분 안 나쁘게 거절하며 도망가고 다른 사람 뒤로 숨고 그러기를 몇 번씩이나 했는데 아무도 말리려고 하지 않더군요. 우리 쪽 사장님은 저와 눈이 마주쳤는데도 그저 웃으며 쳐다보기만 하는 겁니다. 눈물이 나더군요. 우리가 자기들 비위를 맞춰주지 않자 마이크를 집어던지며 나가더라구요. 그 뒤를 따라나가며 부장님이 우리한테 한 말은 '유천동이나 데려가서 달래야겠다' 였습니다. 대전에 사시는 분들은 그게 무슨 말인지 아실겁니다. 유천동은 대전의 대표적인 홍등가죠…", 서울여성노동조합 온라인 상담게시판. 이 여성은 결국 사직을 강요당했다.

에서는 "가해자는 피해자의 상사, 다른 부서의 상사, 고용주의 대리인, 동료, 피고용인이 아닌 자(non-employee)"[9]라고 규정하고 있다. 그리고 피고용인이 아닌 자(non-employee) 중에서도 특히 정기적인 거래 관계를 가진 거래처 직원이나 고객, 또는 명백한 거래 관계는 없지만 자주 방문하는 방문객 등에 대해서는 사용자의 통제력이 미칠 수 있다고 보기 때문에 이들이 성희롱 가해자인 경우는 직장 동료가 가해자인 경우와 동일하게 판단하고 사용자 책임을 부과한다.[10] 이러한 규정에 의해 고객으로부터 성희롱을 당한 판매사원이나 여행객으로부터 성희롱을 당한 가이드는 각각 백화점과 여행사의 사용자 책임을 주장할 수 있다. 또 회사에 방문한 거래처 직원으로부터 성희롱을 당한 경우에도 회사의 사용자 책임을 주장할 수 있게 된다.

이들에 의한 성희롱 금지를 법에 명시하고 사용자가 예방 및 재발 방지 조치를 취할 것이 전제되지 않는 이상 사용자가 고객이나 거래처 관계자의 성희롱을 경계할 이유는 없다. 이들에 대해 제재를 하는 것은 앞서 제기했던 이윤의 논리와도 맞닿아 있기 때문에 사용자는 가급적 이들의 심기를 불편하게 하지 않기 위한 조치에 더욱 신경을 써왔고, 이는 우리의 기업문화에서 관행처럼 굳어져 온 것이 사실이다. 따라서 이러한 관행을 깨기 위해서는 고객 및 거래처 관계자를 가해자의 범위에 포함시키고 합리적인 수준에서 이들에 대한 사용자의 주의의무가 이행되도록 강제할 필요가 있다.

---

9) U.S. EEOC, "Fact About Sexual Harassment".
10) U.S. EEOC, "EEOC Compliance Manual 13." www.eeoc.gov/docs/national-origin.html.

그런데 논리상으로는 피고용인이 아닌 자(non-employee)가 가해자인 경우에도 엄격하게 예방 책임을 부과해야 하지만, 제3자에 대한 사용자의 현실적인 통제력을 고려할 때 그들에 대한 사용자의 조치 수준을 강제하는 것이 그다지 높은 효과를 기대하기 어려운 측면도 있다고 생각된다. 따라서 고객 및 거래처 관계자를 성희롱 행위자 범위에 포함하고 이들에게 회사의 성희롱 방지 정책을 효과적으로 알려내되, 실제로는 성희롱이 발생한 경우 어떤 조치를 통해 피해자를 구제했는가에 초점을 맞추어 사용자 책임을 판단하는 것이 더욱 현실적일 수 있다. 고객에 의한 성희롱에 대해 사용자가 아무런 조치도 취하지 않은 경우, 고객에게 항의하는 직원을 오히려 질책하는 경우, 직원의 개인정보 관리를 소홀히 하여 직장 외의 공간에서도 고객의 성희롱에 노출되게 하는 경우, 유사한 유형의 성희롱이 빈발하는 경우 등에 대해 엄중한 법적 책임을 부과하는 것이다.

## 4. 성희롱 '이후'의 피해 방지 책임 강화

직장 내 성희롱에 대한 사용자의 의무는 실제로 성희롱이 발생했을 때 사용자가 문제 해결에 대해 어떤 태도를 갖는가와 관련해서도 중요하게 제기되어야 한다. 사용자의 대응 양식은 직장 내 구성원들의 인식과 행위에 막대한 영향을 미치기 때문이다. 사용자가 성희롱 사건의 행위자에 대해 신속하고 적절한 그리고 강력한 조치를 취한다면, 대부분의 성희롱 사건은 직장 내에서 해결될 수 있다. 어떤 장애요소 없이 피해자가 적극적으로 이용할 수 있는 합리적인 장치가 있다면, 정신적으로나 시간적·경제적 부담을 가중시키는 외부 공개를 굳이 원하지는 않기 때문이다. 문제는 성희롱 사건이 발생했을 때 사용자가 방관하거나 또는 방관을 가장하며 피해자에게 불리한 조치를 취하고 피해자가 스스로 그만둘 수밖에 없는 환경을 조성, 방치한다는 것이다. 그 배경에는 직무 내용보다는 위계를 중심으로 하는 조직문화와 남성중심적인 성문화, 현재의 성별 체계를 유지시키기 위한 남성들의 공모가 있다.

2장에서 보았듯이 직장 내에서 성희롱이 문제화됐을 때 가장 일반적으로 볼 수 있는 사용자의 대응은 '사실 확인 전까지는 어떤 조치를 취하기가 어렵다'는 것이다. 그러나 성희롱 주장이 제기되었을 때 가장 먼저 이루어져야 할 것은 '가해자로 지목된 사람과 피해를 주장하는 사람간의 분리'이다. 그리고 이때 반드시 지켜져야 할 원칙은 피해를 주장하는 사람에게 불리한 방식으로 조치가 취해져서는 안 된다는 것이다.

미국 EEOC의 이행지침에서는 성희롱 피해 사실과 관련한 신고가 있을 경우 사용자가 해야 할 첫 번째 조치로 사실 여부를 판단하기 위한 공정한 조사 체계를 만드는 것을 들고 있다. 그리고 조사 과정 중이라도 필요한 경우 가해자로 지목된 사람의 근무 시간을 변경시키거나 다른 사무실로 출근하도록 하거나 또는 징계성 없는 유급 휴가를 주는 등 '중간적인 조치'를 취하는 것이 가능하다. 이때 가해자로 지목된 사람이 자신에게 어떤 식으로든 조치가 취해졌다는 사실로 인해 사람들이 자신을 가해자로 인식하게 되어 명예가 훼손됐다며 사용자를 고발하기도 하지만, 법원은 가해자로 지목된 개인의 보호 법익보다는 직장 내에 알려야 할 사용자의 의무를 우선하는 것으로 보고 있다.

그러나 우리의 경우는 현행법에 이미 문제가 있다. 사용자가 발생 사실을 알고도 사실 확인 전까지 아무런 조치를 취하지 않아도 "성희롱 발생이 확인된 경우 지체없이 행위자에 대하여 징계, 그밖에 이에 준하는 조치를 취해야 한다(남녀고용평등법 제14조 제1항)"는 근거법이 있기에 위법 행위가 아닌 것이 된다. 가해자로 지목된 사람이 피해자에 대한 인사고과 권한을 여전히 행사할 수 있고 '근무태만' 등의 이유로 해고하는 것도 가능하다. 파라다이스 제주카지노에서 피해여성에 대한 부당한 전직 조치 등이 매우 반복적으로 취해질 수 있었던 것은 '사실 확인'을 전제로 사용자의 책임을 판단하는 현행법의 문제점과, 가해자임이 밝혀진다 해도 결국 어떤 방식으로든 직업적 손해를 입게 되는 사람은 피해자인 현실에 의해서이다. '서울대 신교수 성희롱' 사건과 '롯데호텔 성희롱' 사건에 대한 법원의 판단 역시 성희롱 자체가 인정되지 않은 경우는 "회사에 대한 청구는 살필 필요없다"는 판결을 내리고 있다.

그러나 이는 사용자 책임에 대한 이해의 결여에서 오는 매우 심각한 문제점이다. 사용자가 이행해야 할 사후 조치 의무는 피해 주장이 사실일 것을 전제로 하지 않는다. 그 주장이 제기된 순간부터 시작되는 것이다. 그 주장의 사실 여부를 확인하기까지 피해자와 가해자가 같은 사무실에서 근무하도록 방치하거나 가해자가 피해자에 대한 인사고과 등의 직무상 권한을 계속 행사할 수 있도록 하는 것은 이미 사용자의 책임을 다하지 않은 것으로 간주해야 한다.

성희롱 행위자로 지목된 사람에 대한 조치가 늦어질수록 가해자는 자신의 행위를 부인하기 시작하며, 피해자는 직장 내에서 고립되고 처음에 가졌던 문제 해결 의지가 꺾이는 경험을 하게 된다.

‘롯데호텔 성희롱’ 사건에서 호텔측은 성희롱 피해 사실 신고를 이유로 4명의 여성을 재계약하지 않는 보복성 조치를 취했지만, 피해자들이 소송 제기 이후부터 회사측으로부터 너무 시달리고 괴롭힘을 당해서 부당 해고에 대한 고소를 하기에는 너무 지쳐있는 상태였다고 한다(한국여성민우회, 2001:32). 이처럼 사용자의 대응없음과 가해자에 대한 조치없음, 이로 인해 오히려 피해자가 또다른 불이익에 노출되는 현실은 해당 성희롱 사안 뿐 아니라 장래에 발생가능한 성희롱을 예방하는 효과를 전혀 갖지 못한다. 또한 피해 사실을 드러내려는 의지조차 갖지 못하게 한다. 이는 성희롱 발생을 가능하게 하는 요소들을 제거하고 모든 구성원이 성희롱 없는 노동환경에서 일할 권리를 박탈하는 악순환을 가져온다. 따라서 현행법은 ‘사실 확인’을 전제로 하는 규정 자체를 폐기하고, 예방 의무와 시정 의무가 서로 맞물리면서 직장 내 성희롱 근절을 위한 환경 조성에 기여할 수 있는 실효성을 가질 수 있도록 개정되어야 한다. 그리고 피해자에 대한 보호 원칙의 확립과 이의 이행은 성희롱 문제를 해결하기 위한 가장 기본적인 전제임을 명시해야 하며, 이러한 의무를 방기하여 성희롱의 재발을 가능하게 하고 피해자를 불이익에 노출되도록 하는 사용자에게는 엄중한 책임을 물어야 한다. 성희롱 ‘이후’의 피해 방지 책임을 강화하는 것은 특정 성희롱 사건의 해결을 도울 뿐 아니라 차후의 성희롱 발생을 예방하는 결과를 가져올 수 있다.

우리의 현실은 직장 내에서의 낮은 지위로 인해 성희롱을 문제화하기도 어렵고 문제화할 경우 피해자로서 감수해야 할 관문이 너무나 많다. 피해 사실의 공개가 독려되고 구성원 각자가 성희롱을 경계하는 태도를 갖도록 하는 문화를 형성하는 것은 성희롱을 근절하기 위한 가장 기본적인 전제이다. 그리고 이를 가능하게 하는 방안을 마련하기 위해서는 현실을 변화시킬 수 있는 힘이 무엇인가에 주목할 필요가 있다. 이러한 점에서 사용자의 의무를 강화·구체화하고 의무 불이행에 대해 강력하게 책임을 묻는 것은 성희롱을 예방하고 시정하고자 하는 의지를 갖도록 하여 성희롱 규제의 실효성을 높이고 궁극적으로 성희롱 근절을 위한 사회적인 노력을 강제하는 방안이 될 것으로 본다.

공미혜. 1995. "직장내 성희롱의 실태와 영향요인."『한국여성학』, 11, 한국여성학회.

김명수. 2001.『노동법』, 엠지알코리아.

김양희. 1995. "직장여성의 성희롱 경험과 관련정책에 관한 의식."『여성연구』, 49, 한국여성개발원.

김엘림. 1995. "남녀평등실현을 위한 여성노동관계법의 정비에 관한 연구." 이화여자대학교 법학과 박사학위논문(미간행).

______. 1997.『직장내 성희롱의 법적 대책방안 연구』, 한국여성개발원.

______. 1999a. "여성노동권의 보장과 현실."『법과 사회』, 16, 법과사회이론연구회.

______. 1999b. "직장내 성희롱의 불법행위성과 사용자 책임." 월간 ≪노동법률≫, 9, (주)중앙경제.

______. 2001. "성희롱 관련 법과 판례."『조정과 심판』, 7, 중앙노동위원회.

김재국. 1995. "영미법상 징벌적 손해배상의 도입에 관한 소고."『비교사법』, 2, 한국비교사법학회.

김정인・최상진・손영미. 2001. "성희롱문제 지각에서 성차 및 성역할

태도의 영향." ≪한국심리학회지≫, 6(3), 한국심리학회.

김창연. 2003. "여성에 대한 직장 내 폭력의 은폐기제와 고용차별에 관한 연구." 이화여자대학교 여성학과 석사학위논문(미간행).

김천수. 2002. 『성희롱 예방과 대책』, (주)중앙경제.

김철수. 1998. "징벌적 손해배상판결의 승인과 집행." 『법학연구』, 10(2), 한국해사법학회.

김헌수·하갑래. 2001. 『노동법』, (주)중앙경제.

김형배. 2001. 『민법학강의 : 이론·판례·사례』 제2판, 신조사.

나영숙. 1994. "성희롱의 법적 책임에 관한 연구." 인하대학교 법학과 석사학위논문(미간행).

노동부. 2003. "남녀고용평등법 개정사." 노동부.

대통령직속여성특별위원회. 2000. 「미국 EEOC 개요 및 성희롱업무처리지침」, 대통령직속여성특별위원회.

박선영. 2002. "법여성학적 관점에서 본 명예훼손 : 위법성 조각사유를 중심으로." 민변 여성인권위원회·성폭력가해자 역고소 대책회의·성폭력 추방운동에 대한 명예훼손 역고소 공동대책위원회 주최 <성폭력 가해자의 명예훼손, 무엇이 문제인가?> 토론회 자료집.

박원순. 1993. "한국에 상륙한 '성희롱 죄'." 월간 ≪말≫, 89, 월간말.

서울대조교성희롱사건공동대책위원회. 2001. 「서울대조교성희롱사건백서(上)」, 서울대조교성희롱사건공동대책위원회.

서울여성노동조합. 2000. "날씬하면 고맙냐, 이눔아!!" 서울여성노동조합.

_____. 2002. "직장 내 성희롱·성폭력 매뉴얼 : 위험은 생각보다 가까이 있다." 서울여성노동조합.

신성자. 1995. "여성의 대인 의존심이 성적 성가심 대응 반응에 미치는 영향." 『한국사회복지학』, 통권 26호, 한국사회복지학회.

______. 1997. "직장 내 성적괴롭힘 발생정도와 개인의 인식에 영향을 주는 직장환경과인구통계학적 요인들에 대한 연구."『한국사회복지학』, 33, 한국사회복지학회.

여성노동법개정연대회의. 2002. <여성노동법 개정을 위한 토론회>, 여성노동법개정연대회의.

여성부. 2000.「남녀차별결정례집 1999년도~2000년도」, 여성부.

______. 2001.「관리자를 위한 성희롱예방 가이드」, 여성부.

______. 2003a.「남녀차별개선활동과 향후 과제」, 여성부.

______. 2003b.「남녀차별금지및구제에관한법률 해설서」, 여성부.

오문완. 2002. "징벌적 손해배상 제도의 도입 : 노동법에서의 논의를 시작하며."『노동법연구』, 13, 서울대노동법연구회.

유제광. 2001. "징벌적 손해배상에 관한 연구." 청주대학교 공법학과 석사학위논문(미간행).

윤정환. 1992. "징벌적 손해배상에 관한 연구."『재산법연구』, 9(1). 한국재산법학회.

윤후정·신인령. 2001.『법여성학 : 평등권과 여성』, 이화여자대학교 출판부.

이성은. 1995. "직장 내 성희롱의 순응과 저항에 관한 연구." 이화여자대학교 여성학과 석사학위논문(미간행).

이숙경. 1993. "서울대 교수의 여조교 성희롱, 그 공방의 진상." 월간 사회평론 ≪길≫, 93(10), 사회평론사.

이원희. 2002. "남녀차별 금지 및 구제 제도의 현황과 발전방향." <남녀차별금지법 시행 3주년 기념세미나> 주제발표문.

이점인. 1998. "징벌적 손해배상제도에 관한 연구 : 미국 제도를 중심으로." 동아대학교 법학과 박사학위논문(미간행).

임종률. 2002.『노동법』, 박영사.

임창희·홍용기. 1996. "직장여성의 성희롱 태도에 관한 연구."『경영학

연구』, 25(3), 한국경영학회.

장임다혜. 2002. "성폭력 가해자의 의한 명예훼손 역고소 사례 발표." 민변 여성인권위원회·성폭력가해자 역고소 대책회의·성폭력 추방운동에 대한 명예훼손 역고소 공동대책위원회 주최 <성폭력 가해자의 명예훼손, 무엇이 문제인가?> 토론회 자료집.

장필화. 1994. "직장내 '성희롱'에 대한 이해와 대처방안의 모색." 『여성학논집』, 11, 이화여자대학교 한국여성연구소.

장현정. 1998. "재산분할청구제도에 대한 여성학적 연구 : 추상적 전제와 구체적 조건." 이화여자대학교 여성학과 석사학위논문(미간행).

장혜자. 2002. "성희롱 특급 호텔에 면죄부란 없다!!" 『평등다지기』, 4, 한국여성민우회 여성노동센터.

전영실. 1999. 『직장내 성희롱의 실태와 대책』, 한국형사정책연구원.

전희경. 2003. "성희롱 문제제기 '이후'의 다양한 불이익을 어떻게 개념화할 것인가." 이화여자대학교 여성학과 <여성노동론> 수업 연구노트(미간행).

정금나. 1999. "고용에서의 성차별판단기준에 관한 비판적 연구 : 전화교환원 정년차별 판례를 중심으로." 이화여자대학교 여성학과 석사학위논문(미간행).

정양희. 2001. "직장 내 성폭력, 놀랄만큼 유사한 시나리오가 있다." 『여성과 사회』, 13, (사)한국여성연구소.

조민호. 1998. "호텔산업의 비호의적 근무환경 성희롱에 관한 연구." 『관광학연구』, 26, 한국관광학회.

조순경. 1999. "남녀고용평등법의 직장내 성희롱 예방 지침안의 문제와 과제." 한국노동연구원 주최 <직장내 성희롱에 관한 공청회> 토론문.

______. 2000a. "경제 위기와 고용평등의 조건." 조순경 엮음. 『노동과

페미니즘』, 이화여자대학교 출판부.

______. 2000b. "한국 여성학 지식의 사회적 형성 : 지적 식민성 논의를 넘어서."『경제와 사회』, 45, 한국산업사회학회.

______. 2002. "성폭력 피해사실 공개의 공익적 의미 : 성폭력 관련 법 체계와 법 집행에 있어서의 적극적 조치를 제안하며." 민변 여성인권위원회·성폭력가해자 역고소 대책회의·성폭력 추방운동에 대한 명예훼손 역고소 공동대책위원회 주최 <성폭력 가해자의 명예훼손, 무엇이 문제인가?> 토론회 자료집.

조정아·조혜순. 1991. "직장에서의 성적 폭력 : 성적 희롱을 중심으로." 또 하나의 문화 동인, 8,『새로 쓰는 성 이야기』, 도서출판 또 하나의문화.

차석빈·김정만. 1995. "환대산업에서의 성희롱에 관한 연구 : 미국의 사례를 중심으로."『호텔경영학연구』, 3, 한국호텔경영학회.

최문기 1999. "채무불이행에 있어서 위자료청구권에 관한 일고찰."『비교사법』, 10, 한국비교사법학회.

한국여성민우회. 1998. 「남녀 직장인 성의식 및 성문화에 관한 실태보고서」, 한국여성민우회.

______. 2000. 『性희롱 당신의 직장은 안전합니까?』.

______. 2001. "성희롱 사건에 대한 종합적인 대응방안 : 호텔 롯데 성희롱 사건과 사건대응." <직장내 성희롱·폭언·폭행 대응력 향상을 위한 지역활동가 교육> 워크샵 자료집.

한정자·김인순. 2001. 『법적 규제에 따른 직장내 성희롱의 실태 및 개선방안 연구』. 한국여성개발원.


Aaron, Titus E. & Isaksen, Judith A. 1993. *Sexual harassment in the workplace : a guide to the law and a research overview for employers and employees.* McFarland.

Bennett—Alexander, Dawn D. 1998. "Title VII liability vs. employee confidentiality : Should an employer be liable for failure to act on a sexual harassment claim when the failure is based on harassee's request for confidentiality." *Labor Law Journal*, 49(2).

Brown, Steven D. & Codey, H. Carey. 1994. "Employee training may be the key to prevention of sexual harassment." *Labor Law Journal*, 45(11).

Cohen, Cynthia Fryer & Vincelette, Joyce P. 1984. "Notice, remedy and employer liability sexual harassment." *Labor Law Journal*, 35(5).

Conlon, Kevin & Voigt, Catherine. 1997. "Sexual harrassment: an American judicial perspective", *Labor Law Journal*, 48(1).

Flynn, Gillian. 1999. "Sexual harassment interpretations give cause for new concerns." *Workforce*, 78(5).

______. 2000. "Third—party sexual harassment: commonplace and laden with liability." *Workforce*, 79(11).

Greenlaw, Paul S. & Kohl, John P. 1992. "Proving Title VII sexual harassment : the courts' view." *Labor Law Journal*, 43(3).

*Harvard Law Review*. 1984. "Sexual harassment claims of abusive work environment under Title VII." 97(6).

______. 1998. "Title VII —sexual harassment— Seventh Circuit adopts employer liability standards for sexual harassment by supervisory employees." 111(6).

Kirk, Delaney J. 1988. *Hostile environment : a discriminant model of the perceptions of working women.* University of North Texas.

Kirshenberg, Seth. 1997. "Sexual harassment : What you need to know." *Training & Development*, 51(9).

Ledgerwood, Donna E. & Johnson—Diez, Sue. 1980. "The EEOC's foray into sexual harassment : interpreting the new guidelines for employer liability." *Labor Law Journal*, 31(12).

______. 1981. "Sexual harassment : implications for employer liability." *Monthly Labor Review*, 104(4).

McGuire, Powers. 1995. "Harris v. Forklift Systems, Inc. and hostile work environment harassment." *Labor Law Journal*, 46(5).

Petersen, Donald J. 1996. "Individual liability of supervisors for acts of sexual harassment." *Labor Law Journal*, 47(1).

Player, Mack A. 1999. *Federal law of employment discrimination.* West Group.

Robinson, Robert K. & Frink, Dwight D. & Reithel, Brian J. & Franklin, Geralyn McClure. 1998. "Vicarious liability for hostile environment sexual harassment : examining the implications of the Ellerth and Faragher Decisions." *Labor Law Journal*, 49(8).

Seaquist, Gwen & Kelly, Eileen. 1996. "Employer rights and liability in regulating provocative dress in the workplace." *Labor Law Journal*, 47(10).

Skidmore Jr., David A. & Kaake, Andrew R. 2001. "Sexual harassment : the Supreme Court couldn't really have meant "and"", *Labor Law Journal*, 52(2).

Stein, Laura W. 1999. *Sexual harassment in America : a documentary history.* Greenwood Press.

U.S. EEOC. 1990. "Policy guidance on current issues of sexual harassment." www.eeoc.gov/docs/currentissues.html.

______. 1992. "Enforcement guidance compensatory and punitive damages available under 102 of the Civil Rights Act of 1991." www.eeoc.gov/docs/damages.html.

______. 1995. "EEOC settles sexual harassment suit against Del Laboratories." www.eeoc.gov/press/8－3－95.html.

______. 1998a. "Astra USA agrees to provide $10 million to victims of discrimination." www.eeoc.gov/press/2－5－98.html.

______. 1998b. "Mitsubishi Motor Manufacturing and EEOC reach voluntary agreement to settle harassment suit." www.eeoc.gov/press/ 6－11－98.html.

______. 1999a. "EEOC and Tanimura & Antle settle sexual harassment case in the agricultural industry." www.eeoc.gov/press/2-23- 99.html.

______. 1999b. "EEOC settles first male-on-male sexual harassment class action." www.eeoc.gov/press/8-11－99.html.

______. 1999c. "EEOC updates guidelines to comply with Supreme Court rulings on employer liability for harassment by supervisors." www.eeoc.gov/press/10-29-99.html.

______. 1999d. "Enforcement guidance vicarious employer liability for unlawful harassment by supervisors." www.eeoc.gov/docs/ harassment.html.

______. 2003a. "Hospital in New York to pay over $5 million to settle sexual harassment by doctor." www.eeoc.gov/press/4－9－03.html.

______. 2003b. "Judge grants EEOC's and Dial's request to enter joint consent decree in harassment case." www.eeoc.gov/ press/4-29-03.html.

Woerner, Williams L. & Oswald, Sharon L. 1990. "Sexual harassment in the workplace : a view thr ough the eyes of the courts." *Labor Law Journal*, 41(11).

# 분석 대상 판례 및 관련 자료

## 한국 및 미국 판례


서울지방법원 93가합77840. 서울대 신교수 성희롱 사건 1심 판결.

서울고등법원 94나15358. 서울대 신교수 성희롱 사건 2심 판결.

대법원 95다39533. 서울대 신교수 성희롱 사건 3심 판결.

서울고등법원 98나12180. 서울대 신교수 성희롱 사건 손해배상 환송심 판결.

서울지방법원 2000가합57462 손해배상(기). 롯데호텔 성희롱 사건 1심 판결.


Corne v. Bausch & Lomb, Inc.(1975). 390 F. Supp. 161(D. Ariz.).

Tomkins v. Public Service Electric & Gas Co.(1977). 568 F.2d 1044(3rd Circuit).

Miller v. Bank of America(1979). 600 F.2d 211(9th Circuit).

Henson v. City of Dundee(1982). 682 F.2d 897(11th Circuit).

Meritor Saving Bank v. Vinson(1986). 477 U.S. 57.

Sparks v. Pilot Freight Carriers, Inc.(1987). 830 F.2d 1554(11th Circuit).

Harris v. Forklift Systems, Inc.(1993). 510 U.S. 17.

Burlington Industries, Inc. v. Ellerth(1998). 524 U.S. 742.

Faragher v. City of Boca Raton(1998). 524 U.S. 775.

Oncale v. Sundowner Offshore Services, Inc.(1998). 523 U.S. 75.


## 신문 및 기타 자료


여성부. 「공공기관의 성희롱 예방지침」, 여성부고시 제2002-1호.

여성부. 2003. "남녀차별 기준 및 성희롱 행위자 제재 강화 : 남녀차별금지및구제에관한법률 개정안 국회 통과.” 2003년 5월 1일자, 보도자료.

우○○. 1993a. 성희롱 사실 공개 대자보 문안, 서울대 조교 성희롱 사건 공동대책위원회 편, 2001.

우○○. 1993b. 손해배상(기) 청구의 소, 1심 소장, 서울대 조교 성희롱 사건 공동대책위원회 편. 2001.

우○○. 1995. 손해배상(기) 청구의 소, 항소심 준비서면(3차). 서울대 조교 성희롱 사건 공동대책위원회 편. 2001.

운동사회성폭력뿌리뽑기 100인위원회. 2001. “KBS 노동조합 부위원장 강철구 성폭력 사건을 공개합니다.” 2001년 2월 19일, 공개문안.

한국방송공사. 2000. 징계요청서에 대한 회신, 2000년 12월 20일자.

강김아리. 2003. ““교재 살 돈 없으면 몸 팔면 된다”, “치마 입으려면 다리 예뻐야 한다” : 연대 총여학생회, 교수 성차별 발언 비판.” ≪한겨레신문≫, 2003년 5월 23일자, www.kinds.or.kr.

강희정. 2001. “호텔롯데, 성희롱 피해자 재계약 거부.” ≪노동일보≫, 2001년 2월 2일자. lotte.nodong.org.

곽순근. 2003. “누가 여성해방의 걸림돌인가.” ≪한겨레신문≫, 2003년 5월 26일자. www.kinds.or.kr.

김경애. 2001. “유엔 한국 호주제 폐지를, 여성 불평등 시정 위한 예산배정 등 권고.” ≪한겨레신문≫, 2001년 5월 30일자. www.kinds.or.kr.

김소민. 2001. “성희롱 다음은 재계약 탈락? 롯데호텔, 소송 낸 피해자 5명 계약만료 통보.” ≪한겨레신문≫, 2001년 2월 6일자. www.kinds.or.kr.

김지은. 2003. “교수는 제자 ‘성희롱’ 해도 끄떡없다? 국립대 이어 시립대도 성추행 말썽.” ≪오마이뉴스≫, 2003년 5월 22일자. www.ohmynews.com.

길진균. 2002. "직장 성희롱 회사도 책임 : 롯데호텔 여직원 19명 일부
　　　승소판결." ≪동아일보≫, 2002년 11월 27일자. www.kinds.or.kr.

박윤석. 1999. "남녀고용평등법 개정, 성희롱 예방지침 발효 : 1999년의
　　　화두 직장 성(性)희롱." ≪신동아≫, 1999년 3월호. www.
donga.com.

이정주. 2002. "가해교사 명예복직, 피해학생 징계제적 : 교육부 성폭력
　　　근절 선언, 일선학교선 공허한 메아리일뿐." ≪여성신문≫.
2002년 6월 27일자. www.womennews.com.

이희정. 1994. "남성위주 직장통념에 "법적 제재":「성희롱」첫 배상판
　　　결 의미." ≪한국일보≫, 1994년 4월 19일자. www.kinds.or.kr.

채희창. 1994. "「성희롱」재판부 항의전화 빗발(난류한류)." ≪세계일보≫,
　　　1994년 4월 24일자. www.kinds.or.kr.

# ■찾아보기

ㄱ

가이드라인  28, 50, 89, 91, 110, 135

감정적 손상  133

거래처 관계자  60, 80, 126, 216, 219

계약직  71, 148, 158

계열사 임직원  80

고객에 의한 성희롱  80, 81, 217, 220

고액의 위자료  209

고용 관계  27, 81, 127, 156, 175, 184, 218

고용 관행  89, 132, 163, 171, 191, 203

고용계약  26, 39, 144, 149, 156, 184

고용 기회  89, 163

고용기회평등위원회  30

고용 범위  173, 174, 184

고용 조치  53, 54, 99, 120, 122, 131, 137, 165, 170, 178, 196

고용 지위  31, 56, 89, 117, 165, 197, 199

고용상 불이익  43, 165, 171

고용상 혜택  89, 131, 166

고용상의 성차별  17, 25, 29, 43, 47, 85, 137, 163, 204

고용조건  89, 95, 122, 165, 172, 127, 196

고용환경  165

고충제기절차  92, 94, 92, 126, 128, 176, 178, 180

고충처리기관  60, 64, 85, 117

고충처리절차  101, 214

공민권법 7편  27, 48, 89, 95, 110, 121, 132, 163, 171, 203

80, 125, 153, 154, 158, 188, 192


Ⓜ

메리터저축은행 대 빈슨 판례
   92, 122, 166, 178
명령계통 94, 120, 123
명목적 손해배상 99
명예고용평등감독관 60, 85
명예훼손 27, 35, 40, 134, 138
무과실책임 67
무급 정직 100
민사책임 210
밀러 대 미국은행 소송 164


ⓗ

반성희롱 정책 52, 94, 99, 100
반차별 정책 92, 93
벌링턴사(社) 대 엘러스 판례 51,
   90, 170, 175, 215
법제화 23, 41, 45, 60, 64, 140,
   143, 162, 218,
보상적 손해배상 55, 133, 136
보상책임 43

보호 법익 221
보호 의무 127, 144
부당 해고 71, 79, 223
불리한 영향 89, 113, 166, 197
불법행위    44, 64, 75, 82, 94,
   120, 125, 131, 134, 141, 144,
   147, 152, 165, 173, 189, 197,
   208, 210
불이익한 조치 22, 37, 78, 196
비정규직 217


Ⓢ

사무감독 156
사무집행 관련성 82, 157
사실관계    71, 82, 143, 147, 149,
   215
사실 확인 77, 106, 107, 139, 221,
   223
사용사업주 105
사용자단체 46, 206
사회적 개념화 16
사회적 권력 199
사회적 자원 107, 200
사회적 책임 23, 49, 200, 202
사후 조치    20, 22, 48, 77, 90,

✿ 국미애

이화여자대학교에서 여성학을 공부하고, 현재 인천발전연구원 여성개발센터 책임연구원으로 일하고 있다.

학위논문으로 「직장 내 성희롱 규제의 실효성 제고를 위한 사용자 책임 강화 방안」(2003)이 있으며, 「직장 내 성희롱 규제와 사용자 책임」, 「학력, 연령, 정말 취업의 조건인가」 등의 논문이 있다.

〈인천여성정책기본계획〉, 〈인천 이혼여성의 실태 및 정책적 지원방안〉, 〈금융산업 여성노동자의 차별 실태 및 대응 방안〉 등의 연구에 참여했다.

## 성희롱과 법의 정치

국미애 지음/1판 1쇄 인쇄 2004년 11월 20일/1판 1쇄 발행 2004월 11월 30일/발행처 · 푸른사상사/발행인 · 한봉숙/등록번호 제2-2876호/등록일자 1999. 8. 7/주소 · 서울특별시 중구 을지로3가 296-10 장양빌닝 202호 우편번호 100-847/전화 · 마케팅부 02)2268-8706, 편집부 02)2268-8707, 팩시밀리 02)2268-8708/저작권자 2004 국미애/이 책의 저작권은 저자에게 있습니다/저자와의 협의에 의해 인지는 생략합니다/이메일 prun21c@yahoo.co.kr / prun21c@hanmail.net/홈페이지 http://www.prun21c.com / 편집 · 송경란 심효정 장현석/기획 · 마케팅 · 김두천 한신규 지순이

ISBN   89-5640-277-9 03330
값  13,000원